炎黄文化研究

第十八辑

河南省黄帝故里基金会
山西省高平市炎帝文化研究会
中华炎黄文化研究会
河南省黄帝故里文化研究会
主办

主编　王震中

中原出版传媒集团
中原传媒股份公司
大象出版社
·郑州·

图书在版编目(CIP)数据

炎黄文化研究. 第十八辑 / 王震中主编.— 郑州 :
大象出版社, 2018. 9
ISBN 978-7-5347-9608-1

Ⅰ. ①炎… Ⅱ. ①王… Ⅲ. ①中华文化—研究
Ⅳ. ①K203

中国版本图书馆 CIP 数据核字(2017)第 310993 号

炎黄文化研究 第十八辑
YANHUANG WENHUA YANJIU DI SHIBA JI
王震中 主编

出 版 人 王刘纯
责任编辑 李小希
责任校对 裴红燕 牛志远
装帧设计 张 帆

出版发行 大象出版社(郑州市开元路 16 号 邮政编码 450044)
发行科 0371-63863551 总编室 0371-63863572
网 址 www.daxiang.cn
印 刷 河南文华印务有限公司
经 销 各地新华书店经销
开 本 787mm×1092mm 1/16
印 张 13.5
字 数 274 千字
版 次 2018 年 9 月第 1 版 2018 年 9 月第 1 次印刷
定 价 38.00 元
若发现印、装质量问题,影响阅读,请与承印厂联系调换。
印厂地址 新乡市获嘉县亢村镇工业园
邮政编码 453800 电话 0373-5969992 5961789

编辑委员会

目　　录

探索与争鸣

中华学人

文化认同、民族认同与高平神农炎帝文化的历史地位

◇王震中

为了传承和弘扬中华优秀传统文化，由中华炎黄文化研究会和山西晋城市有关单位共同主办的“山西高平海峡两岸神农炎帝农耕文化节”和“海峡两岸神农炎帝农耕文化研讨会”于2016年5月14日在山西省高平市隆重举行。在本次文化节中，“海峡两岸神农炎帝祭拜大典”恢宏壮观，吸引了海峡两岸众多人士参加，其中我国台湾民间参加这一活动的人数可达千人以上。

神农在大陆被称为“神农炎帝”，在中国台湾被称为“神农大帝”。神农大帝在台湾的信众很普遍，庙宇也很多，有着广泛的民间基础。此外，据台湾朋友叶宏灯先生讲，台湾神农大帝的形象是黑脸大汉，高平的神农炎帝也是黑脸大汉，因而台湾同胞对高平的神农炎帝倍感亲切，这也是高平举行的这次“海峡两岸神农炎帝祭拜大典”活动中有一千多名台湾同胞踊跃参与的原因之一。所以，“山西高平海峡两岸神农炎帝农耕文化节”及“海峡两岸神农炎帝祭拜大典”，明显地表现出海峡两岸民众在传承和弘扬神农炎帝文化上的文化认同。

我国先民对神农炎帝、神农大帝的崇拜，根基于我国古代的农业文明。在人类的文明史上，农业的起源、农耕聚落的出现，是文明的起点和基础。在我对世界早期文明的类型与系统的划分中，曾以主要的农作物即粮食为依据，把古代世界的早期文明划分为三大系统：美洲吃玉米的中美、南美文明，旧大陆东亚、南亚吃小米、大米的东方文明，西亚、北非、欧洲吃小麦、大麦的西方文明。这三大系统文明的划分恰恰同美国的植物学家哈兰（J. R. Harlan）利用考古学、古生物学、古生态学、花粉学、碳14同位素年代测定等资料，把世界主要农耕发源地划定为三个中心和三个拟中心地相一致。其中，中国作为一个大的农业起源地，又可分为北方吃小米、黄米的粟作农业和南方吃大米的稻作农业两个大的系统。①

台湾的农业属于南方的稻作农业系统。关于稻作农业的起源，在我国的长江流域，考古发掘出土了距今一万多年到八九千年的栽培水稻作物。出土水稻

① 王震中：《中国文明起源的比较研究》（增订本），北京：中国社会科学出版社，2013年，第10—11页。

作物的遗址包括距今一万多年的湖南道县玉蟾岩遗址、距今一万多年的江西万年仙人洞遗址、距今八九千年的湖南澧县彭头山遗址、距今一万年到九千年的浙江浦江县上山遗址、距今九千年至八千年的浙江嵊州小黄山遗址、距今八千年至七千年的浙江萧山跨湖桥遗址，以及距今七千年的浙江余姚河姆渡遗址等。① 而台湾出土稻作的新石器时代遗址要比上述长江中游和下游的稻作遗址晚得多，所以，台湾的稻作农业应起源于大陆，是从大陆的东南沿海传播过去的。

从农业的起源和传播来看，在农业文明的寻根文化中，台湾神农大帝的根在大陆。当然，除农业文明之外，台湾也有海洋文明的特色。台湾的海洋文化包含有浓厚的妈祖信俗，而妈祖祖庙在福建湄洲岛。所以，海峡两岸的海洋文化中，在妈祖信俗这方面也存在着高度的文化认同。神农大帝和妈祖信俗等现象反映了台湾文化的丰富多彩和多元化，而台湾多元文化诸多侧面的根脉却都在大陆，这是海峡两岸文化认同的基础。

我们今天在高平举办的“海峡两岸神农炎帝农耕文化节”“海峡两岸神农炎帝祭拜大典”及“神农炎帝文化高端讲坛”，各个参与者大概都有自己的重点。也许有人主要是奔着祭拜大典而来，有人主要是奔着高端论坛而来。仅就祭拜大典而言，这既属于中华民族炎黄子孙寻根祭祖的一种方式，又在其背后蕴含着海峡两岸民间文化上的认同。

海峡两岸对神农炎帝文化有共同传承的信俗基础，这有助于增强对中华民族的认同。在历史上，民族团结和融合是与文化认同密不可分的。时代发展到21世纪，在振兴中华民族的大业中，文化认同与民族认同依旧是互为表里的一体两面的关系。在文化认同中，海峡两岸共祭神农炎帝因有着广泛的民间基础，故有益于共同文化基础上的共同民族心理的培育，属于增强民族凝聚的正能量。总之，在各地祭拜炎、黄二帝的活动和有关的研讨会中，山西高平通过民间文化认同来增进海峡两岸中华民族凝聚的做法，是想民族和国家之所想，急民族和国家之所急，做民族和国家所要做的行为，必将会产生广泛而深远的影响。

在近代以来的实证史学中，一般把司马迁《史记》中的《五帝本纪》作为古史传说来看待，并由此形成了冯友兰在20世纪三四十年代所概括的所谓“信古、疑古、释古”三种古史观和方法论。对于古史传说，我认为它有实有虚，虚实相混，历史与神话相交融。② 对于古史传说中的“实”，我的老师尹达先生称之为

---

① 王震中：《中国文明起源的比较研究》（增订本），北京：中国社会科学出版社，2013年，第30—35页。

② 王震中：《三皇五帝传说与中国上古史研究》，原载于《中国社会科学院历史研究所学刊》第七集，北京：商务印书馆，2011年；收于王震中：《重建中国上古史的探索》，昆明：云南人民出版社，2015年，第78—126页。

“史实素地”。① 对于古史传说中历史与神话相交融的情形，用我的老师杨向奎先生的话讲，就是“历史中有神话，神话中富于历史”②。有关神农炎帝的古史传说是中华民族的先民对于自己的祖先、祖先神及祖先对人类所做贡献的一些带有神话色彩的历史记忆。“炎帝”一词始见于春秋战国时期的文献，这也是当时华夏民族融合的产物。③ 我们现在一般把“炎帝族”作为一个大的部族集团来对待，而其构成则是多元的。例如，从史前图腾崇拜的视角来看，炎帝族中最著名的是火图腾，表达了对火的崇拜，《左传·昭公十七年》郯子说：“炎帝氏以火纪，故为火师而火名。”所以，炎帝一名有火神的意思。炎帝族中也有鱼图腾，《山海经》的《海内南经》和《大荒西经》说炎帝子孙的氐人国（互人国）的形象是“人面鱼身”。在中国黄河流域新石器时代的仰韶文化的彩陶中有大量的鱼的纹样和“人面鱼纹”，可以与炎帝族的鱼图腾相联系。炎帝族中也有鸟图腾，精卫填海的神话故事就反映出炎帝族中的鸟图腾，而山西、陕西和河南的仰韶文化，特别是陕西华县泉护村遗址仰韶文化庙底沟类型出土的大量的燕子形象的鸟的纹样，以及华县泉护村太平庄遗址出土的仰韶文化陶鹰鼎，都可以与炎帝族中的鸟图腾相联系。此外，《左传》等先秦文献中都讲到炎帝是姜姓，“姜”字和“羌”字都以羊为部首，所以炎帝族中也有显著的羊图腾。

在炎帝文化研究中，炎帝与神农的关系一直是学者们争论的问题之一。从战国时期开始，炎帝有时与神农合而为一，如《世本·氏姓篇》中说：“姜姓，炎帝神农氏后。”《汉书·古今人表第八》列有“炎帝神农氏”，也是把炎帝与神农合而为一。诚然，清代的古史学家崔述、现代著名古史学家徐旭生等人都指出炎帝与神农并不是一个人。但从汉代开始，经学家和史学家们又都认为炎帝对农业有突出的贡献。例如，汉代学者高诱为《吕氏春秋·季夏纪》作注说：“昔炎帝神农能殖嘉谷，神而化之，号为‘神农’，后世因名其官为‘神农’。”《国语·鲁语上》曾说“烈山氏”的儿子因能种植百谷百蔬而被当作农业神来祭拜。韦昭注曰：“烈山氏，炎帝之号也，起于烈山。”这是由于炎帝和炎帝族对农业的发展有非同寻常的重要贡献，人们把炎帝也作为农业神来对待。这在古人对典籍的注疏中已形成一个传统。由此，我认为神农氏与炎帝的区别和联系在于：与炎帝分开的神农氏，代表了距今一万二千年至九千年的农业起源阶段的农业的发明，是对这一历史进步的概括。由于中国南方的稻作农业与北方粟作农业都不是由一个地方起源的，是多个中心、在不同地区分散起源的，所以代表农业起源阶段的神农氏是一个“指示时代的名词”或“时代性的文化符号”。而与炎帝合称的神农则代表了距今六七千年农业第一个大的发展阶段，是发明了耒耜时代的“炎帝神

① 尹达：《衷心的祝愿——为〈史前研究〉的创刊而作》，《史前研究》创刊号，1983年。

② 杨向奎：《杨向奎学术文选》，北京：人民出版社，2000年，第121页。

③ 王震中：《重建中国上古史的探索》，昆明：云南人民出版社，2015年，第99—101页。

农氏”。

那么，对于这样一种广泛的神农炎帝文化，特别是面对我国的北方和南方、西部和东部都有神农炎帝文化的局面，山西高平的特色与优势是什么呢？高平神农炎帝文化的历史地位何在？这是许多人都会问到的一个问题，这也许是一个见仁见智的话题。对此，我们应当鼓励学者们从多角度、全方位对此进行深入的探讨。其中最直观的一个现象是，山西上党地区，特别是高平市，有关炎帝的庙宇碑刻在全国首屈一指。

上党地区现存有关炎帝的庙宇共有 53 座，其中在高平有炎帝行宫、炎帝寝宫、炎帝中庙、羊头山炎帝高庙等庙宇院落 35 座。① 高平羊头山上有保存完好、价值较高的神农城、神农井、神农泉、五谷畦、耒耜洞等历史遗存；神农镇境内有与炎帝活动有关的换马村、北营村、庄里村等村名、地名，形成了一个令人惊叹、相对完整的炎帝文化遗存的区域体系。高平炎帝古庙、古碑数量众多；范围广，分布高度密集；时代悠久，上至魏晋隋唐，下至清末民初：这些在全国都是名列第一的，是高平炎帝文化的独特优势、雄厚资源。

我们虽然不能用几百年以后所建的炎帝庙宇和碑刻来直接证明几千年前炎帝部族的情况，但纵跨一千五百余年的古庙古碑，可以表明炎帝的历史传说在这一地区源远流长，这些炎帝古庙古碑至少是魏晋隋唐以来当地炎帝文化的一种表现形态，值得深入探索研究。

特别值得一提的是，在高平有关炎帝的古碑中，有两通碑，一通是唐代（周）天授二年（691）的《泽州高平县羊头山清化寺碑》，另一通是《唐故浩府君墓志铭并序》，这两通碑都记载说高平羊头山也称为“烈山”。

唐代天授二年的《泽州高平县羊头山清化寺碑》不但记有炎帝居于羊头山，炎帝的功德在于种植五谷、创制耒耜、调制草药，而且说炎帝所居的羊头山乃“烈山峰穴”。在高平神农镇团西村出土的《唐故浩府君墓志铭并序》说：“高平乡神农团池村”，“其地势平如堂，四望俱全。东有长崖而掩，西连远岫而遮，前望玉案高源，后倚烈山大岭”。所谓“后倚烈山大岭”之烈山，就是指今神农镇团西村背靠的羊头山。这两通唐代的碑都将炎帝所居之羊头山与烈山联系在了一起，具有非常重要的史料价值。②

我们知道，在神农炎帝的古史传说中，很重要的一条史料就是有关烈山氏的传说。例如，《国语 · 鲁语上》说：“昔烈山氏之有天下也，其子曰柱，能殖百谷百蔬，夏之兴也，周弃继之，故祀以为稷。”韦昭注曰：“烈山氏，炎帝之号也，起于烈山。”《左传 · 昭公二十九年》也说：“有烈山氏之子曰柱，为稷，自夏以上祀之。

① 高平市炎帝文化研究会编：《炎帝古庙》，北京：文物出版社，2011 年。

② 李津、杨振贤：《羊头山是神农氏族的起源地——略论高平所出土各代古碑记载之“烈山”》，《炎黄文化研究》第十四辑，郑州：大象出版社，2012 年。

周弃亦为稷，自商以来祀之。”杜预注：“烈山氏，神农世诸侯。”上述《国语》和《左传》中的“烈山氏”，在《礼记·祭法》中写作“厉山氏”。关于厉山所在地，按照唐代《括地志》的说法：“厉山在随州随县北百里，山东有石穴。昔神农生于厉乡，所谓列山氏也。春秋为厉国。”《汉书·地理志》南阳郡随县下，班固自注说：“故国。厉乡，故厉国也。”这就是有些学者主张湖北随州乃炎帝故里的由来。但是高平的学者发现的这两通唐碑却说烈山是高平的羊头山。比较史料成书的年代，《括地志》是唐代的地理书，高平的这两通唐碑也是唐代刻写的，二者的时代相同，价值也当相同，这就对《国语》和《左传》所说的烈山究竟在什么地方，提出了一个挑战。

高平炎帝文化的另一优势是当地在这方面有着丰富的民间传说。在高平流传着很多炎帝的神话传说及很多与炎帝相关的民间习俗，它们渗透到了民众生活的方方面面，特别是在羊头山周围，很多地名、村名都同炎帝有着千丝万缕的联系。当地同炎帝有关的民俗，最突出的是对羊的崇拜，其次是有关炎帝女儿精卫填海的传说。高平成系统的有关神农炎帝的民间传说，与高平密集的数量庞大的魏晋以来的神农炎帝的庙宇碑刻，二者相辅相成，共同决定了高平神农炎帝文化在全国炎帝文化中的重要地位。

在高平的羊头山，既发现有旧石器时代晚期的遗址，也发现有新石器时代的遗址。1986 年，在高平羊头山发现一处旧石器时代晚期遗址，表明在农耕文明开始前夕，高平就有人类活动。2007 年，在高平发现了两处仰韶文化遗址。2015 年 11 月，又在羊头山发现仰韶文化陶片等。这些遗迹的意义是重要的，它填补了羊头山上新石器时代文化的空白。我们虽不能说这就是炎帝遗址，但却可以说它是属于炎帝时代（距今 7000 年至 5000 年）的文化，它提供了炎帝文化在高平的时代背景和社会发展阶段的考古学信息。

由上述几个方面，我们可以看到高平的神农炎帝文化具有重要的历史地位。多年来，高平人在传承和弘扬神农炎帝文化方面做了大量的基础性建设，出版了包括《炎帝古庙》巨著在内的许多出版物，也召开了一系列的研讨会和论坛；高平与晋城市等城市还一起举办过神农文化节等活动。这些活动通过媒体的传播，提高了高平乃至山西炎帝神农文化研究的声望，使得高平乃至山西的炎帝神农文化研究在全国和海外占有重要的一席之地。现在，由中华炎黄文化研究会和山西晋城市有关单位共同主办的“山西高平海峡两岸神农炎帝农耕文化节”，以及“海峡两岸神农炎帝祭拜大典”和“神农炎帝文化高端讲坛”，又有新的创意，而且找到了大陆与台湾在共同的祖先、共同的文化上的连接点，具有通过文化认同达到民族认同的价值，很值得赞扬和肯定。

（作者：王震中，中国社会科学院学部委员、历史研究所副所长、中国殷商文化学会会长）

简论黄帝文化的当代社会价值

◇刘文学

自2013年8月,中央召开全国宣传思想工作会议以来,习近平总书记发表了一系列关于加强对中华优秀传统文化的研究和如何弘扬中华优秀传统文化的讲话。在2014年2月17日省部级主要领导干部学习贯彻十八届三中全会精神全面深化改革专题研讨班开班式上的讲话中,习近平指出:“我们今天的国家治理体系,是在我国历史传承、文化传统、经济社会发展的基础上长期发展、渐进改进、内生性演化的结果。”2014年4月1日习近平在比利时欧洲学院谈中华文明时,又特别指出:“独特的文化传统,独特的历史命运,独特的国情,注定了中国必然走适合自己特点的发展道路。”在2014年召开的文艺座谈会上,习近平指出“中华优秀传统文化是中华民族的精神命脉,是涵养社会主义核心价值的重要源泉,也是我们在世界文化激荡中站稳脚跟的坚实根基”。五六千年前,在人类生存的地球上,曾先后出现四大文明古国,而中国是其中之一。五千年前,黄帝统一天下,在有熊国创建了中国历史上第一个封建制国家,奠定了中国的初基,缔造了中华民族,肇造了中华文明。黄帝时代所创造的不同于其他文明古国的独特文化,开启了中国历史的新纪元,开辟了中国历史发展的新道路,创造了中国历史文明的新特点,形成了中华文化的新体系。黄帝时代所创造的历史文化是中华优秀传统文化的源头文化、根文化和主体文化。因此,我们研究和弘扬中华优秀传统文化,必须首先研究和弘扬黄帝文化,了解黄帝文化的内涵,了解黄帝文化在中华优秀传统文化中的历史地位和作用,了解黄帝文化在当今社会的价值及它在实现中华民族伟大复兴中的战略意义。

一、黄帝时代的物质文明建设

任何时代,任何族群要生存、要发展,首先要进行物质方面的生产活动,没有物质生活作保证,任何族群都生存不下去。因此,黄帝时代的第一要务是进行物质方面的生产活动。一是农业生产。黄帝时代发明犁耕、田亩制、井田制,凿井灌溉、渔猎驯养、放牧、种桑养蚕和舂磨粮食等,创新或改造生产方式和管理方式,发展农业生产,解决族民的吃饭问题。二是建筑业。发明宫室、銮殿、楼房、城堡、台榭、厅堂、观阁等,解决族民的安居问题。三是交通运输业。发明舟车、指南车、记里鼓、道路、里堠、服牛乘马，解决族民的出行问题。四是纺织业。发明丝绸、布帛、冠冕、扉履、衣裳等，解决族民的穿衣问题。五是日常生活用品。发明灶具、釜、甑、盘、盂、碗、碟、床、几案、帐、鼎、尺、称、斗，解决族民的日常生活用具问题。六是商贸服务业。建立市场、宾馆，铸造和发行货币，发展商业贸易。这是中国最早的市场经济的萌芽。黄帝时代的这些发明创造，虽经数千年的历史变迁，在形态与制度上有很大变化，但时至今日，人们仍在享用。

黄帝时代不仅高度重视发展社会经济，还非常重视生产资料的占有和劳动成果的分配，这在黄帝时代所实行的"井田制"中有所体现。战国《孟子·滕文公》说："方里百井，井九百亩。"春秋左丘明《国语·齐语》引管仲说："井亩畴均，则民不憾。"唐代杜佑《通典·食货》说："昔黄帝始经土设井以塞诤端，立步制亩以防不足，使八家为井，井开四道而分八宅，凿井于中。一则不泄地气，二则无费一家，三则同风俗，四则齐巧拙，五则通财货，六则存亡更守，七则出入相司，八则嫁娶相媒，九则无有相贷，十则疾病相救。是以情性可得而亲，生产可得而均，均则欺凌之路塞，亲则斗讼之心弭。"由此看来，黄帝发展生产强调一个"均"字。中国从古至今，甚至世界上从古至今，人们有一种普遍心态，那就是不患寡而患不均，不均，差距过大，富者穷奢极欲，贫者衣食无着，而当权者又没有能力或不愿意处理这种不均，自然会引发社会动乱。黄帝为了调节这种社会矛盾，采用划野分州、经土设井的办法，使生产资料的占有、生产方式和分配方式达到相当平均的程度，产生了"十大"好处，其结果是"性情可得而亲，生产可得而均"，"欺凌之路塞，斗讼之心弭"。

二、黄帝时代的政治文明建设

黄帝时代的政治文明建设，除国家体制和政权建设外，主要有以下几个方面：一是以民为本。民本思想是黄帝文化的核心思想，也是中国文化的核心内容。中国的民本思想最早起源于黄帝。最早记载是 1973 年湖南长沙马王堆 3 号汉墓出土的传为黄帝所著的《十六经》。黄帝说："吾畏天、爱地、亲民，立有命，执虚信。吾爱民而民不亡，吾爱地而地不兄（旷）。吾爱民□□□□□□□□死，吾位不与。"还说："号令合于民心，则民听令。兼爱无私，则民亲上。……故为人主者……毋乱民功，毋逆天时。"由此可以看出黄帝所做的一切都是顺天时、合民心，一切为民出发，一切为民着想。黄帝不仅自己爱民、亲民、顺民、合民，还教育自己的子孙和臣属为民。二是以德治国。所谓以德治国就是仁义治国，让国民人人讲仁义、讲诚信。《十六经》说："昔者黄宗质始好信。""黄宗"即黄帝，"质始好信"是说开始诚信就是黄帝的美德。战国《庄子》说："昔者黄帝以仁义撄人之心。""撄人"就是感化教育人。战国吕不韦《吕氏春秋·上德》说："为天下及国，莫如以德，莫如行义。以德以义，不赏而民劝，不罚而邪止，此神农、黄帝之政也。”汉代韩婴《韩诗外传》说：“黄帝即位，施惠承天，一道修德，惟仁是行，宇内和平。”汉代《纬书集成·河图挺佐辅》也说：“黄帝修德立义，天下大治。”由此看来，德治是黄帝治理天下的大政方针，以仁德施惠于民，而不是靠淫威。关于黄帝以德治国的具体内容，晋代王嘉的《拾遗记》说：“（黄帝）置四史以主图籍，使九士以统万国。九行者，孝、慈、文、言、信、恭、忠、勇、义，以观天地，以祠万灵，亦九德之臣。”这是黄帝对全体国民的要求，他对社会各阶层也提出不同的要求。传为黄帝所作的《黄帝乐经》说：“君仁、臣忠、父慈、子孝、夫义、妇和、兄惠、弟顺。”战国商鞅的《商君书·画策》说：“神农既没，以强胜弱，以众暴寡，故黄帝作为君臣上下之仪，父子兄弟之礼，夫妇妃匹之合。”宋代张君房《云笈七签·轩辕本纪》提出黄帝之德为“十义”，即“君仁、臣忠、父慈、子孝、兄良、弟悌、夫义、妇听、长惠、幼顺”。这些德的内涵，在今天看来有些已不适时宜，但是我们以批判的目光来看待它，其中许多仍有借鉴的意义。三是以法治国，就是制定一定的法律条文来约束人们的行为，这是治理国家不可或缺的。关于黄帝以法治国，《黄帝内经·法经》是专讲刑法的，说：“道生法。法者，引得失以绳，而明曲直者也，故执道者，生法而弗敢犯也。法立而弗敢废也，故能自引以绳，然后见知天下不惑矣。”这里阐明了法来源于道、法的作用和执法者的严以守法的神圣职责。春秋管仲《管子·任法》说：“黄帝之治天下也，置法而不变，使民安其法者也。所谓仁义礼乐者，皆出于法，此先圣之所以一民者也。”汉代司马迁《太史公素王妙论》说：“黄帝设五法，布之天下，用之无穷。”说的都是黄帝以法治国，用以规范人的行为。黄帝时的法律有斩首、流放、悬首、狱刑等，黄帝时不仅有法律，而且有独立的法律机构和执法官。四是实行民主议政。所谓民主议政，就是广开言路，给公民以言论自由，以匡正执政者的得失。春秋管仲《管子·桓公问》说：“黄帝立明台之议者，上观于贤者也。尧有衢室之问者，下听于人也。舜有告善之旌，而主不蔽也。禹立谏鼓于朝，而备讯唉。汤有总街之庭，以观人诽也。武王有灵台之复，而贤者进也。此古圣帝明王所以有而勿失，得而勿忘者也。桓公问：‘吾欲效而为之，其名云何？’对曰：‘名啧室之议。’”这里的“明台”“衢室”“告善之旌”“谏鼓”“总街之庭”“灵台之复”“啧室之议”等，都是老百姓的议政台。隋朝王通《中说》说：“文中子曰：议其尽天下心乎？昔黄帝有合宫之所，尧有衢室之问，舜有总章之访，皆议之谓也。”宋代罗泌《路史·疏仡纪·黄帝》说：“黄帝作合宫，以接万灵，以采民言。”万灵就是百姓，黄帝时专为百姓设立一个议论天下的地方，并且是“议其尽天下心”，把所有想说的话在这里说尽，黄帝从中汲取治国之道。这种民主政治为五帝三代所继承。春秋时，郑国宰相子产在郑国设立“乡校”，齐桓公在齐国设立“啧室之议”，西汉汉文帝效法尧舜设立“进善之旌，诽谤之木”，下令在全国废除所谓“诽谤妖言之罪”，让全国百姓议政就是典范。春秋战国时期，百花齐放，百家争鸣，出现了诸子百家，是中国民主政治的最辉煌时期。五是实施清廉政治。是否清廉，是否珍惜民力民财,是对一个政权的重大考验。奢靡者废,勤俭者兴。黄帝认为过度聚敛财富、贪图享乐是祸乱的根源。汉代戴德《大戴礼记 · 五帝德》和司马迁《史记 · 五帝本纪》都记述黄帝强调“节用水火财物”。如果官员敛宝聚财、贪乐腐化,即使圣君明主也不能治理好国家。黄帝除严格要求自己节俭财物外,还对各级官员提出约法六章,要求官员在美色、声乐、衣、食、住、行等方面要节约,不允许奢靡。奢靡者贪刮民财必然招怨。怨生乱,乱危国。六是尊重人才。黄帝的人才观有两个特点:一是好以人为师,二是唯才是举。只要是人才,不论是友还是敌,都要千方百计为己所用,遂群贤毕至。如蚩尤、风伯、雨师,先前都是自己的政敌,归降后都加以重用。其他如风后、天老、五圣、苍龙、常先、大鸿、广成子、仓颉、祝融、后土、应龙、岐伯、隶首、伍胥、太山稽、张挥、孔甲、女娲、周昌、杜康、伶伦、张若等,他们不是政治家、思想家、军事家,就是科学家、发明家,是他们将黄帝王朝推向文明社会。七是建立统一战线。黄帝同炎帝的战争中,黄帝是以有熊国军队为主,联合貙、虎、豹、狼及鹰、雕、鹖、鸢等部落,打败炎帝部落联盟,而后又与炎帝共谋,联合炎帝部落和西王母、玄女、太乙等部落,打败了蚩尤。黄帝统一天下后,与炎帝部落和蚩尤部落联合,组建了以黄帝部落为主体,以黄帝为中央“天子”的国家政权,实现了氏族部落的大融合、大团结和社会的大稳定。

三、黄帝时代的精神文明建设

文化是人类的灵魂,人类如果没有文化,那就如同禽兽无异。黄帝时代是我国历史上最早的一个文化大发展的时代,黄帝时代所创造的文化,无论是物质文化、政治文化还是精神文化在当时及以后很长一段时间都是最先进的文化。诸如文化艺术方面的文字、哲学、绘画、雕塑、诗歌、音乐、乐器、舞蹈、算术、学校、体育(蹴鞠)、史书、碑刻、史馆、姓氏等;天文历法方面的甲子纪年、星辰、生肖、盖天、阴阳、五行、八卦等;医药方面的中草药、诊脉、针灸、手术、医书、养生、兽医等;礼仪方面的礼制、婚嫁、丧葬、尊师、庙宇、祭典、占卜等。这些肇始于黄帝时代的文化,传承五千多年至今不仅不衰,而且仍显示出它强大的生命力。黄帝时代为什么会创造出旷古的先进文化?最重要的是思想的大解放,没有思想的大解放,是创造不出先进文化的。黄帝以先进的文化来满足族民的精神需求,造就民族文化,凝聚中华民族精神。

四、弘扬黄帝文化的现实意义

黄帝文化是中华优秀传统文化的核心文化、根文化和主体文化,历五千年之久,历久弥新,就像醇香美酒,越久越香。黄帝文化在当今仍有其重大的社会价值,这可从以下三个层面讲。

（一）从宏观上讲。黄帝文化对于中华民族来说，具有巨大的凝聚力。我们中华民族自称为炎黄子孙，天下华人是一家。而黄帝则是中华民族的共同始祖：一是从中华民族的形成来说，黄帝统一天下之后，在中华大地上形成以黄帝族为核心，以黄、炎、蚩三族为主体，不断融合四方夷族的多元一体格局的华夏民族；之后发展成为以华夏民族的后裔汉民族为主体，多元一体格局的中华民族。在中华民族形成的过程中，各个民族和他们所崇敬的祖先，都为中华民族的形成和发展做出自己的贡献。但是，作为中华民族这个大家庭来说，历史总是选择对中华民族做出贡献最大、地位最高、影响最广的人物作为中华民族的代表，历史自然地选择炎、黄二帝。二是从姓氏文化来讲，黄帝是中华民族最主要的血缘始祖。中华姓氏起源是多元的，但其主体、主流源于黄帝、炎帝。在当今姓氏中，约90%以上的姓氏和人口是黄帝的后代，约8%的姓氏和人口是炎帝的后代。三是从民族认同看，历代文献记载，黄帝不仅是汉民族的血缘始祖，也是各少数民族的血缘始祖。于佑任《黄帝功德记》说："黄帝公孙轩辕氏，实吾中华民族之元祖。其子孙之蔓延于各地也，如汉族固为其苗裔，而西藏族之羌、回族之安息、苗黎族之禺号、蒙古族之匈奴、东胡族之鲜卑。金人之族且为黄帝之子清，满族则金人之后也。是皆今世治史者所能考信。是中华民族之全体，均皆黄帝之子孙也。"四是从历代王朝帝王看，黄帝王朝以下历高阳、高辛、陶唐、有虞、夏、商、周、秦、两汉、魏、蜀、吴、晋、魏、隋、唐、宋、元、明、清等，无论是汉民族政权还是少数民族政权，都认同自己是黄帝的子孙，并且都以国典或国家名义公祭黄帝。

（二）从中观上讲。黄帝时代构建和谐社会，在当今仍有参考价值。黄帝时代，无论是发展社会经济、政治文化建设还是发展社会文化，都是为了构建一个"协和万邦"的大同社会。从历史文献看，黄帝时代构建的和谐社会有四个方面：一是保护自然，使自然本身和谐。自然环境是人类社会生存与发展的先决条件。传为黄帝所作的《古三坟·地皇轩辕氏·政典》说："地无荒土，山不童，泽不涸……禽兽不失长，草木不失生。"《竹书纪年统笺》说："黄帝服斋于中宫，坐于玄扈洛水之上，有凤凰集，不食生虫，不履生草，或止帝之东园，或巢于阿阁，或鸣于庭。其雄自歌，其雌自舞。麒麟在囿，神鸟来仪。"《淮南子·览冥训》说："日月精明，星辰不失其行，风雨时节，五谷登孰，虎狼不妄噬，鸷鸟不妄搏，凤皇翔于庭，麒麟游于郊。"这是对当时自然生态的描述。二是构建人与人之间的和谐。人与人之间的和谐是构建和谐社会的基础。《古三坟》说："父子不背恩，夫妇不背情，兄弟不去义。"《淮南子·览冥训》说："强不掩弱，众不暴寡，人民保命而不夭，岁时孰而不凶。"说父子、夫妇、兄弟、家庭亲情，以及社会强弱多少平等相待，和睦相处。三是构建社会和谐，社会和谐是人类生存发展繁殖的保证。《古三坟》说："国无邪教，市无淫货，官无滥士，邑无游民，官有常职，民有常业，……鳏寡孤独，各有所养。"《淮南子·览冥训》说："百官正而无私，上下调而无尤,法令明而不暗,辅佐公而不阿。田者不侵畔,渔者不争隈。道不拾遗,市不豫贾,城郭不关,邑无盗贼,鄙旅之人,相让以财。”《管子·任法》说:“黄帝之治天下也,其民不引而来,不推而往,不使而成,不禁而止。”这是一个十分和谐的社会。四是国际和谐。国际和谐是国家生存与发展的外部条件。黄帝王朝对周边国家实行睦邻友好的政策,所发展的成果惠及周边国家,因此,周边国家都来有熊国朝聘。《竹书纪年统笺》说:“黄帝居有熊,五十九年,贯匈氏来宾,长股氏来宾。”《尸子》说:“四夷之民,有贯匈者,有深目者,有长股者,黄帝之德,尝致之。”《淮南子》说:“诸北儋耳之国,莫不献其贡职。”《路史·黄帝》说:“是以九瀛仰化,诸北贡职杨裘、秬鬯、贯匈、长股莫不来庭而依朔。”《云笈七签·轩辕本纪》说:“时外国有一神兽来进,名獬豸,如鹿,置于朝,不直之臣,兽即触之。”以上贯匈、深目、长股、儋耳、杨裘、秬鬯等,都是同有熊国友好往来的国家。由此来看,黄帝王朝在国内推行的是构建和谐社会,在国际上推行的是和睦外交政策。

黄帝构建和谐社会,源于他的哲学思想天道观。道法自然,即阴阳平衡。阴阳平衡,是天道观的精髓。这是黄帝的宇宙观、世界观、人生观和价值观。黄帝一生崇奉天道,敬畏天地,遵从人道。这里的“道”即自然法则和社会法则。1973年发掘的《马王堆汉墓帛书·十六经》说:“吾畏天、爱地、亲民……吾爱民而民不亡,吾爱地而地不旷。”黄帝谆谆告诫自己和臣僚说:“因其天者利,失其天者亡。”“顺天者昌,逆天者亡”,一定要敬天、爱地、亲民、执信。

(三)从微观上讲。黄帝文化是一座宝藏宫,长期被封尘,鲜为人知。我们打开这座宝藏宫,叹为观止。它的基本内涵和许多文化元素,就像奇珍异宝一样,放射出熠熠光辉。你会发现,我国历史上的许多圣贤和诸子百家的思想,大多源于黄帝文化。黄帝文化中的天道观是敬天爱地,一切遵从自然规律行事。当今人们渴望天蓝、地绿、山明、水清、兽繁、鸟殖和人的健康。黄帝的经济思想,首先要大力发展社会经济,满足人们的物质生活需要,同时要均贫富,缩小贫富差距,解决社会生态平衡问题。要大力发展精神文化,满足人们的精神文化需要。黄帝以民为本的思想,已成为历代圣君明主的治国之纲;黄帝的以德治国、以法治国,以德教为主、以法为辅的治国思想为历代王朝所继承;黄帝的民主思想,请老百姓议政,让老百姓说尽心里话的执政理念,为五帝三代所发扬。黄帝的战争观是为拯救人民和保卫人民而战,反对为一己之私或发泄私愤、图报复而战,至今仍不失其价值。黄帝时代的反对铺张浪费,倡导节约,尤其是反对官员贪污腐败,以及尊贤、重用人才思想,统一战线思想,构建和谐社会思想和奉行和平、和睦外交路线思想等,至今仍光芒万丈。

黄帝文化的开放性、创新性、包容性、和谐性及民本、厚德、法制、民主、诚信等价值观,不仅适合于古代,也适合于当今,不仅适合于中国,也适合于世界任何国家,具有普世价值。我们要实现中华民族伟大复兴的中国梦,首先必须站在当今社会发展历史之巅峰，审慎地看待我们的历史文化。对于中华优秀传统文化，既要看到它的博大精深，又要看到它的问题与不足；既要认真研究继承，又要解放思想创新；既要满怀自信弘扬，又要融入世界吸收先进文化为己用。因为我们中华民族既是中国人，也是地球人！

（作者：刘文学，中华炎黄文化研究会名誉理事、中国古都学会常务理事、河南省黄帝故里文化研究会副会长）

胶东早期海洋文明与海上丝绸之路之始

◇王震中

一般认为古代中国文明是由黄河、长江等流域的农业文明和北方草原地区的游牧文明两大部分组成。殊不知,自古以来,中国文明就是由农业文明、游牧文明和海洋文明三大部分组成。随着我国当代发展战略向海洋纵深的进一步拓展,作为一种时代的呼唤,对于中国海洋文明的研究,必将成为与时俱进的中国文明研究的重要组成部分。与海洋文明相关的海上交通和海外贸易,现今被形象地称为海上丝绸之路。在历史上,从山东省胶东半岛出发的海上丝绸之路,在汉唐宋元明清时期是非常发达的。① 而作为胶东地区海上丝绸之路之开始,至少可以上溯到春秋战国时期。这一时间远比陆路丝绸之路开始得要早许多。因此,研究胶东早期海上丝绸之路和海洋文明,其意义是多方面的。

在中华文明史上,胶东地区一直因农业文明与海洋文明的结合而显现出自己的特色。诚如王志民先生在《山东区域文化通览》的总序中所指出:“山东的地形复杂多样,地理环境体现着大海与高山的辉映,半岛与内陆的结合。在总体上可分为山东半岛、鲁中南山地、鲁西北平原三大地理板块。而综合地理环境与区域文化发展的历史考察,从文化上又可大致分为四大区域:胶东半岛文化区(包括今青岛、烟台、威海);以潍、淄流域为主的鲁北文化区(包括潍坊、淄博、济南、滨州、东营等市);以汶泗、沂沭流域为主的鲁中南文化区(包括今泰安、莱芜、济宁、临沂、枣庄、日照等市);以明清运河沿岸为主的鲁西文化区(包括今德州、聊城、菏泽及济宁、枣庄之一部分)。不同的地理环境对四大区域文化特色的形成产生了重大影响。胶东半岛文化区,有黄、渤海环绕,海岸长而曲,港湾众多,岛内山峦起伏,峰高林深,不仅在生产方式上形成山海结合的特点,渔、林、牧业发达,而且在文化上,海洋特色鲜明而突出:民俗多表现对大海的敬畏、崇拜,海仙传说盛行;民风尚勤、刻苦耐劳、不避艰险、勇于探索,历史上齐人的诸多典型特点,胶东人大多具备。”我认为王志民先生概括得好,他概括出了胶东海洋文明的特色。

---

① 参见范庆梅、刘凤鸣等:《山东区域文化通览·烟台卷》,济南:山东人民出版社,2012年;刘玉党、张建国等:《山东区域文化通览·威海卷》,济南:山东人民出版社,2012年;孙德汉、李行杰等:《山东区域文化通览·青岛卷》,济南:山东人民出版社,2012年。

胶东文化从新石器时代开始就呈现出农耕文化与海洋文化相结合的特点。以山东烟台芝罘区白石村遗址命名的白石村文化，是胶东地区最早的新石器文化，年代与山东的北辛文化相当。烟台的白石村①、威海荣成的河口村②、青岛即墨的北阡等遗址③都属于这类文化的遗址。白石村文化所表现出的农业文化与海洋渔猎文化相结合的特点，在其生产工具、食物来源和信仰崇拜诸多方面都有反映。在生产工具方面，大体可分为农业生产工具、渔猎生产工具和手工业生产工具，其中渔猎工具有石球、石网坠、骨镞、牙镞和陶弹丸等。在食物方面，除了种植粟和黍等农作物④，也出土有黑鲷、真鲷和鲈鱼骨骼及大量各种贝壳堆积。当时的人们定居于距离海岸不远、土壤较为肥沃的高地上，从事着农耕、渔猎和采集的经济生活。在海洋捕捞中，既捕捞各种不同习性、水深的鱼类，也从大海中获取丰富的贝类。在即墨北阡遗址的墓葬中，发现大量作为陪葬品的硕大贝壳，说明这一带的人们已经形成了最初的海洋文化崇拜。⑤

胶东地区的贝丘文化也反映了其早期海洋文化的特点。所谓贝丘文化是因遗址中出现大量的贝壳堆积而得名，有的遗址贝壳堆积的厚度达 150 厘米。胶东地区的白石村文化和大汶口早期文化遗址都有这一情况。贝丘遗址的成因在于距今六七千年前海侵使浅海和滩涂面积扩大，气候温暖湿润，有利于包括海洋生物在内的各种动植物繁殖生长，使得人们很容易获取浅海、近海丰富的鱼虾和各种贝类，并促使人们逐海而居，长期采食贝类，使居址周围形成堆积如山的大量贝壳。贝丘遗址说明，即使到了距今 5000 多年的大汶口文化早期，胶东沿海地区的原始农业尚不发达，向海洋觅食是其主要的生存方式。

在胶东地区，从大汶口文化中晚期开始，进而到龙山文化时期，在其发达灿烂的文化中，农业有很大的发展。此时，沿海贝丘遗址基本消失，在农耕与渔猎并重的情况下，沿海遗址多网坠、鱼钩等捕捞工具，内陆遗址多石镞、骨镞等狩猎工具，反映了胶东地区内部小生态的差异。而其高超的制陶技术、大量的黑陶和蛋壳陶使得胶东地区与海岱其他地区的大汶口文化和龙山文化一样，成为史前制陶业中一朵瑰丽奇葩，印证了古史传说中东夷族，特别是其中的“有虞氏尚

① 烟台市文物管理委员会：《山东烟台白石村新石器时代遗址发掘简报》，《考古》1992年第7期。

② 威海市文化局、威海市文物管理办公室：《威海文物概览》，青岛：青岛出版社，2009年，第2页。

③ 靳桂云、王育茜：《山东即墨市北阡遗址1007年发掘简报》，《考古》2011年第11期。

④ 在白石村遗址发现有粟和黍的植硅体。参见靳桂云：《山东先秦考古遗址植硅体分析与研究》，《海岱地区早期农业和人类学研究》，北京：科学出版社，2008年，第30页。

⑤ 孙德汉、李行杰等：《山东区域文化通览 · 青岛卷》，济南：山东人民出版社，2012年，第21页。

陶”的说法。①

考古发现表明，大汶口文化时期，烟台、威海对外经由航海的交往，主要是与辽东半岛的文化交流。如辽东半岛出土的罐形鼎、鬶、盉、盂及彩陶等，均与烟台北庄遗址和杨家圈遗址出土的相同或相近，这是通过海上交通对辽东半岛交流和影响的结果；与此同时，辽东半岛对庙岛群岛也有一些影响。② 到了龙山文化时期，烟台与辽东半岛之间的海航和交流又有发展。旅顺老铁山积石墓出土的袋足鬶、豆、杯、圈足器，四平山积石墓出土的袋足鬶、豆、杯、三足杯、双耳杯、单耳杯等，与胶东龙山文化几乎没有区别，仅有少数罐、壶保留地方文化特点。③

《山东区域文化通览》中《烟台卷》和《威海卷》的作者都认为，烟台、威海与朝鲜半岛早在新石器时代可能就通过海路开始了文化交流。④ 根据现有的考古发现，当时海上交通工具至少已有独木舟。例如，1982 年在威海松郭家村发掘出龙山文化时代的独木舟。该舟残长 3.9 米，制作技术已经使用了至今仍被普遍采用的水密隔舱技术。有两道隔舱壁，把船舱分隔为三个独立空间。⑤ 虽然是独木舟，但由于具备密封隔舱功能，并由此增强了船体的强度，大幅度地提高了海上航行的安全性。再加上山东半岛与朝鲜半岛隔海相望，从威海荣成石岛湾至朝鲜半岛的仁川，只有 94 海里，在顺风的情况下，即使驾乘独木舟，一昼夜即可到达。因此，胶东地区与朝鲜半岛在新石器时代就通过海路开始了交流往来，是有技术条件和地理环境支撑的。而且我相信在两地的交流中，胶东半岛对朝鲜半岛的影响应该是主要的，由此我们说胶东远古时期的海洋文化，其影响所及理应到达朝鲜半岛。

古史传说所反映的远古时期胶东半岛海洋文化的特色，主要有“日出旸谷”和“十日神话”。《尚书・尧典》曰：“分命羲仲，宅嵎夷，曰旸谷。寅宾出日，平秩东作。”这是说帝尧任命羲仲居于东方嵎夷之地的日出之处叫旸谷的地方，主持对每天日出的宾礼之祭，然后督促春天的农作活动按程式进行。《尧典》所说的“嵎夷旸谷”，孔安国注云：“东表之地称嵎夷。”东汉马融也是把“嵎夷”释为

---

① 有虞氏为东夷族，见于《孟子》：“舜，东夷之人也。”“有虞氏尚陶”，最明确的记载是《周礼・考工记》：“有虞氏尚陶。”此外，《韩非子・难一》：“东夷之陶者器苦窳，舜往陶焉，期年而器牢。”《世本・作篇》：“舜始陶，夏臣昆吾更增加也。”

② 范庆梅、刘凤鸣等：《山东区域文化通览・烟台卷》，济南：山东人民出版社，2012 年，第 29—30 页。

③ 旅大市文物管理组：《旅顺老铁山积石墓》，《考古》1978 年第 2 期；范庆梅、刘凤鸣等：《山东区域文化通览・烟台卷》，济南：山东人民出版社，2012 年，第 45 页。

④ 刘玉党、张建国等：《山东区域文化通览・威海卷》，济南：山东人民出版社，2012 年，第 28 页；范庆梅、刘凤鸣等：《山东区域文化通览・烟台卷》，济南：山东人民出版社，2012 年，第 47—48 页。

⑤ 王永波：《胶东半岛上发现独木舟》，《考古与文物》1987 年第 5 期。

"嵎,海嵎也",而夷,意为莱夷也。

与"日出旸谷"相联系的是著名的"十日神话"。例如《山海经·海外东经》说:

> 汤谷上有扶桑,十日所浴,在黑齿北。居水中,有大木,九日居下枝,一日居上枝。

《大荒南经》说:

> 东南海之外,甘水之间,有羲和之国。有女子名曰羲和,方浴日于甘渊。羲和者,帝俊之妻,生十日。

《楚辞·天文》说:

> (日)出自汤谷,次于蒙汜。自明及晦,所行几里?

《淮南子·天文训》说:

> 日出于旸谷,浴于咸池,拂于扶桑,是谓晨明。登于扶桑,爰始将行,是谓朏明。至于曲阿,是谓旦明。至于曾泉,是谓蚤食。至于桑野,是谓晏食。至于衡阳,是谓隅中。至于昆吾,是谓正中。至于鸟次,是谓小还。至于悲谷,是谓餔时。至于女纪,是谓大还。至于渊虞,是谓高舂。至于连石,是谓下舂。至于悲泉,爰止其女,爰息其马,是谓县车。至于虞渊,是谓黄昏。至于蒙谷,是谓定昏。日入于虞渊之汜,曙于蒙谷之浦。行九州七舍,有五亿万七千三百九里。

这里的"汤谷"即"旸谷",在不同古籍中二者是可以相互置换的,而《大荒南经》又说明在这个汤谷或旸谷之地,太阳沐浴的海水被称为"甘水"和"甘渊"。上引"十日神话"反映了两个问题:其一是与日出、日落相关联的太阳回圈运行的宇宙观;其二是在六十甲子纪日法之前的一旬十日的纪日法。

每日太阳从东方升出大海面时,被认为是沐浴于水中、在扶桑树上的十日中居于最上枝的一日,自旸谷(汤谷)而出,此谓晨明;此后太阳自东向西运行,正午时来到昆吾,此谓正中;最后到达西方日落之处的虞渊与蒙谷(蒙汜),此谓黄昏和定昏;日落之后,转入地下,被说成是"其华照下地"(《淮南子·地形训》);夜间太阳在地下黄泉由西往东运行,直至回到东方,又从旸谷而出,露出海面。太阳一昼夜一次循环运行,被认为是沐浴于海水里的十个太阳中的一个太阳的运行,当十个太阳轮完一遍,即为十日一个周期,称为一旬。在甲骨文中,有大量的所谓"卜旬卜辞",如"癸酉卜,大贞:旬无祸? 一月"(《甲骨文合集》26543)、"癸巳卜,出贞:旬无祸? 三月"(《甲骨文合集》26581)等。这些卜旬卜辞的存在,说明在甲骨文六十甲子纪日法出现之前,还应有一个单纯使用十日为一旬的纪日法,而这样的纪日法当起源于尧舜时期东方临海的嵎夷之地。这些循环往复、周而复始的宇宙观和天文历法方面的成就和习俗,反映了当时东方邦国文明中的海洋地理环境。

到了春秋战国时期,从胶东海洋文明中产生的海上神仙文化构成了新的时代特色。海洋神仙文化是特殊的地理环境和海市蜃楼奇特的自然现象共同作用的产物。位于胶东半岛东端的烟台、威海、青岛等地,面对耸立于东海之上的岛屿和山峰,每当春夏之交,初雨过后,在云雾缭绕中,时有虚幻的景象出现——或像城郭、山川,或像楼阁、茅屋。对此,《山海经》把它说成海上三仙山。《列子·汤问篇》说:东海中有方丈、瀛洲、蓬莱等仙岛,“其上台观皆金玉,其上禽兽皆纯缟。珠玕之树皆丛生,华实皆有滋味,食之皆不老不死。所居之人皆仙圣之种”。显然,海上神仙文化就是从特殊的海洋环境和海市蜃楼中产生出来的。

海上神仙文化使方士仙道兴盛于齐国、燕国这些临海之国,也促成齐威王、齐宣王、燕昭王使人下海求长生不老之药和秦始皇、汉武帝东巡成山头,进行大规模的求仙活动。《史记·封禅书》说:“自威、宣、燕昭使人入海求蓬莱、方丈、瀛洲。此三神山者,其傅在渤海中,去人不远;患且至,则船风引而去。盖尝有至者,诸仙人及不死之药皆在焉。其物禽兽尽白,而黄金银为宫阙。未至,望之如云;及到,三神山反居水下。临之,风辄引去,终莫能至云。世主莫不甘心焉。及秦始皇并天下,至海上,则方士言之不可胜数。始皇自以为至海上而恐不及矣,使人乃赍童男女入海求之。”为此,可以说是胶东海市蜃楼的特殊海洋景观造就了神仙文化,胶东半岛是神仙文化的发祥地,海上神仙文化是胶东半岛海洋文化的一大特点。

在海上神仙文化即东海方士仙道文化的背景下,春秋战国时期,胶东半岛与朝鲜半岛和日本的交流及对外贸易也发展了起来,这应该就是早期的海上丝绸之路。

春秋战国时期,齐国已据有胶东半岛,因而齐国可以通过海上与古朝鲜进行贸易。其中,齐国从朝鲜输入的被称为“文皮”的虎、豹之皮和用毛皮制作的衣服,在当时远近闻名。《管子·揆度》记载:“桓公问管子曰:‘吾闻海内玉币有七筴,可得而闻乎?’管子对曰:‘阴山之礝碈,一筴也;燕之紫山白金,一筴也;发、朝鲜之文皮,一筴也;汝汉水之右衢黄金,一筴也;江阳之珠,一筴也;秦明山之曾青,一筴也;禺氏边山之玉,一筴也。’”“筴”通“惬”,满意称心的意思。“发”,貊人,分布在朝鲜半岛北部及辽东半岛东部一带。“文皮”,即有花纹的兽皮,多指虎、豹皮。这段记载是说:齐桓公曾向管仲打听天下最好的七种东西,在管仲的回答中,他把发、朝鲜的文皮看作与其他地区出产的珠宝、玉器一样珍贵,是天下最好的七种商品之一。①

朝鲜的“文皮”价值千金,在齐国与朝鲜的商贸中占有重要的地位,而且,它还成为管仲向齐桓公建议的一个重要外交政策和手段。例如,《管子·轻重甲》说:“桓公曰:‘四夷不服,恐其逆政游于天下而伤寡人。寡人之行,为此有道

① 范庆梅、刘凤鸣等:《山东区域文化通览·烟台卷》,济南:山东人民出版社,2012年,第286—287页。

乎？'管子对曰：'吴、越不朝，珠象而以为币乎？发、朝鲜不朝，请文皮毤服而以为币乎？……辟千金者珠也，然后八千里之吴、越可得而朝也。一豹之皮，容金而金也，然后八千里之发、朝鲜可得而朝也。'"这是告诉我们，齐国的货物与吴、越珍珠、象牙及与朝鲜的"文皮"和皮衣的商业贸易，是齐国吸引邻国进而达到控制对方使其来朝的一个重要手段。胶东半岛早期的海上丝绸之路，就是在这样的政治、经济、贸易的形势下展开的。

在虎豹皮革贸易之外，据白云翔研究，从韩国上林里出土的东周时期"中国式铜剑"（吴越式铜剑），可证明吴越地区的铸剑工匠东渡朝鲜半岛的海上交通路线是：从杭州湾或长江口一带入海，沿黄海西岸的近海向北，经由海州湾继续北上，经过山东半岛北端的蓬莱和庙岛群岛，穿越渤海海峡，再经过辽东半岛南端，到达黄海的西朝鲜湾，然后由此南下，经由江华湾，最终到达朝鲜半岛的西南部沿海地区。① 这条联结吴越与朝鲜半岛的海上丝绸之路，有相当大的范围是和齐国与朝鲜半岛的海上交通重合在一起的。所以，1975 年在韩国上林里出土的 26 件"中国式铜剑"②，也间接证明了春秋战国时期据有胶东半岛的齐国与朝鲜半岛之间海上丝绸之路是畅通的。

春秋战国时期，胶东半岛与日本的文化交流交往，可以通过日本出土的铜铎得到证明。从事海上丝绸之路研究的陈炎教授曾指出："日本在西海岸发掘出的中国春秋时期的青铜铎 350 件，与朝鲜出土的完全相同。这说明，早在 2700 年前，中国的海航先驱者，已经开辟了从山东半岛出发，经朝鲜半岛，再东渡日本的航路，并把中国文化传入朝鲜和日本。"③与之大致相同的认识，也见于日本学者。1955 年，木宫泰彦在其出版的《日中文化交流史》一书中说：在日本发掘出土的铜铎，"由于它的形状和先秦时代的古钟相似，尤其近年在朝鲜庆尚南道庆州入室里发现了约四日寸长的小铜铎和半圆棱边的细纹镜（和 1918 年在日本大和国葛城郡吐田乡所发掘的一样）看来，应该认为制造铜铎的技术受到中国文化的影响，首先兴起于古时的辰韩，然后传到日本的。那么经由什么路线，传到日本什么地方的呢？我想大概是通过这里所说的日本海环流路，先传到山阴、北陆地区，然后逐渐传播到内地。根据梅原末治的铜铎调查（出土地名）一览表看来，铜铎是分布在东以加贺、越前、美浓、三河、远江为界，西以石见、安艺赞岐、阿波、土佐为界之间的地区。多数学者认为样式较古、形小而厚的流水纹的铜铎，

---

① 白云翔：《从韩国上林里铜剑和日本平原村铜镜论中国古代青铜工匠的两次东渡》，《文物》2015 年第 8 期。

② ［韩］全荣来：《关于完州上林里出土的中国式铜剑——春秋战国初中国青铜器文化传入南韩问题》，《全北遗迹调查报告》第 6 集（韩文），全州：全州市立博物馆，1976 年；［韩］全荣来著，［日］后藤直译：《关于完州上林里出土中国式铜剑——春秋战国初中国青铜器文化传入南韩问题》，《古文化谈丛》第 9 集（日文），九州古文化研究会，1982 年。

③ 陈炎：《海上丝绸之路对世界文明的贡献》，《今日中国》2001 年第 12 期。

多发现在山阴、北陆一带及畿内地区，反之，认为式样较新、形大而薄的袈裟袖带纹形的，多分布在畿内以至东海、南海之间的地区，这就证实了上面的说法”①。

作为海上丝绸之路，港口是重要的。先秦时期胶东半岛的琅邪港是史书记载的最早的港口。春秋时代南方吴越与北方齐国的海上交通已很繁盛。据《史记》的《吴太伯世家》和《齐太公世家》记载，吴王夫差辟地至齐，南及琅邪（琅琊），十一年（前485）由海上攻齐。《吴越春秋》说越王勾践破吴而后称霸时，乃于琅邪建观台，以望东海，而见死士八千人，兵船三百艘。为此，日本学者藤田丰八在《中国南海古代交通丛考》一书中说：“胶州湾上之一地点，为海港而载于史乘者，以琅琊为始，吴越北上前，似已为海港，而船舶辐辏矣。”②琅邪这一地名，初见于齐景公（前547—前490），如《孟子·梁惠王下篇》说：“昔者齐景公问于晏子曰：‘吾欲观于转附、朝儛，遵海而南，放于琅邪，吾何修而可以比于先王观也？’”③这是说，齐景公出游，欲观于转附、朝儛两山，然后循海而南，到达琅邪。

琅邪港口之重要，由秦始皇三巡齐地到琅邪亦可得以说明。《史记·秦始皇本纪》记载秦始皇二十八年、二十九年、三十七年三次出巡齐地，都到了琅邪和芝罘，其中，始皇二十八年，“登琅邪，大乐之，留三月。乃徙黔首三万户琅邪台下”。此外，秦统一后，实行郡县制，将全国划分为三十六郡，齐地设有齐郡和琅邪郡。齐郡是秦灭齐后以齐国国都临淄为郡治，而将琅邪提升为郡治，应该是出于交通战略地位的考虑。春秋战国时期的琅邪古港就是南北海路的枢纽，十分富饶，也是齐地方士海仙文化发达的地区之一。

胶东半岛的海上丝绸之路始于春秋战国时期，它较始于汉代的陆路上的丝绸之路，开始的时间早，持续的时间亦长，这是我国海上丝绸之路的一个重要特点。胶东半岛的海上丝绸之路是其海洋文明的重要组成部分，但胶东海洋文明形成的时间则远在这之前，其渊源甚至可以上溯到胶东的史前海洋文化。今后，作为与时俱进的新话题之一，我们对于海岱沿海地区包括民风民俗、思想观念在内的文化特色的研究，都应该放在该地独特地理环境及农耕文明与海洋文明相结合的视角下加以考虑。

（作者：王震中，中国社会科学院学部委员、历史研究所副所长、中国殷商文化学会会长）

---

① ［日］木宫泰彦著，胡锡年译：《日中文化交流史》，北京：商务印书馆，1980年，第4页。

② ［日］藤田丰八著，何健民译：《中国南海古代交通丛考》，北京：商务印书馆，1936年，第524页。

③ 此事又见于《晏子春秋》和《管子》。《晏子春秋·内篇问下第四》：“景公出游，问于晏子曰：‘吾欲观于转附、朝舞，遵海而南，至于琅琊，寡人何修，则夫先王之游？’”《管子·戒第》：“桓公将东游，问于管仲曰：‘我游犹轴转斛，南至琅邪。’”

15 世纪东亚海洋体系下朝鲜王朝的形象建构

◇刘中玉

一、引言

14 世纪后半叶,元朝统治下的中国与控制下的朝鲜半岛几乎同时都在酝酿着变革:一方面,中国历史再次上演了以底层草根社会推翻上层权贵社会的王朝兴替;而朝鲜半岛则以强势权臣取代弱势君主的方式完成了世代更新。另一方面,新建立的明朝需要与胜朝(元朝)进行切割,才能稳定人心,开拓新的外交气象;而新建立的李氏政权不仅要与昔日臣服于蒙古人的王氏高丽进行切割,还必须获得明朝的认可才能确立合法性,才能稳定政局。可以说,在 14 世纪的最后二三十年,这两个“关系密切”的政权在忙于稳固内政的同时,也都在着手擘画新的外交格局。

而从整个东亚来看,从 14 世纪末到 15 世纪也恰恰是东亚海洋体系正式形成的时期,主要体现在以下几个方面:①明朝确立了以中国为中心的朝贡制度,推行以礼仪秩序来约定与周边国家的关系,进而成为亚洲海洋地区中通行的国际关系体制。②李氏朝鲜结束了朝鲜半岛在高丽后期内附中国的局面,确立了以朝贡(明朝)关系为安全机制的自治体系。③琉球统一王国的形成(1429),在此后一个多世纪的东亚中转贸易中发挥了重要作用。④受朝贡体制的影响,倭寇侵扰现象逐渐炽盛,使明朝、朝鲜维系朝贡关系的成本剧增。与此同时,以南洋中国商人为代表的民间资本活跃,非官方贸易(走私贸易)日益成为促进东亚市场繁荣的重要力量。

从朝鲜自身而言,15 世纪是其国际关系架构的关键阶段,特别是在确立政权合法性之后,如何在海陆双重压力下稳定和发展与周边的关系,并超越中华文化输出者的形象,成为地缘政治角力的掌控者,成为摆在其面前的一道难题。在此,本文拟利用《混一疆理历代国都之图》、申叔舟《海东诸国纪》及相关考古资料,从事大明朝、定位天下观、模拟朝贡体制等角度,对 15 世纪朝鲜在东亚海洋体系下国家形象建构的历史实情试加以论析。

二、事大明朝：确立正统形象

明朝建立后，其正式认可的朝鲜半岛政权是恭愍王（1351—1374年在位）所代表的摇摇欲坠的高丽王朝。早在1369年（洪武二年），太祖朱元璋（1368—1398年在位）便派使臣偰斯前往其地，以赐谕和册封诰书、金印的方式，对王氏高丽的正统性予以确认。但1374年至1392年间，高丽朝政先后为权臣李仁任、李成桂所把持，最终，李成桂在清除郑梦周等政敌后，于1392年7月篡位自立，高丽灭亡。

对于李氏新政权而言，这种血腥篡国的行为严重挑战了儒家的政治伦理，其合法性受到了质疑。循前朝故事，它只有取得中国王朝（明朝）的谅解和认可，特别是获赐册封诰书和金印之后，才能确立正统性地位，从而才能有效地抚慰人心、安定时局。是年10月，李成桂便派出了以郑道传为首的使团前往北京陈情政权变更的情况。从史料记载来看，朱元璋对李朝使团的请求不置可否，并未颁赐册封诰书和金印，只是建议其定国号为"朝鲜"。很显然，李朝的这次外交努力并未破局。

对李成桂而言，虽然定国号的建议来自明朝，稍稍保住了颜面，但高丽末世两王（恭愍王、恭让王）均得到册封认定的事实，特别是废王（恭让王，1388—1392年在位）及王氏宗室的存在，仍然是对其合法性的最大威胁。为去除复辟隐患，他下令绞杀恭让王及其二子，并诛灭王氏宗室。不过在其在位期间，朝鲜与明朝的关系始终未能实现正常化，尤其是在辽东女真问题上（详后），又触怒了朱元璋，使双方关系进一步恶化，导致贸易、使节交流一度中断。而在内政方面，又因无法调解日益激化的继位之争，而不得不退位以避。①

同一时期的明朝也因朱元璋的去世掀起了一场激烈的帝位之争，而正是这场帝位之争，促成了双方关系的正常化。1399年（建文元年），为获得重要的军资——马匹，建文帝先后给予了定宗（李曔，初名芳果，1399—1400年在位）、太宗（李芳远，1400—1422年在位）的认定册命，朝鲜也于是年开始采用建文年号。1402年（建文四年）成祖朱棣夺位成功后，又以正式册命的方式，对朝鲜的正统性予以认可。从某种程度上来说，朱棣认可朝鲜政权的合法性，亦有借此消弭其同样以篡位获得政权的负面影响之考量。至此，延宕十年之久的事大关系终于

① 李朝初期，分别于1398年、1400年发生两次"王子之乱"。第一次王子之乱时，世子李芳硕为太宗李芳远所杀，为避免兄弟再度阋墙，太祖李成桂让位于定宗李曔，但仍未能避免第二次王子之乱的发生。详参《朝鲜王朝实录》太祖、定宗、太宗卷。

稳定下来。李氏政权的正统形象由此确立起来,国家开始进入正常轨道。①

三、混一疆理:定位本国的"天下观"

我们注意到,明与朝鲜正式确定朝贡关系的1399年(建文元年),朝鲜贺登极使右政丞金士衡从南京带回了元代李泽民的《声教广被图》和清濬(浚)的《混一疆理图》。1402年,时任左政丞金士衡、右政丞李茂"参究是图,命检校李荟更加详校,合为一图",并补辽东之阙,增加朝鲜、日本部分,勒成新图,即《混一疆理历代国都之图》②。该图自李约瑟在《中国科技史》中给予高度评价之后,始受到学界的重视,特别是近20年来,《混一疆理历代国都之图》与《大明混一图》更是成为地理大发现之前东亚社会关于世界地理认知的代表,成为跨文化交流的重要见证。

值得深味的是,以上诸图可以说是14世纪即元代关于世界地理知识的遗产,而作为地图的制作者——无论是李泽民还是天台僧清濬(浚),在混一图中都对当时内附元朝的高丽部分疏略以"三韩"、简图带过,对于日本部分更是直接略过,而在至顺年间刊刻的《事林广记》所载《大元混一图》中,高丽与新罗是在"辽阳行省"部分作为孤悬海外的岛屿来笼统处理的。客观来说,《事林广记》中的《大元混一图》所绘的是元朝实际之疆理,迨1320年(延祐七年)朱思本所绘《舆地图》、1360年(至正二十年)清濬(浚)所绘《混一疆理图》(又称《广轮疆理图》),则是在历代传统地理知识的基础上绘制的,稍后李泽民的《声教广被图》又融汇了西方传入的地理知识,并增加了朝鲜半岛部分。不过据权近"其辽水以东及本国(朝鲜)之图,泽民之图亦多缺略"的评价可知,虽然《声教广被图》中绘制了朝鲜半岛,但以朝鲜人的眼光来看,仍显疏略。于是李荟在新图中所增补的朝鲜、日本部分中,有意识地放大了"本国"部分,对于诸道山川、港口的分布尽可能周到详细。

从事实上来看,元代这种略东而详西的制图标准,应与当时官方重视海洋、向南发展的战略直接相关。众所周知,游牧民族对于通过贸易来弥补单一经济体和巩固汗权的作用有着深刻的认识,蒙古族也不例外。早在西征前,成吉思汗

---

① 对于明前期对朝鲜态度转变的原因,《剑桥中国明代史(1368—1644年)》的观点认为,由于洪武帝注重巩固和扩张明王朝对边境地区的控制,因此对朝鲜奉行具有侵略性的威慑政策,以迫使朝鲜遵照明朝的利益行事。而建文帝之所以接受朝鲜表面上的效忠和支持,则是为了获得军资以确保帝位。永乐帝则是二者的混合,即采取恩威并施的方式,通过接纳朝鲜来增强自己的权威。[英]崔瑞德、[美]牟复礼编:《剑桥中国明代史(1368—1644年)》下卷,北京:中国社会科学出版社,2006年,第251—252页。

② 权近:《混一疆理历代国都之图》跋,[朝鲜]权近:《阳村先生文集》卷二十二《历代帝王混一疆理图志》,韩国文集丛刊本(第七册)。

就下令疏通了直通花剌子模的商道，并沿途设置了岗哨（后来发展为驿站）。西征后，贯通了从钦察汗国境内（不里阿耳、罗斯诸公国、克里木、伏尔加河下游）到原花剌子模的河中地区，再经察合台汗国（不花剌、撒马尔罕、阿力麻里）、窝阔台汗国（叶密立、霍博）到哈喇和林的道路，即可从黑海西岸渡顿河经萨莱抵咸海、里海北，再沿锡尔河东岸至中亚阿拉木图、江布尔，过伊犁河经霍博、乌苏、轮台，穿准噶尔盆地边缘之占木萨尔或科布多谷地北上阿尔泰山北麓、杭爱山南麓到达蒙古高原的中心哈喇和林，将当时蒙古人所控制的地区全部连接起来了。汗廷南移后，根据中国的地理特点，设置了水站、陆站，疏浚和连通了从扬州直抵大都的大运河。此外，出于政治上和经济上的双重考量，元世祖忽必烈（1260—1294年在位）一度想把占城（今越南中南部）、爪哇（今属印度尼西亚）变成能直接控制的物质集散地和中转站，为此不仅预设了安南行省、征缅行省、占城行省的机构建制，而且不惜付诸武力，对安南、缅甸、占城、爪哇用兵，虽然最后由于战线过长、补给困难及气候不适等客观原因，占领行动失败，但掌控南海海上交通的目的达到了。正如日本学者杉山正明所指出的那样，“东中国海不消说，就连从南中国海到印度洋的海域，也成为大元汗国舰队的海域。自彼往西的阿拉伯海，则早就处于旭烈兀汗国的势力下”①。换言之，在忽必烈时代，又从海路将当时蒙古人所控制的区域连接起来了，蒙古人实现了海陆东西交通的大贯通。在这一时代背景下，元人对西方地理知识方面的认知无疑超越了以往，而这种认知自然也会在地图制作中得到一定的体现。

此外值得注意的是，朝鲜增补本地图之所以称为《混一疆理历代国都之图》，与其在地图上方加题中国历代国都（包括僭伪政权）直接相关。从图中所列大都、涿州、彰德路、晋宁路、冀宁路、河中府等诸省区划名称（下以小字标注历代国都）中不难看出，这些其实都是元代的行政区划名，其中所列江浙省之建康，下注：吴东晋宋齐梁陈南唐所都。建康路，尝为元文宗潜邸所在，故于1329年（天历二年）改称集庆路。1356年（至正十六年），朱元璋攻下集庆路后，改为应天府，后定都于此。此图虽绘于建文四年（1402），却未改旧称，由此不难看出，李荟所绘《混一疆理历代国都之图》并未参考1389年（洪武二十二年）同样在清濬（浚）、李泽民图基础上制成的《大明混一图》（此时对于朝鲜八道、日本列岛的标识则相对清晰）。由官方绘制的《大明混一图》即便当时未归入密档，也非一般人所能见到，金士衡等外臣不可能见到，当然也不可能通过颁赐或购买的方式得到。据上所析可以判知，宫崎正胜所谓“《混一疆理历代国都之图》很明

① ［日］杉山正明著，周俊宇译：《忽必烈的挑战：蒙古帝国与世界历史的大转向》，北京：社会科学文献出版社，2013年，第201页。

显是受《大明混一图》的影响而创作出来的世界地图”的说法当为不确①。

在本文看来，与考察《混一疆理历代国都之图》的绘制底本相比，其官方主导的政治意图更值得探究：金士衡、李茂以左右政丞的身份督制此图，并非只是为了在世界地图中强调朝鲜王朝的存在，更主要的是为了宣示其以中华为正统的官方意识。换言之，即与获得明朝的册命一样，都意在向世人昭示朝鲜王朝的合法性是与中华正统性一脉相承，从而确立其所谓的“小中华意识”。一般来说，天下观和华夷观是中华意识最核心的部分，朝鲜王朝的“小中华意识”亦概莫能外。

关于朝鲜王朝时期的天下观，学界多有论述，相关参考文献后附，在此不加赘述。毫无疑问，舆图是这一观念最直接的呈现和表达。金士衡、李茂等编绘《混一疆理历代国都之图》并非仅仅是个例，检诸史料，仅15世纪，朝鲜官方便有多次绘制地图以合成天下总图的记载，列举几则如下②：

1434年（世宗十六年），为绘制朝鲜全图，下令各道绘制本道地图。

1463年（世祖九年），令申叔舟、梁诚之绘制本国地图。

1465年（世祖十一年），下令收集民间所藏地理书，并从明朝购入《地理大典》。

1469年（睿宗一年），制成世界地图《天下图》。

虽然15世纪所制成的《天下图》早已亡佚，但其意义却十分深远：这是较《混一疆理历代国都之图》更为用心的一幅世界地图。15世纪以后，朝鲜又绘制了多幅世界性的《天下图》，目前所能见到的最早的《天下图》为1684年的圆形地图《天下总图》。毫无疑问，这与17世纪利玛窦带到北京又传入朝鲜的世界地理知识有着直接的关系。纵而观之，以地图形式呈现其“天下观”思想已然成为朝鲜王朝的惯常做法。黄时鉴认为朝鲜的这种天下图思维，反映了一种新的制图理念，它包括三个层次：首先是天下图，其次是国别图，再次是道别图。这种地图体系与中国的大一统体系不同，与其本国原来的大总体系也不同，而与西方世界地图集中的地图层次颇为接近。③ 而这一体系思想的源头，正是在15世纪世宗朝更新气象的背景下发端的。

---

① ［日］宫崎正胜著，朱悦玮译：《航海图的世界史——海上道路改变历史》，北京：中信出版社，2014年，第51页。

② 金成镐、朴英宰主编：《朝鲜·韩国历史大事编年》之“朝鲜王朝”部分，哈尔滨：黑龙江朝鲜民族出版社，2008年。

③ 黄时鉴：《从地图上看中韩日“世界”观念的差异》，《黄时鉴文集Ⅲ东海西海：东西文化交流史（大航海时代以来）》，上海：中西书局，2011年，第250—251页。

四、交邻聘问：模拟朝贡体制

在15世纪的东亚海洋体系中，以明朝为中心的朝贡模式占居主导地位，但不是单一体制，而是更加多样化。在朝贡体制之下，明朝比照宗藩制度来确定各朝贡国的位序，朝鲜、日本的位序比同亲王，越南、琉球的位序比同郡王。从宗法制的角度来看，明朝皇帝为大宗，朝鲜等国似小宗。然而在东亚海洋体系中，朝鲜又以中华正脉之大宗自居，视周边的女真、日本、琉球等为夷。这一思想在15世纪随着朝鲜正统地位的确立被强化，并切实推行到其与周边部族、国家的外交中，有学者将之称为具有双重中心的“事大交邻体制”①。换言之，即在以中国为中心的框架之下（日本除外），朝鲜以小中华（分中心）自居，在东亚的海洋体系中，对朝贡体系进行了“复制”②。

具体而言，在辽东女真问题上，朝鲜仿效明朝施行羁縻政策，与明朝争夺对女真诸部的控制权，为此开罪朱元璋，双边贸易亦受到影响，这也是终洪武一朝都不愿对其册命认可的请求予以正面回应的主要原因之一。琉球方面，双方开始不定期的使聘往来。在对日问题上较为复杂，受日本“以寇促商”策略的影响，朝鲜的应对也由最初的被动防御转为主动出击，通过强化海军，打击对马岛倭寇，迫使倭商签订和平通商条约。1419年世宗朝的“己亥东征”，重创了对马岛宗家，于是才有了此后的《癸亥条约》（1443年，世宗二十五年），确立了对对马岛的宗主地位。同时为安抚倭商，开放熊川荠浦、东莱釜山浦、蔚山盐浦三浦，与之贸易。至于代表日本政府的室町幕府，则与之确立平等外交关系，互相派驻使节（通信社）。以上外交的主导思想和策略，被当时曾任使日团书状官的申叔舟记录在《海东诸国纪》③一书中。

申叔舟（1417—1475），字泛翁，号希贤堂、保闲斋。荣际世宗、文宗、端宗、世祖、睿宗、成宗六朝，官至领议政、领春秋管事，封一等佐理功臣，卒谥“文忠”，

---

① ［韩］郑容和：《从周边视角来看朝贡关系——朝鲜王朝对朝贡体系的认识和利用》，《国际政治研究》2006年第1期。

② 法国学者弗朗索瓦·吉鲁普（Francois Gipouloux）认为，明朝复兴的朝贡制度并非亚洲海洋地区贸易的唯一法规。朝鲜、中国明朝、日本和琉球之间的关系涉及十多个使馆，不仅涉及贸易，而且涉及众多旅行者的来往。指导朝鲜与琉球和日本之间关系的，是一种堪比明朝朝贡制度的体系。乍看之下，它像是中国与不同属国之间以中国为中心的秩序的复制，但这种模式更加多样化、更加复杂：外交大厦的基石是“交邻”，即“地位平等的主权国家之间的友好关系”，并举行正式仪式。参见［法］弗朗索瓦·吉鲁普：《亚洲的地中海：13—21世纪中国、日本、东南亚商埠与贸易圈》，广州：新世纪出版社，2014年，第90页。

③ ［朝鲜］申叔舟著，［日］田中健夫译注：《海东诸国纪》，东京：岩波书店，1991年。以下征引不再一一标注。

堪称当时波谲云诡政坛的不倒翁。有《保闲斋集》《四声通考》等著述存世。他是世宗朝训民正音的主要创制者之一，精通汉、日语言，多次担任使节，尝于1443年以书状官身份，与正使卞孝文、副使尹仁甫一道出使室町幕府，吊唁故将军足利义胜（1434—1443），并贺新将军足利义政（1436—1490）继位。迨成宗，受命将访日见闻整理成《海东诸国纪》，并于1471年（成宗二年）刊行于世。

该书序言中明确体现了当时朝鲜所秉持的华夷观。如申叔舟直称日本为夷狄，并明言对日方针为“待夷狄之道，不在乎外攘，而在乎内修；不在乎边御，而在乎朝廷；不在乎兵革，而在乎纪纲”。而在这一方针指导下所确立的朝聘通商原则乃是“依其情势，各有重轻”，即约定使船定数、明确诸使定例及使船大小、船夫定额等。具体定例如下：

> 使船定数：国王及诸巨酋来，则接待。对马岛主岁遣五十船，或因事别遣船，则称特送（无定数）。诸酋之在诸州者，或岁遣一二船（时计四十人名在诸州），或岁遣一船（时计二十七人名在诸州），皆有定约。其余诸酋或因事来朝，或遣使，皆临时受教应接。受我国官职者，岁一来朝，不得遣人。国王使例有副船，或至三船；巨酋使只有副船，其余并一船。诸使皆受对马岛主文引而后来。
>
> 诸使定例：馆待诸使有四例：国王使为一例。诸巨酋使为一例（日本畠山、细川、左武卫、京极、山名、大内、小二等为巨酋）。九州节度使、对马岛主特送为一例。诸酋使、对马岛人、受职人为一例。
>
> 使船大小、船夫定额：船有三等：二十五尺以下为小船；二十六尺七尺为中船；二十八尺九尺三十尺为大船。船夫大船四十，中船三十，小船二十，以为定额。

由上诸细节规定不难看出，朝鲜与对马岛的关系无异于朝贡体制的缩小版，其以经济收益（开港通商）作为代价，来换取政治收益（确立宗主权）。而在对待室町幕府方面，则又流露出文化输出者的优越感，以华夷相区别，并以朝鲜国王对等日本天皇，视国王（将军）位下一等。而在日本看来，永乐、宣德时与明所开展的朝贡贸易，即是以幕府的名义进行的，明朝所赐国王印册也是给将军的，因此朝鲜国王与幕府将军在朝贡体制中的位序相同（亲王），自然要位下天皇一等。由此双方展开了长达数百年的礼仪之争（此节学界论述较多，兹不赘述）。

五、余论

综而观之，从15世纪开始，朝鲜对于外部信息的吸收虽然采取了积极主动的方式，但获得的渠道基本上都是间接的，特别是对于西方知识的了解，主要通过在明朝的情报收集获得。就其缩小版的朝贡贸易而言，这一措施虽是因袭于明，却也是被倭寇倒逼而被动采取的应对之策。就朝贡本身来看，由于被朝贡者不仅要给予贸易本身以期望(甚至超过期望)的高价,同时要负担贡使抵达后沿途接待及返程等众多支出,这种支出对于明朝政府都是不堪重负,而不得已减少朝贡次数和规模,更何况是之于朝鲜。因此从世宗朝到成宗朝,一再修改对日接待定例、使船大小、船夫定额等,其主要原因便是出于减轻财政负担的考量。然而由于无论是贸易本身,还是使臣接待能力方面,都无法满足以武家为支撑的日本商团势力,最终朝鲜的这种对日外交政策不仅未收御倭之效,反致祸事频生,接连引发三浦之乱(1510)、甲辰倭变(1544)、乙卯倭乱(1555),以及壬辰倭乱(1592)、丁酉再乱(1596)等几撼国本的大灾难。可以说,朝鲜在事大主义主导下,虽然有心在天下世界中寻找自己的定位,却又无法跳出华夷构造的思维,即一方面贪慕于小中华认同的虚荣,另一方面又因循明朝的对外政策,特别是在面对早已摈弃"中国中心观"而欲自成体系的日本时,不仅未能守住礼序体系上的优势地位,而且逐步丧失了对日本、琉球的贸易甚至政治主动权。

(作者:刘中玉,中国社会科学院历史研究所副研究员)

清前期史志中的罗布人及其文化

◇孙　昊

罗布泊在历史上是古丝绸之路上重要的人口聚居的沙漠绿洲之地。自汉代凿空西域，中原历代正史四裔传，以及各类正书皆重视对该地区历史、人文、风土的介绍，将古罗布泊之地纳入到传统的四裔史地之学中。在两汉魏晋时期，因与西域的交往很多，故对罗布地区绿洲国家的记述略详，然而随着唐宋以来与罗布地区的直接往来日渐为其他边疆政权所阻隔，其信息日渐模糊，以至于语焉不详。直至清代乾隆时期平定准噶尔部，经略“回疆”过程中，方对塔里木盆地、罗布泊周边的族群有了深入的了解，并为方略与志书所记述。另外，罗布人是居于罗布泊周边的渔猎与采集人群，长久以来受罗布泊生态环境的影响，其社会状况变化较大。清前期史志资料所载罗布人社会与后来之游记与民族志资料之比较，具有重要意义。笔者初涉罗布人问题，仅从文献角度对清前期史志对罗布人的记述进行梳理，权作日后研究的一个基础。

一

清朝建国之后，势力西扩，与准噶尔汗国进行近百年的军事斗争。历经康熙至乾隆帝三代，方完全统一西域地区，于当地设官管理。在这一漫长的过程中，清政府一方面借由军事行动，对罗布泊地区进行了深入调查，另一方面，紧随军事行动之后，清政府亦组织大量人力进行地理测绘与普查工作①，为乾隆、嘉庆两朝的史志编纂工作提供了大量第一手信息。清前期关于罗布人的信息，主要经由这些途径获得，并被记录在方略与史志两大系统之中。由此，我们可以窥得清前期罗布人的具体状况。

清朝官方首次获知罗布泊地区居民状况，是在雍正元年（1723）清军进入吐鲁番时，“罗卜脑儿地方回人古尔班等，率领哈喇库尔、萨达克图、哈喇和邵三处户口一千余人，输诚投顺”②。雍正三年（1725），又徙吐鲁番等处内附人口于瓜、

---

① 参见马大正：《有清一代新疆考察述论》，《西域考察与研究》，乌鲁木齐：新疆人民出版社，1994年，第3—24页。

② 《清世宗实录》卷四“雍正元年二月己卯”条。

沙二州之地，此后特别提到对于罗卜脑儿人的处理原则："罗卜脑儿地方亦照吐鲁番例，有愿移来者，亦随为首之人一并移来，不愿者仍留本处。"又下拟详细办法："罗卜脑儿回子皆打鱼为生，此内有愿陆居为生者。请照吐鲁番例，一并移来。"①《西域水道记》亦载此事，并云"雍正元年，将徙之内地，以其人素习水居，不便陆徙，乃止"②。雍正时期，欲将归附的罗布人迁徙至布隆吉尔地方，沙州、瓜州等地，建立村庄，赐予耕地，亦看到罗布人以渔猎为生，故并没有强制迁徙。雍正时期从罗布泊迁徙的人口数量无法获知，但从后来的记述可知，仍有大量人口留居罗布泊地区，且受准噶尔势力的控制。

清乾隆初，曾划定喀尔喀与准噶尔的界线，承认准噶尔对罗布泊地区的控制权。③ 此事引发罗布人大规模迁徙。乾隆二十三年（1758）阿里衮奏报引述罗布人头目哈什哈之言，称罗布淖尔人原有2000余户，数十年来（准噶尔统治时期）移往阿克苏、多伦等处，现尚有600余人。且"四十年前大兵平定吐鲁番时，将军等曾经招抚，赏给缎布、茶叶。撤兵之后，为准噶尔所据"④。准噶尔治下，引发当地大规模的人口迁移与流动，不仅有罗布人向外迁徙，还有多浪人从喀喇沙尔逃奔至罗布泊地区与罗布人杂居。⑤

至于喀喇沙尔原住民之地，有几种文献可资参考。《回疆志》："哈尔沙尔（即喀喇沙尔）原系厄鲁特达什达互游牧种地之处，后因变乱，遂废其城，焚烧林木而逸其地，遂荒。"⑥喀喇沙尔在准噶尔统治时期曾遭到大规模破坏，其人口自然向外迁徙。《西域闻见录》："（哈喇沙拉）初系回城，土宇宽广，……足资游牧。开都河水畅流，足资灌溉。以故人户繁盛，……称富庶之邦。乃准噶尔恃其强横，占据其地为牧场，回民不堪其扰，死绝逃亡，地遂空虚，及大兵定伊犁，以其地要害，因设办事大臣。"⑦抄本《西域地理图志》亦载其事，但称"哈尔沙尔，原系罗布淖尔回人故居，后经额鲁特沙拉斯、吗虎斯等霸占其地，以为游牧，回人知其住不可久，遂将原有土城拆毁，林木烧毁，尽移其部落，寄居于各回城，其地遂荒，

---

① 《清世宗实录》卷三一"雍正三年四月丙子"条。此事又见纪昀等撰：《河源纪略》卷二八《纪事三》"罗布淖尔"条，徐松：《新疆识略》卷一《新疆总图》。

② 〔清〕徐松著，朱玉麒整理：《西域水道记》卷二，北京：中华书局，2005年，第121页。

③ 其事参见《清高宗实录》卷一二"乾隆元年二月己卯"条；〔清〕徐松著，朱玉麒整理：《西域水道记》卷二，北京：中华书局，2005年，第122页。

④ 〔清〕傅恒等撰：《平定准噶尔方略》卷五二，《清代方略全书》第25册，影清朱丝栏抄本，北京：北京图书馆出版社，2006年，第243—244页。

⑤ 参见苗普生：《关于清代的多浪维吾尔人》，《新疆社会科学》1989年第5期。

⑥ 《回疆志》卷一，台北：成文出版社，1968年，第31—32页。

⑦ 〔清〕椿园：《西域闻见录》卷二《新疆纪略下·辟展条》，早稻田大学藏乾隆四十二年（1777）刊本，叶四。

不复有人”①。由此可知,罗布泊西北的喀喇沙尔原系“回人”居住区,因准噶尔各部的统治,人口外徙。至于喀喇沙尔等地原住民是否属罗布淖尔人,抄本《西域地理图志》与成书于乾隆二年的《重修肃州新志》相佐。《重修肃州新志 · 西陲纪略》“西域诸部”条明确区分了“哈喇沙尔”回子与“罗布脑儿”回子两部,结合上述记录,抄本《西域地理图志》孤证不立。

二

乾隆二十年(1755)以后大军西进,经罗布泊周边地区时,发现的人口大体上有两支。乾隆二十三年(1758)阿里衮奏报,当地罗布淖尔回人头目哈什哈云“现尚有六百余人,以渔猎为生”,哈什哈又云“昨闻额敏和卓移居吐鲁番,伯克托克托前年被玛呼斯掠夺,逃至此地,闻亦归附”。从哈什哈的谈话可知,他将罗布泊地区居民划为两部,其一是他自己所领的600余人,以渔猎为生。其二则是从外逃至罗布泊的伯克托克托部众。从乾隆二十四年(1759)九月参赞大臣舒赫德的报告看,托克托属多伦人,即上文所云多浪人,清又称朵兰、惰兰人,多兰回子等名。舒赫德报告载“新授多伦阿卜都赉”言:“我故兄托克托游牧即在此处(库尔勒),闻得散往罗卜淖尔旧属亦有复回者,乘此时伐木造屋以备春耕。”②与哈什哈言相呼应,托克托部众曾逃至罗布泊,后因清政府对多伦人的安置招抚政策,欲迁到库尔勒地区。其详细状况见乾隆二十四年十一月安插多伦回众书山的报告:“查多伦回众五千余人自阿克苏分队向库尔勒前来,自库车以东,哈喇沙尔以西起,玉古尔台至硕尔舒克台有四五处皆可引水溉田。分布安插臣同吐鲁番公素赉满 · 阿卜都赉之侄色底克,至库尔勒等处相度办理。又罗卜淖尔有伯克托克托所属三百余户恳请屯田,应请交与伊弟阿卜都赉令其管辖奏入报闻。”③由上述可知清政府欲将散布各地的多浪人安置在库尔勒,罗布泊有托克托所部300余户欲迁回库尔勒地区。关于多浪人与罗布人是否为同一族群,学界尚有不同看法。④ 然从哈什哈与托克托所部状况,已经能够看出,前者属渔猎居民,长期定居于罗布泊地区;后者被清人识别为多伦人,原系游牧民,后

---

① 《西域地理图志》转引自李吟屏、李宁:《罗布人来源考》,《喀什师范学院学报》1999年第4期。

② 舒赫德报告详见《平定准噶尔方略》卷七九“乾隆二十四年九月甲戌”条,《清代方略全书》第26册,影清朱丝栏抄本,北京:北京图书馆出版社,2006年,第360页。

③ 《平定准噶尔方略》卷八二“乾隆二十四年十一月癸亥”条,《清代方略全书》第26册,影清朱丝栏抄本,北京:北京图书馆出版社,2006年,第510页。

④ 参见[日]佐口透著,凌颂纯译:《18—19世纪新疆社会史研究》,乌鲁木齐:新疆人民出版社,1992年,第531页;苗普生:《关于清代的多浪维吾尔人》,《新疆社会科学》1989年第5期;胡邦铸:《多伦人和罗布淖尔人》,《新疆艺术》1994年第4期。

被清朝安置为屯田之民。两者皆认为有所差异。

此外,清政府对罗布淖尔本地渔猎之民的安置办法与托克托所部亦区别对待。任命罗布泊当地头人为伯克,于地方一仍其旧。如乾隆二十六年(1761)三月诏书所云:"回部皆朕臣仆,应各率其属不相兼并。朕意将此项回人内择其贤能者授为伯克等职,仍安插原处,查明旧日赋役,照例供办。又阿里衮前因追贼至罗卜淖尔所收回人亦应照此办理。"①为执行此政策,同年八月,清政府对罗布人部众进行调查,明确伯克所领部众与贡赋。其报告书明确地记录了罗布人的部落所属情况。安插罗布淖尔回人事宜参赞大臣舒赫德奏:

> 查得罗卜淖尔有两部落,一为喀喇库勒,一为喀喇和卓。喀喇和卓又分为五处,而喀喇库勒仅一伯克约束,难周,请增一员协办。喀喇和卓五处各一伯克,不相统属,请派二员总管,二员协办。所有伊等属人共一百八十三户、一千七十一名口,每年交纳哈什翎百枝,海伦九张。其喀喇库勒伯克哈什哈请授为该处总管伯克。喀喇和卓五伯克内,呢雅斯呼里率先归附,伊帕勒人颇明白,请授为喀喇和卓五处总管伯克,仍各管本处,以二员协办。其三处仍以旧伯克沙特璊、呢雅斯什克、阿子纳管理。伊等公举之克什呼里、阿尔苏、霍雅木巴勒氏俱授为协办伯克。就近派委又有素布尔格熟习道路,请授为小伯克,在吐鲁番居住,承办赋役。

奏入得旨,军机大臣议奏。寻议:

> 从前阿里衮收服该部落回人时因军务未竣,暂归额敏和卓管辖。今回部荡平,各城俱添设伯克,自应一体办理。舒赫德所奏喀喇库勒、喀喇和卓总管伯克三人,应请授为五品伯克,其旧伯克三人及新补协办伯克三人,与承办赋役之素布尔格俱授为六品伯克。五品缺出由辟展大臣奏请,补授六品缺出,即行补授、具奏。所交常赋亦准其照前办理。②

由此可知,常住于罗布泊的族群大体分为两部,前述哈什哈所属部乃喀喇库勒,此外尚有喀喇和卓五部,这六部间互不统属,纳入清政府赋役之口者共有183户、1071人。清政府就此确立了对该地区的统治体制。其一,由辟展大臣管辖,其总管伯克五品缺由辟展大臣任命。其二,罗布淖尔居民设总管伯克,下分五伯克,基本上在原有部落结构的基础上,任命酋长为官。其三,罗布居民纳入清代伯克体制之内,将伯克加以品级,成为清政府正式管辖的标志。

---

① 《平定准噶尔方略续编》卷一〇"乾隆二十六年三月丙午"条,《清代方略全书》第27册,影清朱丝栏抄本,北京:北京图书馆出版社,2006年,第106—107页。

② 以上详见《平定准噶尔方略续编》卷一三"乾隆二十六年八月辛丑"条,《清代方略全书》第27册,影清朱丝栏抄本,北京:北京图书馆出版社,2006年,第203—204页。

三

清代雍正大军进入吐鲁番以来,已有《重修肃州新志》等史志对罗布人进行记述,尤其是在清统一新疆地区之后,更多的人得以亲自深入塔里木盆地等地游历,地方官员、流人开始编纂志书,在结合官方方略、实录的基础上,普遍增添了罗布人的风俗、习惯的记述。其中较具代表者,有黄文炜撰的《重修肃州新志》[成于乾隆二年(1737)];固世衡撰,苏尔德增撰的《回疆志》[初成于乾隆三十年(1765),后由苏尔德于乾隆三十七年(1772)增删、审定而成];椿园私修的《西域闻见录》[成书于乾隆四十二年(1777)]。嘉庆年间,官员与学者又在吸收前人成果的基础上,编纂了几部较有影响的志书。如喀什噶尔参赞大臣和宁于嘉庆七年(1802)编纂的《回疆通志》、十一年(1806)于乌鲁木齐都统任上编纂的《三州辑略》,记述了哈密、吐鲁番和乌鲁木齐三地的人文、地理、风俗。此外,徐松于嘉庆、道光年间戍新疆八年,先后著有《新疆识略》与《西域水道记》,对罗布泊周边的人文、风俗进行了较为详细的记述。浏览诸史志,罗布人归附清朝,以及行政建制,多因《清实录》《平定准噶尔方略》所录皇帝诏谕、臣僚奏文损益、润色而成。事关罗布人风俗之处,则各有一定特色,现据成书时间可划分为三组,一是乾隆二年成书的《重修肃州新志》,二是18世纪成书的《回疆志》和《西域闻见录》,三是19世纪初嘉庆时期诸志书。

第一组:

> 《重修肃州新志·西陲纪略·西域诸部》:罗卜脑儿回子,在火州之南。由吐鲁番往南约五百余里,有大泽一区。方圆数百里,他里木河自西南来,尼尔勾河自正西来,梅杜河自西北来,咸交于此泽。泽中有山,回民居之,捕鱼採蒲黄而食,人多寿活百岁以外,或即旧蒲类海也。向属吐鲁番部,岁纳添己、麻采、褡裢之属。策凌既残破吐鲁番,诈称回人,诱致罗卜脑儿,勒取添己。其后潜居海中不出,不复献纳矣。①

乾隆《重修肃州新志》是笔者所见唯一一部记录雍正时期准噶尔部控制下的罗布人情况的史志。文中介绍了准噶尔部入据前后罗布人归属状况与政治倾向的变化及社会经济状况。此段信息直接反映了准噶尔控制罗布泊地区的实况,亦为日后《西域水道记》《新疆图志》等书广为引用。从中可知当时罗布人并不受准噶尔部所制,依托当地水网而自存,也从另一角度与乾隆二十三年(1758)罗布头目哈什哈的报告相呼应。

---

① 〔清〕黄文炜撰:《重修肃州新志》,《中国地方志集成·甘肃府县志辑》第48册,南京:凤凰出版社,2009年,第440页。

第二组：

《回疆志》卷一：洛卜淖儿在辟展正南……有一种回人，不种五谷，不牧牲畜，惟划小舟捕鱼为食。或采野麻，或捕哈什鸟，剥皮为衣。或以水獭等皮，并哈什鸟之翎，持往各城，货卖易布，以为衣带。此种回人世居海边，不惟不通中华，亦不与各部落相通。①

《西域闻见录》卷二：贺卜诺尔，即世传黄河之源。……有村二处，皆名贺卜诺尔，各四五百家，其人不耕不牧，唯以渔为生。织野麻为衣，取天鹅绒为裘，藉水禽翼为卧。其语言与回子通，不解讽经礼拜之事。时有库尔勒回城者，不能谷食肉食，食即大呕，以库尔勒多鱼，故来他处则不敢往其地。设五品伯克一员属辟展大臣管辖，时赴辟展谒见，则裹鱼以为粮。

两书皆指出罗布人渔猎的生业方式，但其后信息则多有差异。首先，对外联系方面，《回疆志》认为罗布人以特产至外地各城贸易，换取衣带。《西域闻见录》则更为形象地指出，罗布人一般常去两个地方，一是多鱼的库尔勒，二是罗布人头领觐见办事大臣的辟展。此外，《西域闻见录》特别指出"其语言与回子通，不解讽经礼拜之事"，罗布人当时在语言与宗教习俗上已与周边的维吾尔族人有所不同。此书体现了作者亲身见闻，具有第一手资料性质。两书对18世纪中叶的罗布人渔猎社会状况进行了简要勾勒，其主要社会特点是与外界社会联系相对隔绝，主要的联系渠道是简单的易货贸易与政治觐见。结合本文第二部分即知，罗布人设一小伯克素布尔格常驻吐鲁番，承办赋役，负责与清政府联系。在政治联系方面，清政府与罗布人存在较为顺畅的上下级联系机制。综观之，罗布人在社会经济方面与外界各部较为封闭，而在与外界的政治联系上较为紧密。其原因在于清政府的伯克体制乃是秉承"因俗而治"的原则，往往注重笼络地方上层精英，而对地方社会并不加意改造，尊重地方的社会秩序，对于罗布泊地区亦是如此。

第三组：

嘉庆年间成书的《三州辑略》等方志关于罗布人的信息多是对上述两书信息的损益、改编，不属于第一手资料信息。然而，在这期间出现了记述罗布人社会的集大成者，即徐松的《西域水道记》[初稿成于嘉庆二十二年(1817)以后，刊行于道光十八年(1833)]，现誊录相关段落，并附按语如下：

A.其人不食五谷，以鱼为粮。《西域闻见录》云：罗布淖尔回人以鱼为生，时有至库尔勒者，他处不敢往。盖库尔勒东境傍山，六十里为库辙玛，其南滨罗布淖尔，故得泝流而上。织野麻为衣，取雁毳为裘，藉水禽翼为卧具，言语与诸回不通。《西陲纪略》云：泽中有山，回民居之，捕鱼采蒲黄而食，人多寿百岁以外。

此文较前述诸书更为严谨，其中用小字标识所引自他者之文，大字为作者所

① 《回疆志》卷一，台北：成文出版社，1968年，第23—25页。

书。“其人不食五谷”至“言语与诸回不通”内容与《西域闻见录》略同，然却用小字专引《西域闻见录》罗布人只敢往库尔勒的记述。由此可知，罗布人与库尔勒联系的信息属《西域闻见录》作者的独家见闻，19世纪初的徐松未必亲见或认可。而其他渔猎社会特征，恐怕已成为一种常识沉淀下来，并被徐松通由见闻所获知、证实。至于徐松所引《西陲纪略》，即前述第一组之乾隆《重修肃州新志》。

B.今其族凡二百八户，男女千二百六十余口，五品伯克三人、六品伯克七人领之。

此处所载罗布人口较乾隆二十六年(1761)统计数字有所增加，实是徐松嘉庆年间在戍新疆时的状况。

C.改制，惟贡獭皮九张，每岁吐鲁番郡王遣属受其贡。路由吐鲁番城南三十里哈喇二工屯田而南。又西南五百余里，经库穆什大泽东。哈喇沙尔城东北五百二十里有库穆什阿克玛军台，泽在台南二百四十里，官牧场也。又南，出山，自吐鲁番至出山处，凡六日行。山阳平沙无人。又三日，至小淖尔北崖，举火为候。淖尔中回人以木筏来迎。小淖尔宽数里，达其南岸，沙地旷远，海气郁蒸胡桐丛生，结成林箐，即罗布淖尔北岸也。郡王取其贡，达于吐鲁番领队。①

此段详细记述了嘉庆、道光时期罗布人供纳状况，其细节与乾隆时期的史志有所不同。《平定准噶尔方略》《西域闻见录》所见制度是罗布人受辟展大臣管辖，并通过驻吐鲁番六品小伯克纳献方物，罗布伯克亦亲往大臣驻地觐见，履行臣属义务。乾隆四十四年(1779)清政府改辟展大臣为吐鲁番领队大臣，次年，吐鲁番郡王府迁至吐鲁番。故徐松所云改制，乃是乾隆末期以后的制度。其中供纳改由吐鲁番郡王遣员负责收取，并交往吐鲁番领队大臣，此与乾隆中期之制有异。这里没有提及罗布人常驻吐鲁番的六品小伯克，而是详细记录了吐鲁番郡王遣人收贡的路线，生动地反映了当时的状况。总的来看，徐松《西域水道记》在继承前人研究的基础上，如实地记录了清嘉庆、道光年间罗布人的人口与逸事。

连缀上述三组史志文字，可以清晰地看到清朝前期雍正、乾隆、嘉庆、道光时期罗布人状况的变化。可以看出，清人明确地将罗布淖尔人与其他地区的居民进行区分，其区分标准包括生存环境、生业形式、语言，并较为关注罗布人的行政归属状况。

四

清前期是地方史志编纂较为发达的时代。在清经略新疆地区，并建立牢固

① 〔清〕徐松著，朱玉麒整理：《西域水道记》卷二，北京：中华书局，2005年，第122—123页。

统治之后,新疆地方史志的编纂也兴盛起来,其特点与其他传统史志相似,即有经世之功效,关注行政建制与道里方位,对于地方居民的风俗往往带有一定的猎奇心理,往往突出被记录者的异俗。从上述分析即可看出,文本中的罗布人因清代的军政经略而引出,并在归附的语境中被记录,突出清代对罗布泊地区的有效治理,以及行政统治体制。此外,在一些方志与私人著述中,则着重于该地的道里方位。关于罗布人社会自身状况多一笔带过,往往因循《平定准噶尔方略》之文字损益而成。

另一方面,梳理诸史志内容即可知,清前期史志关于罗布人文字的书写,实本于清政府经略该地区的上谕、诏书、奏折等权威的官方记录,乃是对罗布人自上而下的叙事,体现了清政府对罗布泊地区的认知与定位。这能够证明清前期已将罗布泊地区纳入有效管辖范围之内,但并没有过多地干预当地人的生活状况。至于罗布人基层社会的具体状况,则因罗布人与外界接触较少,往往不甚清晰。此种情况直到近代以来,新疆腹地探险、考察活动增多,才逐渐揭开了罗布泊地区及罗布人的具体状况,形成了近代罗布人民族志,为近年的人类学研究奠定了基础。近代以来的罗布人民族志研究,学界已多有探讨,此问题亦有必要另文梳理。

(作者:孙昊,中国社会科学院历史研究所助理研究员)

君子正处人间

——王夫之人生哲学思想探微

◇王海廷

马克思在《关于费尔巴哈的提纲》中说:“人的本质并不是单个人所固有的抽象物。在其现实性上,它是一切社会关系的总和。”人,作为一个独立的个体,在其现实性上,社会性是其本质属性。

庄子在《齐物论》中说:“一受其成形,不亡以待尽。与物相刃相靡,其行尽如驰,而莫之能止,不亦悲乎！终身役役而不见其成功,苶然疲役而不知其所归,可不哀邪!”可以说,自降于世,人便毫无选择地被卷入到各种复杂的社会关系中,终其一生与外物发生摩擦与争斗。“相刃”,就是相互杀斗。“相靡”,就是相互摩擦。庄子认为,人出生而具有了人之形体,自此来到世界,也便走上了通往死亡之地的人生征程。而在此征程中,人最不能离开的是外在的生存环境,人不可避免地要时刻与外界的人、物接触、摩擦、争斗。庄子将此界定为人生最大的生存境遇。他认为,人每日竞争追逐,无有休止、无人能止,弄得疲役无所收获,却不知其实此举只是加速自己奔向死亡的进程罢了,所以他淡漠地出世了,尽管有时是无奈地“游于方内”,比如做了很短一段时间的漆园小吏,但心仍在“方外”。当然世人是否真如庄子所说的“终身役役而不见其成功”,则是值得商榷的另一话题,在本文中不再探讨。

且不论庄子的言论正确与否,问题的根结在于关于奋斗和有为是不是人生价值的体现,不同的人给出的答案是不同的,并且借由回答此问题的不同态度而衍生出不同的处世之道。

终身追求“为天地立心”①的中国士人们首先要做的是为自己立身,他们要在各自生活的时代里探索寻求自我处世之道。宋代大儒张载说:“为天地立心,为生民立命,为往圣继绝学,为万世开太平。”(冯友兰先生在《中国哲学史新编》下卷说此四句为:“为天地立心,为生民立道,为去圣继绝学,为万世开太平。”②)张载认为“天地之心惟是生物。”(《横渠易说 · 上经》)此生物之心乃是天地固

---

① “天地之心”见《周易 · 复卦》。

② 见《张子语录》,各本有异文,此据《张载集 · 拾遗 · 近思录拾遗》。

有，但天地未有“仁”“孝”等“天理”之心，故要立之，“能使天下悦且通”。此论代表了儒家的理想追求，即确立仁、孝等精神价值与生命意义，开拓学统传承，建构理想社会。冯友兰认为“为天地立心”意为天地无心人有心，人的心也就是天地的心，所以张载此言意为“把人的思维能力发展到最高的限度，天地间的事物和规律得到最多和最高理解”①。

“立身”为什么是士人们首先要解决的问题呢？孔子对此早已做过论述，《论语・为政》说：“吾十有五而志于学，三十而立，四十而不惑，五十而知天命，六十而耳顺，七十而从心所欲，不逾矩。”这段话告诉了我们这样一个道理，确切来说，真正社会化的人生应该是从十五岁立志学习开始，积累人生经验十五年，到了三十岁就应该奠定了自己为人处世的基调，找准自己在社会上的定位，这就是“立身”。“不惑”的四十、“知天命”的五十、“耳顺”的六十和“从心所欲，不逾矩”的七十应该说都是建立在此基础上的。因此，可以说“立身”是人生的第一要务。

儒道两家的处世之道是截然不同的。儒家以入世有为著称，总结出很多为人处世的智慧和深刻道理，如《论语・八佾》：“哀公问社于宰我。宰我对曰：‘夏后氏以松，殷人以柏，周人以栗，曰使民战栗。’子闻之，曰：‘成事不说，遂事不谏，既往不咎。’”孔子对宰我的教育正体现了为人处世的智慧。“社”的意思是土地神。鲁哀公问宰我国家祭祀土地的社的情况，宰我认为古人立社一定要栽树木，比如《庄子・人间世》里那棵被匠石称为“散木”的“终其天年而不中道夭”的曲辕栎树就是“栎社树”。立社本为祭祀大地，称赞大地滋养万物、承载社稷的功业。宰我说：夏朝栽松树，商朝栽柏树，周朝栽栗树。栽种栗树便是取战栗的意思。孔子责备宰我既没弄清楚社的本意，又引起了哀公的杀伐之心。孔子以“成事不悦”来评价，其实正是对宰予最大的责备，让他知道不可以随便说话，将来做事务必谨慎。孟子也有很多君子处世的名言警句，如“富贵不能淫，贫贱不能移，威武不能屈”②，“古之人，得志，泽加于民；不得志，修身见于世。穷则独善其身，达则兼善天下”③，“君子所以异于人者，以其存心也。君子以仁存心，以礼存心。仁者爱人，有礼者敬人。爱人者，人恒爱之；敬人者，人恒敬之”④。荀子总结了一套“持宠处位终身不厌之术”（并说“虽在贫穷徒处之势，亦取象于是矣，夫是之谓吉人”），即“贵而不为夸，信而不处谦，任重而不敢专，财利至则善而不及也，必将尽辞让之义然后受，福事至则和而理，祸事至则静而

① 冯友兰：《中国哲学史新编》（下卷），北京，人民出版社，2004年版，第159页。
② 《孟子・滕文公下》。
③ 《孟子・尽心上》。
④ 《孟子・离娄下》。

理，富则施广，贫则用节，可贵可贱也，可富可贫也，可杀而不可使为奸也”①。

道家则以“身重于物、重于天下”作为处世之道。如老子认为“君子得其时则驾，不得其时则蓬累而行”，庄子则“宁游戏污渎之中自快，无为有国者所羁”。《庄子・在宥》说“故君子不得已而临莅天下，莫若无为。……故贵以身于为天下，则可以托天下，爱以身于为天下，则可以寄天下”。《庄子・缮性》说“当时命而大行乎天下，则反一无迹；不当时命而大穷乎天下，则深根宁极而待。此存身之道也”。

览视历史，可以将士人们的处世之道概括为以下四种：“出世”法、“入世”法、“以出世心而入世”法、“以入世心而出世”法。

第一，“出世”法。如饿死不食周粟的伯夷、叔齐，不为五斗米折腰的陶渊明，他们高韬晦迹、远离社会，过着恬静淡泊的田园生活。

《史记・伯夷列传》载：“伯夷、叔齐，孤竹君之二子也。父欲立叔齐，及父卒，叔齐让伯夷。伯夷曰：‘父命也。’遂逃去。叔齐亦不肯立而逃之。……武王载木主，号为文王，东伐纣。伯夷、叔齐叩马而谏曰：‘父死不葬，爰及干戈，可谓孝乎？以臣弑君，可谓仁乎？’……武王已平殷乱，天下宗周，而伯夷、叔齐耻之，义不食周粟，隐于首阳山，采薇而食之。及饿且死，作歌。……遂饿死于首阳山。”

陶渊明生于世代官宦之家，也曾期望在仕途中有所进取，“少时壮且厉”，“猛志逸四海”，二十九岁出来做官，四十二岁挂冠归田，历时十三年：始为州祭酒，不堪吏职，少日自解归；后仕职于桓玄、刘裕、刘敬宣幕下；最后任职彭泽令八十余日，因不肯为五斗米向乡里小人折腰，毅然辞职归耕田园。陶渊明选择归隐，宁愿贫病交加、穷困潦倒也不愿再度出仕为刘宋王朝服务，在“采菊东篱下，悠然见南山” 的闲适田园生活中享受宁静的心灵和谐。

庄子的处世之道更接近于此类，虽然个体经历有所不同，但在“主动”选择“无用”和贫穷，不仕拒聘、超然世外、“独与天地精神往来”②这方面来说，也的确算是“出世”了。

第二，“入世”法。如自命以道义为社会服务的儒家，他们坚定己持，“穷则独善其身，达则兼济天下”，即使居“筚门圭窬，蓬户瓮牖”，亦不忘修身、齐家、治国、平天下，至有宁死不更其操、自投汨罗江的屈原。

“筚门圭窬，蓬户瓮牖”出自《礼记・儒行》：“儒有一亩之宫，环堵之室；筚门圭窬，蓬户瓮牖。”喻指儒者居住条件极其简陋，生活非常贫苦艰难。

屈原受楚顷襄王疏远至“怒而迁之”后“被发行吟泽畔。颜色憔悴，形容枯槁”。答渔父问曰：“举世混浊而我独清，众人皆醉而我独醒，是以见放。”称“人又谁能以身之察察，受物之汶汶者乎！宁赴常流而葬乎江鱼腹中耳，又安能以皓

---

① 《荀子・仲尼》。

② 《庄子・天下》。

皓之白而蒙世俗之温蠖乎”！

值得一提的是，渔父崇尚的圣人“不凝滞于物而能与世推移”，能够“举世混浊”而“随其流而扬其波”，“众人皆醉”而“餔其糟而啜其醨”，因此不会“怀瑾握瑜而自令见放”，这种处世之道显然与坚贞洁身不同流合污的屈原是截然不同的，显然不是入世之儒家圣人了①，是典型的“游世者”代表。

第三，“以出世心而入世”法。身在朝野而心在山林的诸士，其身“虽在庙堂之上，然其心无异于山林之中”（郭象《庄子注·逍遥游》），如卫国的蘧伯玉便是此类人。他每遇卫国有政治风波，即暂时逃避，待事情平定后回来供旧职，孔子称赞他“邦有道，则仕。邦无道，则可卷而怀之”②。

《史记·滑稽列传》记载，东方朔曰：“如朔等，所谓避世于朝廷者也。古之人，乃避世于深山中。”并据地歌曰：“陆沉于俗，避世金马门。宫殿中可以避世全身，何必深山之中，蒿庐之下。”可以说是此等处世法的代表了。

晏子也是这类人的代表，他相齐之时，“其在朝，君语及之，即危言；语不及之，即危行。国有道，即顺命；无道，即衡命”，亦能够“以此三世显名于诸侯”③。

第四，“以入世心而出世”法。至诚践道，守志不移，心系群生社稷，但却因社会动荡等现实情况而不得不隐于山林泽薮之中，与麋鹿同居，与禽鸟为友，被社会抛弃而成为心在朝野、身陷山林的“隐士”。

明清之际伟大的思想家王夫之便是“以入世心而出世”者的代表。王夫之（1619—1692），湖南衡阳人，字而农，号姜斋，人称船山先生。其身怀救国之心，举抗清复明大业失败而不得不遁于山林中。

他在《庄子通·人间世》里说：

> 抑尝流观天下而慨人事之难矣。庸人之前，直说拙于曲说；忮人之前，讽言危于正言。“不材之木”，无故而受伐者亦数数然。“无用之用”，亦用也，用斯危矣。

写作《庄子通》时，王夫之已经过了耳顺之年，经历了人间的诸多风雨，所以他总结说，天下人事之难，难在平庸人，最好待以曲折委婉之言，莫让直白坦诚之言相形见绌；刚愎自用的人，最好以正言对待之，因为讽议之言甚是危险。即使是“不材之木”，无缘无故被砍伐的也不计其数；“无用之用”，其实也是一种用，只要是用就会有隐忧。这既是对完全“出世”的否定，又是对“入世”之难的感慨。在《周易外传·否卦》中王夫之亦慨叹“乃有其避难之时乎？避难者全身者也，全身者全道者也”，即是说所谓避难其实就是保全性命，而保全性命无非就是坚守自己的真道罢了。

---

① 《史记·屈原贾生列传》。

② 《论语·卫灵公》。

③ 《史记·管晏列传》。

在明清鼎革之际，抗清复明大业始终是王夫之追求的真道正义。在王夫之看来，天下有两“大防”——“中国、夷狄也，君子、小人也”。第一防便是“夷狄之乱华夏”，第二防才是“小人之乱君子”（《读通鉴论》）。民族兴亡超越了君子小人之对立，是高于一切的“古今之通义”。他以保身而坚守真道，“抱刘越石之孤愤”，“希张横渠之正学”。

《庄子通》与《庄子解》作为王夫之庄学思想的代表之作，正是他以“入世之心而出世”法处人间之道的最好诠释。

《庄子通》是1679年①王夫之避兵于“楂林山中，麇麐之室”，在一种非常特殊的时代背景下写成的，是对《庄子》的理解与发挥，王孝鱼先生说是“通庄子不通之处”。所谓“通庄子不通之处”，即是要通庄子不通于儒家之正道处，儒家讲究“穷则独善其身，达则兼济天下”（《孟子·尽心上》），而庄子“宁游戏污渎之中自快，无为有国者所羁。终身不仕，以快吾志焉”②，自是与儒家的用世思想不相一致。王夫之通庄解庄旨在还庄子本来面目，但作为正统儒家学者，他不可能背离儒家的立场，这从他怀着“求仁之心”而对庄子“因而通之”可以看出，尤其是他在《庄子通·叙》中最后说：“故不问庄生之能及此与否，而可以成其一说。”王夫之的庄儒可通，其前提是不论庄子自身能否与儒家可通，事实上这还是一种带着儒家式的个人色彩来完成的通解庄子的工作。《庄子通·叙》里非常清楚地传达出王夫之基于儒家立场来对《庄子》进行通解的基本事实，他说：“然而予固非庄生之徒也，有所不可、‘两行’，不容不出乎此，因而通之，可以与心理不背。”“或曰，庄生处七雄之世，是以云然。虽然，为庄生者，犹可不尔，以予通之，尤合辙焉。”“凡庄生之说，皆可因以通君子之道，类如此。”这包含如下三层意思：首先，立场很明确，“予固非庄生之徒”。庄子素以方可与方不可、不置可与不可“两行”处世。王夫之则是虽以庄子“两行”之道权且应乱世，仍然有自己的“不可”之处，即不会放弃自己的理想追求；其次，认为庄子即使是处在七雄乱世，也可以不用以避世逃离，不用于世而处世，并认为自己就可以说是这样的例子；最后，也是王夫之最重要、最根本的观点，即庄子的学说都可以与儒家君子之道相通，自己要做的就是这个通的工作。

《庄子解》确切的写作时间没有明确记载，根据王孝鱼先生的推测，大致为1681年秋，王孝鱼先生在其点校的《庄子解》的点校说明中说：“1681年秋，船山曾作《南天窝授竹影题用徐天池香烟韵》七律七首③，其中第六首下自注：‘时为先开订《相宗》（即《相宗络索》），并与诸子论庄。’《庄子解》大概就是这年写成的。”这是依《庄子》原文所作的注疏说解与引申，较《庄子通》在体例与内容上更为严谨。

---

① 写作的时间，王之春和刘毓崧的年谱中都有明确的记载，对此学术界并无争议。

② 《史记·老子韩非列传》。

③ 现存于王夫之的《诗集·七十自定稿》中。

庄子隐于世外，不与世争，不为世用，这和王夫之的追求显然是不同的，他在《庄子通·序》中说自己以不能言之心，窜身于幽林深山，不为世用，实有难言之隐，仅是以“薄似”庄生之术而处人间之世，于儒家之正道已深感“大疚愧”，如果有人说自己是庄子之徒那更是无从谈起，他始终明白自己之立身绝非在于隐遁山林终了一生，因此讲学著述四十余年，以乞活埋之身传承华夏文化。

可以说，《庄子通》《庄子解》是王夫之对自己的沉浮人生经历的思想行为的总结，并且如李申在《吴三桂起兵反清期间的王夫之》中所说的“从这个总结中引出自己的处世原则来”，它们是诠释王夫之践履人生应世之哲学思想的伟大著作，是其人生丰富经历的写照。

人如何处于复杂的社会关系中，是古今士人们都面临的且一直积极用人生去诠释的重大哲学问题。我们可以从王夫之的正处之道中感受到孟子式的浩然正气和范仲淹的“先天下之忧而忧”的拳拳之心，但是，自己亲历过的短暂政治生涯使王夫之并不完全赞成儒家推崇的“舍生取义”“杀身成仁”等处世之道，他认为伍子胥、苌弘、比干、屈原等儒家一贯推崇的仁人烈士们以身死求报国的行为，对国家社稷并无什么作用，改变不了亡国灭族的事实。王夫之反对“杀身成仁”，他在《庄子解·人间世》中说：“虽桀纣未有安于名之辱者，而逢比以其心之所是，盛气以凌之，使欲求一逃于辱名之径而不可得。心既逆而气复相持以不下，则岂徒灾于逢比之身哉？逢比死而桀纣之恶益甚，夏殷之亡益速。”可见王夫之所关注的点不仅在于“灾于逢比之身”的己身之亡，更在于“夏殷之亡益速”的亡国之实。此与庄子自适其适、任性自然的追求显然不同。如《庄子·大宗师》说：“若狐不偕、务光、伯夷、叔齐、箕子胥余、纪他、申徒狄，是役人之役，适人之适，而不自适其适者也。”庄子的不可临人以德和不可取必于外物的思想给了王夫之很大的震动，主要有两个方面：

其一，儒家“杀身成仁”的仁者，其弊病就在于以自己的智慧仁德强加于人，不考虑别人是否接受，从而招怨而引杀身之祸，如比干即是因之而被剖心，“求逞其能，物必害之也”①。王夫之认为，这些“徇忠孝之名以趋死地”的行为，都是“德溢乎名者”，只能是让“学之者徒以丧身”②而已。而实际上，遇上“昏主乱相之世”，正确的做法应该是“贤不自贤，全身而已”③。即使是贤人，亦不能在恶人面前自炫其贤，期恶者能改过自新，首要的是保全生命，以待时机。

其二，外物本不能为自己所保证，取必于外物，则不能必定如己所愿，“‘外物不可必’，必之者成心之悬也”④，“外物不可必，而人之大患，恒在于取必于物。

① 《庄子解·外物》。
② 《庄子解·外物》。
③ 《庄子解·山木》。
④ 《庄子通·外物》。

故逢必死而不能救桀纣之亡,无益而止以自丧耳"①。人所面临的最大祸患就在于将期望完全寄托于外物之上,不如所愿即以身殉国,但他们的死也只能是造怨杀身,别无他益。起初,王夫之也是将复明的全部希望寄托在南明小王朝上,岂料南明朝内部纷争,风雨飘摇,最后沦落覆亡,如果像那些"取义"之士们,王夫之也应该以身殉国,但是殉国对于复明的大业并无补益,因为他深刻地认识到,关龙逢、比干被杀,并没有改变桀纣灭亡的命运,他要学习圣人"知进退存亡而不失其正"②,他走上了另一条救国之路。

在《庄子解·人间世》篇解中,王夫之说:

> 人间世无不可游也,而入之也难。既生于其间,则虽乱世暴君,不能逃也。乱世者,善恶相轧之积。恶之轧善也方酷,而善复挟其有用之材,以轧恶而取其名。名之所在,即刑之所悬矣。唯养无用,而去知以集虚,则存于己者定而忘人。生死可外,而况于名?物不能伤,而后庶几于化。此篇为涉乱世以自全而全人之妙术,君子深有取焉。

在王夫之看来,人间世可以游,但若以入世之用却着实困难。处乱世若持一己有用之才,无疑是轧恶以博取名声,而博名则于己于社会均无任何益处,且还是"刑之所悬",在经历了南明小朝廷臣僚不思进取且相互倾轧以致最终覆亡的惨痛事实,以及自己在清廷的高压统治下艰难生存的现状之后,王夫之认为君子对庄子《人间世》的处世之道确实是应该有所思考与借鉴的。儒家创始人孔子一生周游列国,以恢复他理想的西周典章制度为己任,推行自己的政治主张,"修成康之道,述周公之训"③,却难为世用,尚且有天下有道则用于世,无道则隐于世的想法,他说:"天下有道则见,无道则隐。邦有道,贫且贱焉,耻也。邦无道,富且贵焉,耻也。"④"道不行,乘桴浮于海。"⑤如果天下无道,就乘着小竹筏漂浮于大海之上,即索性超隐世外,逍遥自在。这是儒家圣人的高远人生境界,是真儒者的处世状态,若是天下无道,自己的政治抱负不能实现,绝不能屈志媚俗,"求生以害仁",但也没必要舍生取义,"杀身以成仁"。

孔子在《论语·卫灵公》中有三处论述值得我们注意。对于"史鱼",孔子用"直哉"来称赞,他说:"直哉,史鱼!邦有道,如矢。邦无道,如矢。"对于"蘧伯玉",孔子用"君子哉"来标注,"君子哉,蘧伯玉!邦有道,则仕。邦无道,则可卷

---

① 《庄子解·外物》。

② 《周易·乾·文言》。

③ 《淮南子·要略》。

④ 《论语·泰伯》。类似思想的表达如:"邦有道,不废;邦无道,免于刑戮。""宁武子,邦有道则知,邦无道则愚。其知可及也,其愚不可及也。"(《论语·公冶长》)"君子哉,蘧伯玉!邦有道,则仕。邦无道,则可卷而怀之。"(《论语·卫灵公》)"邦有道,危言危行。邦无道,危行言孙。"(《论语·宪问》)

⑤ 《论语·公冶长》。

而怀之”。又说：“仁人志士，无求生以害仁，有杀身以成仁。”从中，我们不难看出孔子的态度，对于这三种人孔子都是持赞扬的态度，但定位绝对不同。他认为史鱼只能是刚直不屈，因为他不管政治清明还是黑暗，都一如既往不屈不挠地如箭一样刚直。志士仁人则是不贪生怕死而损害仁德，只勇于牺牲来成全仁德。而蘧伯玉就可以称为君子，因为他在政治清明时才会出来做官，否则就退之。孟子曾经盛赞孔子“圣之时者也”①，认为孔子很灵活，“可以仕则仕，可以止则止，可以久则久，可以速则速”②。可见，孔子应世，除了人常知的“知其不可为而为之”③坚韧执着的入世救世，还有灵活保身的一面，而且认为此举仍不失为君子。另外，《论语·微子》提到：“微子去之，箕子为之奴，比干谏而死。孔子曰：‘殷有三仁焉。’”对于微子、箕子和比干三个人不同的行为，孔子认为都不失其为仁人。因此，王夫之认为庄儒可有相通之处，可有对话的地方，自己的应世之行为并未僭越儒家的伦理规范。

不赞成“舍生取义”与“杀身成仁”并不代表王夫之超隐出世，欲逃离人间世，也不是如有人所称的贪生怕死，“谓予以庄生之术，祈免于‘羿之彀中’，予亦无容自解，而无能见壶子于‘天壤’之示也久矣”④。面对无奈的社会现实，王夫之避兵于山林五年，虽深感愧疚，但心中长存“子胥之死，犹久竹青宁之化”⑤的坚定意念，更深知“义不当死，则慎以全身，义不可生，则决于致命，直也”⑥。当死，则毫不犹豫为大义而赴汤蹈火；不当死，则一定要慎重保身，这正是“直”的精义所在。

孔子在《论语·季氏》中说：“见善如不及，见不善如探汤。吾见其人矣，吾闻其语矣。隐居以求其志，行义以达其道。吾闻其语矣，未见其人也。”孔子称自己还没有见到过真正能实行避世隐居以求保全意志，依义而行来贯彻主张的人。我们可以这样认为，王夫之应该能算作是孔子未见过的此类人了。他自己只是权且以“薄似庄生之术”应世，绝非是在践履庄子“轻尧舜，抑孔子”的应世之术。所以，不管别人对他五年来沉浮人世的应对之道有何看法，王夫之所做的不是辩解，而是以凡是庄子的学说，“皆可因以通君子之道”，“故不问庄生之能及此与否，而可以成其一说”⑦，希望根据自己的人生经历，来通解《庄子》，并从中确立自己正处人间之道，这也是王夫之通解庄子之根立处——且能“成其一说”。

（作者：王海廷，北京师范大学亚泰实验学校教师）

---

① 《孟子·万章上》。
② 《孟子·公孙丑》。
③ 《论语·宪问》。
④ 《庄子通·叙》。
⑤ 《庄子通·至乐》。
⑥ 《张子正蒙注·诚明》。
⑦ 《庄子通·叙》。

司马光的法家思想倾向刍议

◇毕 游

一般认为，司马光是一位继承着儒家传统的政治家。由于强烈反对熙丰变法，司马光在过去常被置于法家的对立面。但这显然是一种浮于表面的看法。在司马光的治道思想中，有着明显的法家思想倾向。实际上，他同时强调“礼”与“法”在国家政治中的作用。本文以《资治通鉴》和《稽古录》中的“臣光曰”为对象，对司马光的法家思想倾向进行梳理和探讨。

一、礼法并用的治道观

作为一名深受儒家思想熏陶的政治家，司马光高度重视“礼”在治国之道中的作用。《资治通鉴》的开篇叙事极为简单，仅一句“初命晋大夫魏斯、赵籍、韩虔为诸侯”，而紧随其后的则是一篇长达 1260 余字的关于“礼”的论述，这样的篇幅在“臣光曰”中是比较少见的。《资治通鉴》是一部以光明治道、佐君辅政为宗旨的鸿篇巨著。而这一篇章安排无疑暗示了“礼”在司马光的治道思想中占有非常重要的地位。司马光在这篇关于“礼”的论述中说：

> 臣闻天子之职莫大于礼，礼莫大于分，分莫大于名。何谓礼？纪纲是也。何谓分？君臣是也。何谓名？公、侯、卿、大夫是也。……天子之职莫大于礼也。（《通鉴》卷 1，第 2 页）①

司马光把“礼”概括为“纪纲”，这一说法与荀子类似。后者说：“礼者，法之大分，类之纲纪也。”（《劝学》）司马光亦似荀子以“法”释“礼”，他引欧阳修的话说：“礼义，治人之大法。”（《通鉴》卷 291，第 9510 页）或者“礼”“法”并称，如说：“天地设位，圣人则之，以制礼立法。”（《通鉴》卷 291，第 9511 页）

法家思想的核心是赏罚之法。司马光同样将赏罚视为政治之本。他说：

> 政之大本，在于刑赏，刑赏不明，政何以成！（《通鉴》卷 79，第 2503 页）
>
> 有功不赏，有罪不诛，虽尧、舜不能为治，况他人乎！（《通鉴》卷 104，第 3295 页）

---

① 〔宋〕司马光编著，〔元〕胡三省音注，“标点资治通鉴小组”校点：《资治通鉴》（全 20 册），北京：中华书局，1956 年。以下引自此书者均随文标注卷数及所在页码。

他还在奏章中多次提到“官人”“信赏”“必罚”的三大“治国之要”①。他在《初除中丞上殿札子》中说，此“三要”与“三德”（仁、明、武）是其平生所学之精要，足见其对赏罚之道的重视。

需要注意的是，韩非子的所谓“法”虽有今天的成文法之义，如说“法者，编著之图籍，设之于官府，而布之于百姓者也”（《韩非子·难三》）；但是更多的是指一种以赏罚为根本手段的御臣之术。例如“无威严之势，赏罚之法，虽尧舜不能以为治”（《奸劫弑臣》），“圣王之立法也，其赏足以劝善，其威足以胜暴，其备足以完法”（《守道》），“法者，宪令著于官府，刑罚必于民心，赏存乎慎法，而罚加乎奸令者也”（《定法》），“设法度以齐民，信赏罚以尽民能”（《八经》）等。司马光的赏罚之法同样也是指御臣之术而不是指律例法令，他甚至明确反对繁章冗法，认为法制简约是治世的特征。他说：

> 叔向有言：“国将亡，必多制。”明王之政，谨择忠贤而任之，凡中外之臣，有功则赏，有罪则诛，无所阿私，法制不烦而天下大治。所以然者何哉？执其本故也。及其衰也，百官之任不能择人，而禁令益多，防闲益密，有功者以阂文不赏，为奸者以巧法免诛，上下劳扰而天下大乱。所以然者何哉？逐其末故也。（《通鉴》卷57，第1837页）

在这里，司马光将“谨择忠贤”“有功则赏”“有罪则诛”视为立政之“本”，这是与他的三大“治国之要”相一致的。而那些例律条令则被司马光视为“末”。如果没有信赏必罚之道，法令再密也于政无益。

司马光在《资治通鉴》中记载了大量深得信赏必罚之道的事例，其中典型者当为蜀相诸葛亮。司马光借蜀汉丞相长史张裔的话说：

> 公（诸葛亮）赏不遗远，罚不阿近，爵不可以无功取，刑不可以贵势免，此贤愚所以佥忘其身者也！（《通鉴》卷72，第2299页）

又引陈寿的评价说：

> 诸葛亮之为相国也，……尽忠益时者，虽雠必赏，犯治怠慢者，虽亲必罚，服罪输情者，虽重必释，游辞巧饰者，虽轻必戮，善无微而不赏，恶无纤而不贬；庶事精练，物理其本，循名责实，虚伪不齿；终于邦域之内，咸畏而爱之，刑政虽峻而无怨者，以其用心平而劝戒明也。可谓识治之良才，管、萧之亚匹矣！（《通鉴》卷72，第2299页）

又引习凿齿的话评论说：

> 昔管仲夺伯氏骈邑三百，没齿而无怨言，圣人以为难。诸葛亮之使廖立垂泣，李严致死，岂徒无怨言而已哉！（《通鉴》卷72，第2300页）

---

① 参见司马光《言御臣上殿札子》《初除中丞上殿札子》和《进修心治国之要札子》，《传家集》卷20、卷38、卷46。〔宋〕司马光：《传家集》（80卷），《四库全书》（文渊阁影印本）第1094册，上海：上海古籍出版社，1987年。

诸葛亮之“赏”能及远、及仇、及微，其“罚”能不避近、不避亲、不避小，这是他的赏罚之道能够做到“刑政虽峻而无怨者”的根本原因。诸葛亮的赏罚之道几乎是法治的最高境界了。

二、王霸无异论

司马光的法家思想倾向也从他的王霸思想中体现出来。他说：

> 王霸无异道。昔三代之隆，礼乐、征伐自天子出，则谓之王。天子微弱不能治诸侯，诸侯有能率其与国同讨不庭以尊王室者，则谓之霸。其所以行之也，皆本仁祖义，任贤使能，赏善罚恶，禁暴诛乱；顾名位有尊卑，德泽有深浅，功业有巨细，政令有广狭耳，非若白黑、甘苦之相反也。汉之所以不能复三代之治者，由人主之不为，非先王之道不可复行于后世也。……孝宣谓太子懦而不立，暗于治体，必乱我家，则可矣；乃曰王道不可行，儒者不可用，岂不过哉！非所以训示子孙，垂法将来者也。(《通鉴》卷27，第881页)

从表面上看，司马光似乎在批评宣帝对儒家治道思想的某种轻视。但从实质上看，司马光的治道思想与汉宣帝是接近的。司马光认为，王与霸在治道上的根本主张是一致的，两者的差别只是施行程度上的不同。既然王霸无异，何谈“杂用”？这是将王道与霸道更为紧密地结合到了一起。汉家的王霸杂用之术实质上是儒法并用，而司马光则将王霸之道概括为“本仁祖义，任贤使能，赏善罚恶，禁暴诛乱”。显然，主仁义是儒家的政治主张，而重赏罚则是法家的典型观点，两者在这里是结合在一起讨论的。因此，司马光的“王霸无异”与汉宣帝的“王霸杂用”并无实质上的区别，都同时具有礼治和法治的内容。司马光在另一处议论中重申了他对王霸的理解。他说：

> 合万国而君之，立法度，班号令，而天下莫敢违者，乃谓之王。王德既衰，强大之国能帅诸侯以尊天子者，则谓之霸。故自古天下无道，诸侯力争，或旷世无王者，固亦多矣。(《通鉴》卷69，第2186页)

司马光在这里进一步强调了，王霸只是人君地位上的不同：君万国者为王，帅诸侯者为霸。

王霸之辩起于孟子。刘泽华先生认为：“王、霸早在春秋时期就已提出来了，其后孔、墨也都用过王、霸概念。在孟子之前，王与霸并没有明显的对立，只是在政治上有所区分，王指统一的君王，霸指诸侯扮演了王的角色。王与霸都是被肯定的，没有政治路线的含义。在中国历史上，最先把王与霸作为不同政治路线概念而使用的是孟子。”①孟子认为，“王”与“霸”是两种截然不同的政治理念。他说：“以力假仁者霸，霸必有大国；以德行仁者王，王不待大，汤以七十里，

① 刘泽华：《中国古代政治思想史》，天津：南开大学出版社，2001年，第54页。

文王以百里。以力服人者,非心服也,力不赡也;以德服人者,中心悦而诚服也,如七十子之服孔子也。"(《孟子·公孙丑上》)孟子在这里指出了"王道"与"霸道"最根本的特征:王道是"以德服人",追求被统治者"心悦而诚服",而霸道则是"以力服人"。

荀子的王霸论与孟子的不同。司马光在《资治通鉴》中引述了《荀子·王霸篇》中的大段议论。[1] 荀子将治道分为王道、霸道和亡道三类。其中,王道政治追求的是"义",霸道政治追求的是"信",而亡国之道所追求的则是"利"。他说:"义立而王,信立而霸,权谋立而亡。挈国以呼礼义,而无以害之。"(《通鉴》卷4,第127页)从此句可见,孟、荀二子对"王""霸"的概括略有不同。荀子的王道主"义",孟子主"仁"。在对霸道的理解上,荀子主"信",孟子主"力"。而两者无疑都认为,"王道"与"霸道"是两种不同的"治道"。

司马光的王霸观近于荀子而远于孟子,以下分析三者之同异。

首先,司马光与荀子都认为霸道亦有德政的成分。在孟子看来,霸道是不值得提倡的,他称"五霸者,三王之罪人也"(《孟子·告子下》)。而荀子则认为,霸道虽然不及王道,但也不失为一种值得称道的政治类型,因为霸道是以"信乎天下"为机要的。"信"是儒家所提倡的德行,是孔子的"四教"之一[2],孟子的"天爵"之一[3]。因此霸道虽然未尽德义,但仍可称"天下之理略奏矣"。司马光则比荀子更进一步,认为王道与霸道"皆本仁祖义",这便与孟子针锋相对了。孟子认为霸道是"以力假仁",而司马光则在《疑孟》中指出:"假之者,外有之而内实亡也,……假者,文具而实不从之谓也。文具而实不从,其国家且不可保,况能霸乎?"因此,霸道乃是"真行"仁义而非假之也。

其次,司马光与荀子都将赏罚之道引入了治道。荀子所称霸道之"信"是针对赏罚而言的,所谓"刑赏已诺信乎天下矣"。信赏必罚是法家思想的核心。如韩非子所说:"言赏则不与,言罚则不行,赏罚不信,故士民不死也"(《韩非子·初见秦》),"法不信,则君行危矣"(《有度》),"小信成则大信立,故明主积于信。赏罚不信则禁令不行"(《外储说左上》),"庆赏信而刑罚必,故君举功于臣而奸不用于上"(《难一》)等。司马光的王霸之道一方面要求"本仁祖义",另一方面也要求"赏善罚恶"。如果说汉武帝在政治实践上确立了"外儒内法""王霸杂用"的治道思想,那么司马光的"王霸无异论"则是在理论上将儒家与法家的治道主张进行了一定程度的统一。

再次,孟子否定"以力服人",而司马光和荀子则都暗示了对国家力量的认可,因为赏罚之法无疑需要以国家强制力为后盾。司马光将"赏善罚恶,禁暴诛

---

① 《荀子·王霸篇》中的相应原文有991字,《通鉴》卷4中所引为683字,有删节。

② 《论语·述而》:"子以四教:文、行、忠、信。"

③ 《孟子·告子下》:"仁义忠信,乐善不倦,此天爵也。"

乱”视为治道的一个重要特征，那么国无威、君无力，则何以成此功业？因此，司马光无疑将“力政”视为治道中不可或缺的一部分。当然，荀子主张“力”需以“信”节之，否则将不免流为“诈力”，“上诈其下，下诈其上，则是上下析也”。司马光更是明确反对不顾仁义而自持强力、独任权术的政治观。他引用贾谊的话，指出强秦覆灭的根本原因在于“仁谊不施而攻守之势异也”（《通鉴》卷9，第298页）。他还引用司马迁的话，指出项羽“自矜功伐，奋其私智而不师古，谓霸王之业，欲以力征经营天下”，结果“卒亡其国，身死东城”（《通鉴》卷11，第354页）。司马光还在《历年图》中进一步说：“（项羽）安行无礼，忍为不义，欲以一夫之力服亿兆之心，才高者见疑，功大者被绌，推此道以行之，虽得百秦之地，将能免于败亡乎！”（《稽古录》卷12）

最后，尽管司马光和荀子的王霸观与孟子的不同，但是他们在“本仁祖义”这一点上却是始终一致的。孟子抑霸道是为了尊王道，以彰其仁政之说。荀子将王霸并举，其用意在于抨击以逐利为务的亡国之道。他以强齐为例，论其虽然能够四面征伐而无不胜，然终为燕赵所灭，身死国亡，其根本原因，“唯其不由礼义而由权谋也”（《通鉴》卷4，第129页）。司马光则进一步消除了王与霸在治道上的差别，在礼治思想中融进了法治思想的合理成分。但是，王霸两者毕竟“德泽有深浅，功业有巨细”，以仁义为本的王道依然是治道的最高境界。所以司马光批评汉宣帝“曰王道不可行，儒者不可用，岂不过哉”！

三、司马光与韩非子的观点比较

司马光在“臣光曰”中所表现出的法家思想倾向，多与韩非子相合。以下对两者的有关论述进行一些对比考察。

（一）公私之论

法家思想的一个重要特点就是秉公去私。韩非子将公与私视为对立不相容的关系，说：“古者苍颉之作书也，自环者谓之私，背私谓之公，公私之相背也。”（《韩非子·五蠹》）因为“私义行则乱，公义行则治，故公私有分”（《饬邪》），“能去私曲就公法者，民安而国治；能去私行行公法者，则兵强而敌弱”（《有度》），所以，“明主之道，必明于公私之分，明法制，去私恩”（《饬邪》）。韩非子认为，法令的目的就是去私，他说：“夫立法令者，以废私也，法令行而私道废矣。私者，所以乱法也。”（《诡使》）韩非子还特别指出了要防止内宠外戚之私，他说：“明君之于内也，娱其色而不行其谒，不使私请。”（《八奸》）

司马光同样认为法治贵在公正无私。他引习凿齿之言讨论诸葛亮的赏罚之道，说：

> 夫水至平而邪者取法，鉴至明而丑者忘怒；水鉴之所以能穷物而无怨者，以其无私也。水鉴无私，犹以免谤；况大人君子怀乐生之心，流矜恕之

> 德，法行于不可不用，刑加乎自犯之罪，爵之而非私，诛之而不怒，天下有不服者乎！（《通鉴》卷72，第2300页）

这里以“水鉴”为喻，指出赏罚之道的关键在于公正无私。

司马光认为法是至公的。君王虽然拥有至尊的地位，但是这一地位是为治理天下而设的。君王应以天下为公，如《礼运》所言：“大道之行也，天下为公。”司马光说：

> 王者以天下为家。（《通鉴》卷233，第7510页）
>
> 法者，天下之公器。惟善持法者，亲疏如一，无所不行，则人莫敢有所恃而犯之也。（《通鉴》卷14，第482页）

因此，君王不能因私害公、以私乱法。在《资治通鉴》中，司马光多次强烈批评君王执法不严、亲疏不一的情况，例如他批评梁武帝萧衍“恩胜于威，纪纲不立”（《稽古录》卷14），称赞唐太宗李世民能“不以天下大器私其所爱，以杜祸乱之原，可谓能远谋矣”（《通鉴》卷197，第6197页）。

以私行法的另一种情形是将法律视为私事，随心处置。如在评论北周武帝将叛国的高遵交由伊娄谦随意处置一事时，司马光批评他不仅不能“赏有功，诛有罪”，反而把此事当作一场个人私怨来处理，叹其“失政刑矣”。又如司马光批评魏文帝对曾投降关羽的大将于禁以辱代罚的做法，说：“文帝废之可也，杀之可也，乃画陵屋以辱之，斯为不君矣！”（《通鉴》卷69，第2193页）

（二）权柄之论

韩非子的法家思想是以法、术、势为核心的。关于“术”，韩非子解释说：“术者，因任而授官，循名而责实，操杀生之柄，课群臣之能者也。此人主之所执也。”（《韩非子·定法》）这里所谓“柄”，即是赏罚之权。韩非子解释道：“明主之所导制其臣者，二柄而已矣。二柄者，刑德也。何谓刑德？曰：杀戮之谓刑，庆赏之谓德。”（《二柄》）君王是否能够有效地行使权力，依赖于是否能够有效地维持权势、掌握权柄。韩非子说：“君执柄以处势，故令行禁止。柄者，杀生之制也；势者，胜众之资也。”（《八经》）君王一旦失去权柄，则大臣专权，君弱国危。韩非子说：“人主之所以身危国亡者，大臣太贵，左右太威也。所谓贵者，无法而擅行，操国柄而便私者也。所谓威者，擅权势而轻（轻视）重者（君主）也。”（《人主》）所以说：“人主者，以刑德制臣者也，今君人者释其刑德使臣用之，则君反制于臣矣。”（《二柄》）

司马光有着与韩非子非常类似的观点。他说：

> 夫爵禄废置，杀生予夺，人君所以驭臣之大柄也。（《通鉴》卷141，第4409页）

还说：

> 凡人君所以能有其臣民者，以八柄存乎己也。苟或舍之，则彼此之势均，何以使其下哉！（《通鉴》卷220，第7064页）

这里所谓“八柄”出自《周礼》，指“大宰”的职责之一，即“以八柄诏王驭群臣：一曰爵，以驭其贵；二曰禄，以驭其富；三曰予，以驭其幸；四曰置，以驭其行；五曰生，以驭其福；六曰夺，以驭其贫；七曰废，以驭其罪；八曰诛，以驭其过”（《周礼·天官冢宰》）。不论是“八柄”还是“二柄”，实际上都是“权柄”，即实际掌握的（而不是名义上的）赏罚大权。君王之所以有威严之势，其真正原因便是牢固掌握着权柄。

司马光认为，权柄必须是皇帝独占的，因此他强烈反对大臣执掌大权。他说：“夫威福者，人君之器也。人臣执之，久而不归，鲜不及矣。”（《通鉴》卷25，第821页）在霍光专权的问题上，他说：“孝昭以童稚之年，辨霍光之忠，确然不可动，何天资之明也。然光犹专政而不归，此则光之罪矣。”（《稽古录》卷12）在霍门子弟获罪的问题上，司马光认为汉宣帝亦有责任，不该长期授柄于霍氏家族以致上下猜忌。因此，霍氏之祸“亦孝宣酝酿以成之也”（《通鉴》卷25，第821页）。

大凡衰败之朝均有君失权柄的现象。如司马光评论汉成帝“委政舅家，可谓暗矣”，“顺帝援大柄，授之后族”（《通鉴》卷52，第1691页），又如在评论唐肃宗听任边镇士兵废立将帅一事时说：“爵禄、废置、杀生、予夺皆不出于上而出于下，乱之生也，庸有极乎！”（《通鉴》卷220，第7065页）

（三）责实之论

责实之术是韩非子政治思想的一个重要方面。责实包括以名责实和以言责实。韩非子认为，有名则有实，“名实相持而成，形影相应而立”（《韩非子·功名》），因此君主必须“循名而责实”（《定法》）。如果“世主美仁义之名而不察其实”，则不免“大者国亡身死，小者地削主卑”（《奸劫弑臣》）。对于人言，则有言之责，有默之责。韩非子说：“言无端末、辩无所验者，此言之责也。以不言避责、持重位者，此不言之责也。人主使人臣言者必知其端以责其实，不言者必问其取舍以为之责，则人臣莫敢妄言矣，又不敢默然矣，言默则皆有责也。”（《南面》）也就是说，人臣言必有所验，默必无所避，这是人主以言责实的两个基本方面。

司马光同样认为，求真责实是人君御臣之道的重要原则。他引荀悦之言论曰：

> 圣王在上，经国序民，正其制度；善恶要于功罪而不淫于毁誉，听其言而责其事，举其名而指其实。故实不应其声者谓之虚，情不覆其貌者谓之伪，毁誉失其真者谓之诬，言事失其类者谓之罔。（《通鉴》卷18，第608页）

又说：

> 德必核其真，然后授其位；能必核其真，然后授其事；功必核其真，然后授其赏；罪必核其真，然后授其刑；行必核其真，然后贵之；言必核其真，然后信之；物必核其真，然后用之；事必核其真，然后修之。故众正积于上，万事

实于下,先王之道,如斯而已矣!(《通鉴》卷29,第934页)

又说:

取其道不取其人,务其实不务其名也。(《通鉴》卷51,第1649页)

司马光认为,识贤取才最好的办法是众举与考察相结合,“举之以众,取之以公。众曰贤矣,己虽不知其详,姑用之,待其无功,然后退之,有功则进之”。同时,司马光还主张要对荐举之人进行赏罚,以惩治任人唯亲的做法。他说:“所举得其人则赏之,非其人则罚之。进退赏罚,皆众人所共然也,己不置豪发之私于其间。苟推是心以行之,又何遗贤旷官之足病哉!”(《通鉴》卷225,第7258页)

在对官吏考核的具体方法上,司马光更强调君王主观方面的作用。他认为“循名”与“考绩”都不是有效的办法,“求之于毁誉,则爱憎竞进而善恶浑殽;考之于功状,则巧诈横生而真伪相冒”。他认为,德行修养是知人之道的根本,即所谓“至公至明”。如果人主能够做到“不以亲疏贵贱异其心,喜怒好恶乱其志”,则“群下之能否焯然形于目中,无所复逃矣”。司马光还认为,察人核实之道“至精至微,不可以口述,不可以书传”,难以形成规范性的依据,因此只能人主自为而不可委之有司,“繁其条目,谨其簿书,安能得其真哉”(《通鉴》卷73,第2330页)。

(四)严法之论

韩非子认为,法律必须从严而不能示宽,否则就是纵人犯法。他曾经讲过这样一个故事:“子产相郑,病将死,谓游吉曰:‘我死后,子必用郑,必以严莅人。夫火形严,故人鲜灼;水形懦,人多溺。子必严子之形,无令溺子之懦。’”(《韩非子·内储说上》)这即是说:应将法视为火而不是水,因为火不可接近,因此被烧死的人少;水看起来没什么危险,因此被溺死的人多。

司马光也有类似议论。他评论北魏孝文帝下给陆睿等人的“不死之诏”导致了后者骄狂不羁的作风,反而陷他们于死地,“是以不信之令诱之使陷于死地也。刑政之失,无此为大焉”(《通鉴》卷141,第4409页)。

不过,韩非子主张重罚,认为“民不以小利加大罪,故奸必止者也”(《六反》),这是以刑去刑的观点。而司马光则坚持孔子“宽猛相济”的观点。孔子曾说:“政宽则民慢,慢则纠之以猛;猛则民残,残则施之以宽。宽以济猛,猛以济宽,政是以和。”司马光认为这一政法原则乃“不易之常道矣”(《通鉴》卷53,第1726页)。

通过以上考察可见,在司马光的政治思想中,有很多与以韩非子为代表的法家思想相合的主张。当然,我们也不能简单地因此将司马光归入法家,因为他同时也始终保持着儒家政治的基本原则。可以说,司马光继承着两方面的思想传统,有着自己的政治认识和价值判断。

(作者:毕游,中国社会科学院研究生院历史学博士、中国国家博物馆副研究馆员)

明清之际汉臣士大夫家庭生活管窥

——以王崇简、王熙父子为例

◇杜 望

王崇简（1602—1678），字敬哉，顺天宛平人，崇祯十六年（1643）进士，顺治三年（1646）授国史院庶吉士，历任秘书院侍读、国子监祭酒、弘文院侍读学士、詹事府少詹事、礼部尚书等职，康熙三年（1664）以原官致仕，谥“文贞”。王熙（1628—1703），字子雍，顺治四年（1647）进士，历任国史院庶吉士、翰林院学士、礼部尚书、都察院左都御史、工部尚书、兵部尚书、保和殿大学士等职，康熙四十年（1701）以原官致仕，加少傅兼太子太傅，谥“文靖”。身为清初汉官，又居高位，王氏父子为官时如履薄冰、谨小慎微，有世故、圆滑的一面。但家庭的温馨可以慰劳官场的疲惫，抒解忧虑；也为他们童年留下了美好回忆。父子二人的文集中有大量生活片段，从中不难发现他们在家庭生活中柔软、温情的一面。

一、父子之间

（一）王崇简与养父王爱

王氏家族自王崇简曾祖王龙始从任丘迁居北京，祖父王镗生有两子，长子王爵，次子王爱。王爵（1550—1610）是王崇简生父，因王爱“四十无子”，王爵便将王崇简过继给王爱。王崇简对生父甚少提及，王爵则将王崇简“视之为从子”，呼为侄，“惟虑人识其为己子也”①。本文所涉王崇简父均指王爱。

王崇简于万历三十年（1602）生于阜成门外夕月坛礼神街，两岁过继，小名曰“文”②。3岁即随父生活在西北。王爱（1561—1608）是万历二十年（1592）进士，历任山西潞安府推官、户部主事员外郎、陕西布政使司右参政兼按察司佥事，颇有才干，三十六年（1608）授中大夫，加右布政使。③ 因积劳成疾，卒于定边治

---

① 王崇简：《内传》，《青箱堂文集》卷12，《四库全书存目丛书》集部第203册，济南：齐鲁书社，1997年影印本，第537页。以下凡王崇简相关资料均引自此书，不再一一注明。

② 王崇简：《年谱》，第550页。

③ 《明神宗实录》卷448，万历三十六年七月己酉。

所,临终前将王崇简召至身边:“尔今七岁矣,能读书、作秀才,俾人指曰某之子,吾瞑目泉壤矣。……目吾母曰:‘儿尚无名,可名崇简。’”并为其母子留下田产,终年48岁。

王崇简7岁丧父,印象中父亲“皙面秀目,多须髯,每晨升堂,予随之行,手抚予顶,而前须摩予眉额间矣”①。虽然形象早已模糊,但父亲对他的影响却贯穿一生。尤其随母扶父榇回京的经历,王崇简始终记忆犹新,28岁作《道出范阳——幼随先大夫备兵陕西后扶榇归》:“昔我童稚时,哀荣共此路。至今二十年,境新情则故。”②60岁作《先大夫忌辰》:“尽瘁当时地定边,七龄孤子路三千。何堪此日重哀慕,号泣今余五十年。”③除了在清明节、中元节、忌日等特殊日子拜先墓④,王崇简还留意搜集、探寻父亲生前事迹,如王崇简作《摩诃庵逢嵩麓上人言先大夫昔事》⑤《嘉祥观先大夫昔读书其中》:“先人遗事尝闻说,未遇曾来此读书。”⑥因衍法寺阁下有王爱所留碑文,王崇简经过时总有颇多感慨:“穹碑尚喜留先迹”⑦“穹碑遗高文,惆怅仰标格。”⑧途经真定,王崇简想到幼时与父经过此地:“往事悠悠不可寻,重来感旧恩难禁。”⑨即便送友人去西北时,也忍不住触景生情:“迢递西秦路,当年侍宦游。送君今日去,感我昔年愁。”⑩王崇简的一些朋友也因父亲的关系相识。如王时敏(1592—1680),字逊之,号烟客,江苏太仓人,其父王衡与王爱是戊子(1588)举人同年。⑪ 又如李肇亨,字会嘉,号珂雪,浙江嘉兴人,王崇简与其有往来,亦因李肇亨父李日华与王爱是进士同年。⑫

王崇简虽与父亲相处时日不多,但父亲在他心中地位很高,他乐于了解父亲遗事,观摩父亲遗留的真迹,并将父亲的交游圈延伸到自己这一代。王爱去世时

---

① 王崇简:《内传》,《青箱堂文集》卷12,第537—538页。

② 王崇简:《青箱堂诗集》卷1,《四库全书存目丛书》集部第203册,第41页。

③ 王崇简:《青箱堂诗集》卷16,第192页。

④ 如王崇简:《归拜先墓感昨年国变遁去》,《青箱堂诗集》卷4,第88页;《拜先墓作》,《青箱堂诗集》卷5,第92页;《先大夫忌辰展墓归望衍法寺吊信予上人》,《青箱堂诗集》卷13,第174页;等等。

⑤ 王崇简:《青箱堂诗集》卷3,第69页。

⑥ 王崇简:《青箱堂诗集》卷33,第282页。

⑦ 王崇简:《望衍法寺千佛阁有感》,《青箱堂诗集》卷28,第255页。

⑧ 王崇简:《先母淑人忌日拜墓还过衍法寺阁下碑勒先大夫记》,《青箱堂诗集》卷9,第137页。

⑨ 王崇简:《至真定怀童时从先大夫经此》,《青箱堂诗集》卷13,第167页。

⑩ 王崇简:《送朱遂初备兵固原——子幼随先大夫备兵关西》,《青箱堂诗集》卷11,第153页。

⑪ 王崇简:《寄王烟客——缑山先生与先人戊子同籍》,《青箱堂诗集》卷8,第128页。

⑫ 王崇简:《寄李珂雪——尊公君实先生与先大夫同榜令子孝廉》,《青箱堂诗集》卷22,第222页。

有同里方伯刘余泽书写形状，阁学方从哲作墓志铭。① 但王崇简并不满意，16 年后，他请董其昌为王爱表墓；34 年后，他向黄道周求父墓志铭。② 尽管王爱已去世多年，但他能力所及，不忘为父尽最后的孝心。此外，他还留有王爱遗像，但甲申国变时毁于战乱。③

（二）王崇简与王熙及众子

因早于王熙出生的两个哥哥先后夭折，王熙成了长子，且他是王崇简正室梁氏所出，是家中唯一的嫡子。王熙之下，还有五个弟弟，王樵、王然、王照为王崇简妾赵氏所出，王燕、王默为王崇简妾周氏所出。限于材料，本文主要以王崇简、王熙父子关系为主。

王熙的启蒙教育主要由母亲负责，但王崇简在读书备考之余，也会向王熙"讲说书旨大意"。王熙 7 岁时，王崇简请黄鼐为其授课。王崇简在郊寺读书，王熙时常去看望。④ 王熙 10 岁，王崇简作《崔开予、米吉土不期各至夕坐命熙儿弹琴》，有"初学儿童不畏人"⑤句。王熙 12 岁，王崇简作《夏夜听儿女弹琴》："小弟年十二，弦诵及古今。"⑥可见幼年王熙颇得父亲喜爱。梁氏去世后，王熙"鼻口出血升余，昏晕欲绝"，王崇简抱王熙于怀，"食顷始苏"。梁氏下葬时，王熙"步随灵柩抵先茔，昏晕倒地，半时方苏，归途仍欲步随灵儿"，王崇简将他"抱到舆中，禁不令出"⑦。梁氏的离去对父子二人打击沉重，但作为父亲，王崇简悲痛之余还要照顾王熙，父子相携度过了第一段艰难时光。

王熙 13 岁，王崇简去杭州看望生母焦氏，王熙送至郊外，依依不舍，王崇简"几不欲行"。后王熙"忍泪归，日夕思念，寝食俱废"。王崇简收到家书后，"冒炎暑长途迅归"。在学业上，王崇简请好友杨彭龄为王熙讲解"经书大全、性理诸书"。王熙 15 岁时随父读书摩诃庵，"拟应乡试"。每逢旬日，王崇简令王熙"作经书文七篇"⑧，亲自辅导其功课。他还为王熙择妇金氏，汀州太守金显名女，崇祯戊辰（1628）进士、兵部主事金铉妹。王熙 17 岁时，因"寇氛日迫"，仓促成亲。崇祯十七年（1644）三月十六日，为躲避战乱，王崇简携王熙出阜成门，避至京郊。三月二十八日，王崇简和王熙躲在净业庵山高僻处，"贼骑以搜捉内监，突然登山"，两人避至山岩，"野宿终宵"。"二十九日，下山徒步，踉跄夜行，

---

① 王崇简：《内传》，《青箱堂文集》卷 12，第 537 页。

② 王崇简：《年谱》，第 552、554 页。

③ 王崇简：《内传》，《青箱堂文集》卷 12，第 538 页。

④ 王熙：《年谱》，《王文靖公集》，《四库全书存目丛书》集部第 214 册，济南：齐鲁书社，1997 年影印本，第 739、742 页。以下凡王熙相关资料均引自此书，不再一一注明。

⑤ 王崇简：《青箱堂诗集》卷 2，第 55 页。

⑥ 王崇简：《青箱堂诗集》卷 2，第 58 页。

⑦ 王熙：《年谱》，第 740 页。

⑧ 王熙：《年谱》，第 741 页。

昼伏二日夜始得至雀儿庵憩宿。”①四月初五，门禁少宽，王熙随父由衍法寺负薪入城：

> 及门，守门贼见余幼弱，有不胜状，呵止之，几不得脱。幸家人王玉旋至，掌击余背，声色俱厉，贼信为厮役，始得释。……越三日，文贞公（笔者注：王崇简）以先世告敕祖考妣及母夫人像、董文敏公其昌所书祖考墓表、黄石斋公道周所书墓铭俱遗在宅。命余同仆人冒险往寻。至宅，贼首焦姓者拒不与，再三哭诉，始许同伊党察取。余畏惧，匆迫仅觅得诰轴数卷及墓表、志铭，余散失无存矣。②

五月初一，王崇简携家人乘乱出城。从摩诃庵出发，两日后渡浑河抵固安，寓居胜芳村、文安县城。八月，由青县登舟，至济宁“舍舟登陆，乘夜潜行”。后又乘载豆船往淮安，经吕梁洪时，王熙“以风静波平于船尾坐观长河景况，忽风起转蓬，为蓬角所击坠河中”。王崇简惊骇，忙令善游者下河捞救，王熙捡回一条命。他自言“频历危险，几死得免者，此为最也”③。

1644年末，一家人暂居金陵，王崇简膝盖受伤④，王熙“对旧京风景，不胜北望神伤”。王崇简恐王熙荒废学业，“日取先正大家及经史、性理诸书，朝夕讲究，如在家塾。时寓中既无应酬，耳提面命，颇知领略”。顺治二年（1645），王崇简携家辗转至丹阳，由苏州乘舟往浙江。经钱塘时，因有盗贼避至汾湖，八月出汾湖，又遇到官兵搜捕叛党，据王熙回忆：

> 余时以病尚未剃发，一卒跳入舱中，捉余发举刀欲下，余绐以身系小商，稍有资财，即指床头藏笔砚衣履一箧与之，贼甫释手，余即从船窗跃入湖中。食顷，乱卒始戢。文贞公舟继至，见余不在舟，惊骇寻觅，余伏浅水泥中，闻呼声举首四望，亟命人扶掖登岸，抱持痛哭，真如再生。此离乱来第二次最险处也。⑤

九月抵淮安，由陆路往莱阳依宋琬兄弟。十一月，王崇简偕王熙先行北归，“长途策蹇祁寒短晷，备历艰苦焉”⑥。这是父子相携度过的第二段艰难时光。

此次南下，途中多次遇贼，王熙两次落水，九死一生，却未耽误学业。顺治四年（1647），20岁的王熙考中进士⑦，踏上仕途。王崇简则在前一年（1646）正月“授内翰林国史院庶吉士”⑧。十四年（1657）七月，王熙升内弘文院学士，时王崇

---

① 王熙：《年谱》，第742页。
② 王熙：《年谱》，第742—743页。
③ 王熙：《年谱》，第743页。
④ 王崇简：《年谱》，第555页。
⑤ 王熙：《年谱》，第744页。
⑥ 王熙：《年谱》，第744页。
⑦ 王熙：《年谱》，第745页。
⑧ 王崇简：《年谱》，第555页。

简亦任内国史院学士，父子同官。① 十七年（1660）十一月，王熙以三年考满加礼部尚书②，而王崇简已于两年前升任礼部尚书，父子再次同官③。

王崇简交游时常带着王熙④，父子间也时常和诗，如王崇简有《闲斋喜雨用熙儿韵》⑤，王熙有《将秋步家大人韵》⑥。王熙是几位兄弟中唯一中进士的，仕途得意，王崇简有《中和殿八月经筵侍讲——是日进讲虞书春秋汉诏熙儿与讲》⑦《熙儿扈从过昌平闻登沟沟崖》⑧《小酌儿辈有言余与熙儿同官学士时事者率答其意》⑨等诗，自豪之情溢于言表。十八年（1661）王崇简因病解任调理，康熙三年（1664）致仕。⑩ 自此，王熙“每自公署归即侍文贞公于青箱堂，兄弟亲朋欢笑为乐几二十余年。寒暑晨昏，未尝离左右”⑪。时王崇简 63 岁，王熙 37 岁。随着王崇简年事渐高，王熙总是想尽办法博老父欢心。

1.恪尽孝道，顺应父意。王熙至孝，在其《行状》和《神道碑》中都有体现：

> 侍文贞公时，事无巨细，必禀命。逢先世讳日，文贞公必集子姓斋宿外舍。公率先致敬，文贞公立家庙三楹，公拓地而丹雘焉。岁时馂侑，执事有恪。……及侍疾，奉汤药不敢顷刻离左右。⑫
>
> 文贞公家法恭谨，公遵循不踰尺寸，孝于亲友于兄弟。……文贞自为诸生所，交尽海内名士。晚致政家居，延接不衰，或贫交故人子姓至，公必体文贞之意，周恤备至，未尝倦也。春秋佳日，辄侍文贞游西山，遍历名胜。……

---

① 王熙：《年谱》，第 749 页。

② 王熙：《年谱》，第 751—752 页。

③ 王崇简：《年谱》，第 558 页。

④ 如王崇简：《水源看红叶同黄卜周、幼则、杨王桥、商贤、曼卿及熙儿》，《青箱堂诗集》卷 3，第 67 页；《宋玉叔、米吉土、黄卜周、幼则、杨王乔、商贤及熙儿雪集摩诃庵》，《青箱堂诗集》卷 3，第 71 页；《偕宋玉叔、米吉土、熙儿饮摩诃庵花下》，《青箱堂诗集》卷 5，第 89 页；《人日潘宗海郡丞、孙北海少宰、李淑元佥宪、章龙门封君、沈仲琏版曹、米吉土大令、儿熙宴集青箱堂》《刘元功、王灌亭、米吉土、张颙侯、儿熙宴饮》，《青箱堂诗集》卷 23，第 224—225 页；等等。

⑤ 王崇简：《青箱堂诗集》卷 28，第 253 页。

⑥ 王熙：《王文靖公文集》卷 5，第 493 页。

⑦ 王崇简：《青箱堂诗集》卷 13，第 173 页。

⑧ 王崇简：《青箱堂诗集》卷 14，第 180 页。

⑨ 王崇简：《青箱堂诗集》卷 26，第 238 页。

⑩ 王崇简：《年谱》，第 559 页。

⑪ 王熙：《年谱》，第 754 页。

⑫ 韩菼：《皇清予告光禄大夫少傅兼太子太傅保和殿大学士兼礼部尚书加六级谥文靖王公行状》，《王文靖公集》，《四库全书存目丛书》集部第 214 册，济南：齐鲁书社，1997 年影印本，第 803 页。

朝夕奉文贞筇屐周游，顾而乐之。①

王崇简素爱交游，王熙既是长子，又居高位，组织家宴、会饮自是分内之事。如康熙十二年(1673)王崇简有《儿熙置酒同眉山、彙嘉、淑汲、四弟毅菴及诸子孙冯园看海棠》②，十五年(1676)作《上元熙儿开宴同张豫章、陈婿皆吉暨侄焘，儿槱、燕、默，孙克善、克昌、克宽，和皆吉韵》③，十六年(1677)作《熙儿移酌退谷亭小饮，儿槱、燕、默，侄焘，孙克善、克昌从游》④。王熙亦有《侍家大人偕张豫章、张左人及诸弟、儿克善小饮怡园》⑤，王崇简七十大寿，王熙欲"征诗为寿"⑥，被父阻止。王熙不仅对父至孝，其季叔崇节家贫，王熙亦筑室"以娱其老"⑦。

2.修建"怡园"，供父游娱。康熙十四年(1675)，因父"好游，……恐劳于登陟"⑧，王熙"买绳匠胡同住宅之西汪姓废园，重加修葺，叠石开沼，名曰'怡园'"⑨，"筑山引流，滩濑平远，有若自然"⑩。王崇简十分喜欢，在此留下许多诗作，如《怡园偶兴》⑪《雨后过怡园》《九日偕张豫章暨儿槱、燕、默，侄焘怡园小饮》⑫《暮春怡园偶酌》⑬《十六夜儿熙张灯怡园侍饮游观无阻》《三月七日怡园晚步》⑭《怡园小集步梁苍岩大司农韵》⑮等。十五年王崇简有《人日怡园楼饮》：

人日偕佳兴，登楼揽翠微。凤城延旭景，乔木挂春晖。

峰出当烟渺，禽来傍槛飞。衔杯酬令节，预约酌芳菲。⑯

---

① 王士祯：《予告光禄大夫少傅兼太子太傅保和殿大学士礼部尚书谥文靖王公神道碑铭》，《带经堂集》卷82，《续修四库全书》第1415册，上海：上海古籍出版社，2002年影印本，第96页。

② 王崇简：《青箱堂诗集》卷28，第250页。

③ 王崇简：《青箱堂诗集》卷31，第275页。

④ 王崇简：《青箱堂诗集》卷32，第278页。

⑤ 王熙：《王文靖公文集》卷7，第518—519页。

⑥ 王崇简：《年谱》，第561页。

⑦ 王崇简：《五弟�倡行状》，《青箱堂文集》卷8，第495页。

⑧ 韩菼：《皇清予告光禄大夫少傅兼太子太傅保和殿大学士兼礼部尚书加六级谥文靖王公行状》，《王文靖公集》，《四库全书存目丛书》集部第214册，济南：齐鲁书社，1997年影印本，第803页。

⑨ 王熙：《年谱》，第758页。

⑩ 王士祯：《予告光禄大夫少傅兼太子太傅保和殿大学士礼部尚书谥文靖王公神道碑铭》，《带经堂集》卷82，《续修四库全书》第1415册，上海：上海古籍出版社，2002年影印本，第96页。

⑪ 王崇简：《青箱堂诗集》卷31，第275页；卷33，第285—286页。

⑫ 王崇简：《青箱堂诗集》卷31，第276页。

⑬ 王崇简：《青箱堂诗集》卷32，第278页。

⑭ 王崇简：《青箱堂诗集》卷33，第281—282页。

⑮ 王崇简：《青箱堂诗集》卷33，第285页。

⑯ 王崇简：《青箱堂诗集》卷31，第275页。

王熙诗作多无明确时间，但其《人日侍家大人怡园楼饮谨步原韵》：

楼带春城丽，窗看远岫微。筵开人日酒，庭舞老来衣。

烟柳含风软，昏鸦啄雪飞。年光无限好，随意赏芳菲。①

显与父诗系一天所作，亦为父子相谐的明证。

此外，王熙还“栽芍药数百畦于丰台小筑”②，王崇简诗《丰台看芍药》③《荔裳、吉土过饮》④《游丰台芍药园憩九莲禅院池上》⑤《饮丰台芍药园》⑥《癸丑四月六日钱饮光、毛子霞、陆翼王、陈胤倩、马又辉、计甫草、严荪友、朱锡鬯小饮丰台芍药园药圃，是日顾宁人有山东之役未及约》⑦等均作于此。

3.提携兄弟，以抒父怀。由于王熙与几个弟弟年龄相差较大，长二弟王櫄14岁，长幼弟王默25岁，故通常王熙侍从最多：“大儿叨侍从，余者尚多憨。”⑧直至王崇简年过六十，几个幼子陆续成人，随侍才多一些。⑨ 几个幼子尽管是庶出，又不及王熙优秀，但王崇简对他们的关心和依恋并不亚于王熙。王燕妻过世，王崇简作诗安慰：“最怜入室情难已，漫悔趋亭日较迟。”⑩康熙十四年（1675），王崇简得知王照、王然授官外任即怅然道：“明年此际他乡子，应念来游谁与同。”⑪王照临行前，王崇简作《夜饮感怀》：“宦游将去，子饮宴夜。频阑停杯，忽无语，垂泪两相看。”又有《照儿通判奉天》：“言别想看但泪垂，为怜朝夕未尝离。……河山此日分千里，兄弟何年再一堂（三儿将令灵丘）。莫道长歌能当泣，那知一字

---

① 王熙：《王文靖公文集》卷7，第518页。

② 韩菼：《皇清予告光禄大夫少傅兼太子太傅保和殿大学士兼礼部尚书加六级谥文靖王公行状》，《王文靖公集》，《四库全书存目丛书》集部第214册，济南：齐鲁书社，1997年影印本，第803页。

③ 王崇简：《青箱堂诗集》卷19，第210页。

④ 王崇简：《青箱堂诗集》卷19，诗中有“芍药初开闻嘉客”句，第210—211页；宋琬亦有《王敬哉先生斋中芍药盛开，招同吉土小饮即席为诗并以画扇见贻，依韵赋答》作于同时，《安雅堂全集》，上海：上海古籍出版社，2007年点校本，第243页。

⑤ 王崇简：《青箱堂诗集》卷21，第218页。

⑥ 王崇简：《青箱堂诗集》卷23，第226页。

⑦ 王崇简：《青箱堂诗集》卷28，第251页。

⑧ 王崇简：《岁宴》，《青箱堂诗集》卷12，第166页。

⑨ 如王崇简：《登庐师山巅憩清凉寺遗址小饮旋至弘德寺——同登者五弟筠侣、婿米紫来、儿熙、櫄、然、照、燕》，《青箱堂诗集》卷17，第196页；《秋夜偕朱眉山归孝仪，王淑汲、四弟毅菴、陈婿皆吉暨儿熙、櫄、然、照、燕、默，孙克善小饮，得句漫唱伊凉调，即席各赋一律》，《青箱堂诗集》卷28，第254页；《春仲游玉泉山——同游张飞九、徐子贞、周光福，儿熙、櫄、然、照、燕、默，侄勋，孙克善，二月廿八日》，《青箱堂诗集》卷30，第270页；等等。

⑩ 王崇简：《慰燕儿游归妻逝》，《青箱堂诗集》卷33，第284页。

⑪ 王崇简：《暮秋偕张豫章、徐子贞历万安寺饮退谷亭诸儿随侍因念然、照各将履任》，《青箱堂诗集》卷30，第272页。

泪双行。"①二子走后,王崇简"离别戚伤,遂成心疾。……以感伤成病,血气日衰,燥疾时作"。王熙见父思子成疾,命役告诉王照,王照履任后数日即借差归②,给了老父一个惊喜:"苦别书方去,期归春暮天。相思千里外,忽尔到吾前。执手惊难定,闻言是果然。最怜汝至性,半月念亲旋。"③这种难言的喜悦,有王熙的一份功劳。王崇简76岁时,"年日老,气日衰,心中时时如有所系"。王熙虽时时伴于老父身边,但知父念子心切,先为四弟王照捐纳员外郎,后又助三弟王然捐纳,"速其归省"④,以释父怀。直至王崇简去世,六子多在身边,不得不说是王熙苦心经营的结果。

十七年(1678)十一月十一日,王熙继妻董氏生子,十三日,王崇简来"看新生孙尚安然无恙"。十四日,医生"诊脉,忽云脉有变征",王熙"闻之心胆俱裂,扶病候问"。十七日晚,王崇简去世,终年77岁。王熙悲痛欲绝:"自幼母夫人见背,文贞公怜念倍笃,五十年来朝夕膝下,鞠育深恩,昊天罔极。今痛遭大故,自此遂为无父之人矣。痛哉!"⑤王崇简去世后,王熙校刊其年谱⑥,并将其诗文集整理付梓⑦。

从王熙出生,到王崇简去世,父子相伴走过五十年。王熙年幼时,王崇简不仅照顾他成人,更督促他成才;易代之际他们是患难父子;清初两人相继成为高官,谨言慎行,不骄不馁;王崇简晚年时,王熙恪守孝道,使其颐养天年。王崇简有诗《晏起梦中作》:"缘阴深处日三竿,炊熟犹然闭阁眠。报道客来堂上坐,侍儿摇手莫通传。"⑧有儿女在旁照顾,王崇简即便是睡梦中都备感踏实。

在教育晚辈方面,王崇简强调:"接物期能恕,持身贵立诚。"⑨康熙十二年(1673)在王燕22岁生日时,王崇简作《燕儿生日》:

汝今二十二,砥砺可胜前。守身惩宜室,力学志尚坚。
事亲从儿际,情礼有固然。得师与取友,强恕盖勉旃。
知过莫吝改,见善贵即迁。古人之辞寡,君子之行先。
读书变气质,存心希望贤。跬步莫非理,举目皆是天。
生而为男子,莫令人笑怜。仁者自能寿,德岂易为全。

---

① 王崇简:《青箱堂诗集》卷30,第273—274页。

② 王崇简:《年谱》,第561页。

③ 王崇简:《照儿奉差忽至》,《青箱堂诗集》卷31,第275页。

④ 王崇简:《年谱》,第561—562页。

⑤ 王熙:《年谱》,第759页。

⑥ 王崇简:《年谱》,第562页。

⑦ 王燕:《重刻青箱堂诗文集附识》,《四库全书存目丛书》集部第203册,济南:齐鲁书社,1997年影印本,第562页。

⑧ 王崇简:《青箱堂诗集》卷23,第226页。

⑨ 王崇简:《送四弟来备汀州》,《青箱堂诗集》卷6,第111页。

礼仪与威仪，三百而三千。得一亦是仁，足以令年延。①

王崇简年少时曾决意仕进，但不要求子女一定要考取功名："但能真孝友，何必尽科名。"②王熙亦是如此："寄语后人时，功名难急遽。"③虽教导子女要孝顺，王崇简同时也告诫子女"勿为吾弗欲"④，给他们充分自由的空间。

二、母子之间

（一）王崇简与其养母、庶母、生母

1.养母张氏。王崇简2岁时认王爱妻张氏为母，由于王爱公务繁忙，王崇简的启蒙教育便由母亲一力承担。王崇简4岁，张氏口授《千家诗》，6岁"习字于母侧"。7岁父亲病逝，王崇简随母扶榇返回阜成门外老家⑤，他在诗中回忆道："嗟儿幼失怙，行迈魂孑孑。日夕依母怀，惨惨行冰雪。母念儿衣单，母念儿食辍。三千七百里，肝肠皆寸裂。"⑥平日张氏对王崇简"怜之甚切"，王崇简10岁"患疹，后痢几殆，母夫人忧恤至废寝忘食"⑦。他在《内传》中写道："予幼多病，予病母病，予愈母愈。"⑧王崇简35岁时，回想自己12岁时侍奉已53岁的母亲："母疾怀抱深，旷瞻代良药。"⑨张氏对王崇简亦"教之甚严"⑩："少不谨，母即不与言。"王崇简13岁时与仲兄王崇大一同应童子试，其母"以学未成难之，及试见黜"⑪。万历四十三年（1615）三月，张氏"染时疫垂危"，王崇简"告天祈以身代"⑫，并专门去东岳庙祷疾⑬，仍未挽回母亲的生命。二十八日，张氏去世⑭，时王崇简14岁。张氏离世使王崇简的学业也受到影响，想到母亲，王崇简忍不住

---

① 王崇简：《青箱堂诗集》卷28，第259页。

② 王崇简：《岁暮杂兴》，《青箱堂诗集》卷27，第249页。

③ 王熙：《咏史四首》，《王文靖公集》卷5，第495页。

④ 王崇简：《七十》，《青箱堂诗集》卷26，第241页。

⑤ 王崇简：《年谱》，第550—551页。

⑥ 王崇简：《旅夜梦老母淑人——昔随母扶先大夫榇自陕西还都门，予方七岁》，《青箱堂诗集》卷3，第60页。

⑦ 王崇简：《年谱》，第551页。

⑧ 王崇简：《青箱堂文集》卷12，第540页。

⑨ 王崇简：《坐上华严霞游亭忆癸丑暮秋奉侍老母淑人瞻望怆然有作》，《青箱堂诗集》卷2，第51页。

⑩ 王崇简：《年谱》，第551页。

⑪ 王崇简：《内传》，《青箱堂文集》卷12，第540页。

⑫ 王崇简：《年谱》，第551页。

⑬ 王崇简：《东岳庙羽士山房》，《青箱堂诗集》卷6，第103页。

⑭ 王爱妻张氏生于嘉靖四十年（1561）九月二十八日，卒于万历四十三年三月二十八日，终年55岁。

感叹："母在而予必不至二十岁学尚未成也。"①

2.庶母王氏。王爱有一妻五妾，其中妾张氏、蒋氏、高氏改嫁。养母去世后，王崇简与庶母王氏、潘氏相依为命，共同生活了20年，家政赖王氏操持。王氏原为张氏媵，"时说先人往事"以勉励王崇简。据王崇简《内传》载：

> 是母殁，大兄（笔者注：王崇正）疑有厚藏，欲检遗笥，忌庶母持之，频以无理相加。庶母顾予曰："五十岁老寡妇忍而不死者，冀看尔之成立也，今何堪？"相持而泣。及予有妇，门内事犹倚办焉。②

王崇简"十四而亡恃，七龄早失怙"③，王氏抚养其犹如亲生，崇祯八年（1635）去世④。念及王氏"未获一日禄养"，王崇简每思之"哽咽"⑤。

3.生母焦氏。王崇简生母是王爵妾焦氏，王崇简生而多病，焦氏"终夜彷徨，念若子业许出继若病，何以对若父母"⑥。待王崇简出继，与焦氏"虽朝夕见"，焦氏"并不以子视之"，不仅王崇简"不知为继嗣"⑦，就连许多亲戚也不知道⑧。焦氏此举看似无情，实为王崇简提供了相对简单的生活环境。能在亲情面前保持理智，王崇简认为焦氏所为"尤人之所难哉"⑨！即使后来王崇简知道自己出继一事，"岁时迎养"，焦氏只是"间一过之，亦一二日即去，始终以犹子视之，不以己子视之"⑩。崇祯十三年（1640），王崇简去四弟王来任所看望焦氏。十六年（1643）七月六日，焦氏卒于王来泰州寓。⑪ 时王崇简甫中进士，"闻讣，给假治丧，资遣弟来迎柩。十二月来扶榇归，暂厝茔西双林寺"。虑及兵焚，十七年（1644）三月十六日将焦氏柩仓促埋葬⑫，托仆"嘱兄弟早襄葬礼"。仲兄崇大、五弟崇节于顺治二年（1645）清明将焦氏附葬于王来墓。念及为焦氏"送终多阙"，焦氏忌日时，王崇简为她作行状以示纪念。⑬

（二）王熙与其母（含庶母）

王熙母梁氏前后生有四子，其中三子夭折，故对王熙格外疼惜。王熙4岁出

---

① 王崇简：《内传》，《青箱堂文集》卷12，第540页。
② 王崇简：《青箱堂文集》卷12，第541页。
③ 王崇简：《观剧感怀》，《青箱堂诗集》卷21，第218页。
④ 王爱妾王氏生于隆庆二年（1568），卒于崇祯八年十月二十七日，终年68岁。
⑤ 王崇简：《内传》，《青箱堂文集》卷12，第541页。
⑥ 王崇简：《移赠一品夫人焦太夫人行述》，《青箱堂文集》卷8，第491页。
⑦ 王崇简：《年谱》，第551页。
⑧ 王崇简：《移赠一品夫人焦太夫人行述》，《青箱堂文集》卷8，第492页。
⑨ 王崇简：《内传》，《青箱堂文集》卷12，第540页。
⑩ 王崇简：《移赠一品夫人焦太夫人行述》，《青箱堂文集》卷8，第492页。
⑪ 王爵妾焦氏，生于万历六年（1578）五月十四日，卒于崇祯十六年七月六日，终年66岁。
⑫ 王崇简：《年谱》，第554页。
⑬ 王崇简：《移赠一品夫人焦太夫人行述》，《青箱堂文集》卷8，第491—492页。

痘,梁氏“护视不遑寝食”。5岁时,梁氏教“《孝经》《格言》,日授数句”。6岁时,梁氏教“《学》《庸》二论,一年诵完”。王熙也十分孝顺,8岁时“母夫人患齿痛,时抱微恙,每多方承欢,冀解母忧”。10岁时梁氏齿痛复发,王熙朝夕陪伴,梁氏“虑荒废学业,命就内舍读书”。不仅是梁氏,王熙舅以楠、以樟、以桂对王熙的学业也十分关心,不仅推荐所习之书,梁以楠更是“时为讲解”。

崇祯十二年(1639)正月初三,梁氏“忽患血症,势甚危,笃医药罔效”。王熙“拜祷于天,祈减己算求母痊可,凡四昼夜”①。十月二十三日,梁氏病卒。② 王熙“痛哭昏厥数次,匍匐丧所,昼夜长号,闻者皆为陨涕”。梁氏临终前嘱王熙:“汝既读书能文,无烦我多语,止要学做好人,早图成立,扬名显亲,不可怠惰顽劣,令人厌恶,为我之玷也。”③梁氏遗言王熙始终铭记在心:“薄宦人嗤拙,修名母念深。回思当日语,悽断百年心。”④46岁时,王熙作《母夫人忌日感赋》:

> 嗟余十二龄,昊天夺母遽。忽失鞠育恩,哀哀昏达曙。
> 洒泪捧杯棬,音容杳然去。三十四年来,慈训茫无据。
> 此日拜高坟,万感煎吾虑。晨曦淡松楸,寒风惨徒御。
> 犹忆永诀时,哽咽执手语。儿其勉立身,慎勿耽逸豫。
> 望儿早成人,儿壮母何处。空怀孺慕忱,无由劝七箸。
> 长念母遗言,庶几永终誉。⑤

王熙还将对母亲的思念转移到舅舅身上:“舅氏别经十五载,每因忆母感难胜。”先后作《寄怀梁大母舅仲木先生》《寄怀梁四母舅公狄先生》⑥,除感念少时舅舅对他的关怀外,也寄托了对母亲的哀思。

梁氏卒后,王崇简南下看望生母,王熙因思父感寒患疹,赖庶母赵氏、伯母张氏和二姐照顾才得痊愈。⑦ 赵氏虽不为王崇简所喜⑧,王熙亦不是其亲子,她却义无反顾地承担起照顾王熙的责任。王熙70岁时,“庶母、弟侄暨儿女诸婿、孙、甥亲友及家人辈俱设席西园演剧为寿”⑨,此处的庶母应指王崇简晚年所纳

---

① 王熙:《年谱》,第739—740页。

② 王崇简妻梁氏,生于万历三十年(1602)二月十八日,卒于崇祯十二年(1639)十月二十三日,终年38岁。

③ 王熙:《年谱》,第740页。

④ 王熙:《先慈太夫人忌日展奠先茔感赋二首》,《王文靖公集》卷8,第522页。

⑤ 王熙:《王文靖公集》卷6,第506页。

⑥ 王熙:《王文靖公集》卷5,第500页。

⑦ 王熙:《年谱》,第741页。

⑧ 范喜茹:《明清之际士人夫妇生活管窥——以王崇简为例》,《安徽史学》2015年第2期,第70页。

⑨ 王熙:《年谱》,第782页。

的妾李氏、蔡氏，王熙73岁时，李氏去了三弟王然山东署中。[①]

通过以上情况不难看出，王氏家族所娶妻室多出身大户[②]，温和知礼，文化素质较高[③]，一如王爱临终前嘱："择妇须于读书家。"[④]她们不仅主持家中内务，亦负责教育子女，从日常做人到督促学习，甚至亲授知识，为其将来成才奠定了基础。妾室则多出身不高，有买来的[⑤]，有妻媵侍[⑥]，还有房中侍女[⑦]。从现有资料分析王氏父子二人妻妾的关系，他们的妻子在世时，不论是从家政的主持上[⑧]，还是诞育子女的数量上[⑨]，其地位都是妾室难以撼动的。

但在特殊情况下，妾室也会肩负起管理家政的职责，如王爱妻张氏去世后，由妾王氏持家；王崇简妻梁氏去世，妾黄氏进门数月，"门内诸务井井在其胸中"[⑩]。王崇简生母焦氏在正室张氏"年益高"，精力不逮的情况下，"内政大而丧祭，细而米盐，以及姻戚之往来，臧获之衣食，条分缕悉，无不合宜"[⑪]。妾在参与家政后地位会有所提升。此外，妾亦可通过子女做官而获得朝廷封赠，彻底改变社会地位。[⑫] 如王爵妾焦氏以王崇简生母获赠"一品夫人"[⑬]，王崇简妾赵氏

---

① 王熙：《年谱》，第789页。

② 王爱妻张氏是锦衣卫百户张爵女，王崇简妻梁氏是兵部侍郎梁应泽女，王熙妻金氏是知府金显名女，继妻刘氏是上林苑监监丞刘可教女，继妻董氏是广东都司董正义女。

③ 如王崇简《诰赠一品夫人梁夫人行状》："夫人内明决而外温和，以礼自持，平生未尝有一言之失。"《青箱堂文集》卷8，第494页；王熙评价继妻刘氏："夫人贤而有才，知书而通大义，伉俪相得，失此贤助，弥深哀悼。"王熙：《年谱》，第745页。

④ 王崇简：《内传》，《青箱堂文集》卷12，第537页。

⑤ 如王崇简妾赵氏，是其"二十岁所买"。王崇简：《内传》，《青箱堂文集》卷12，第542页。

⑥ 如王爱妾王氏，"自幼为吾（笔者注：王崇简）母媵，不知其姓氏，家人以吾家之姓呼之"。王崇简：《内传》，《青箱堂文集》卷12，第541页。

⑦ 如王崇简妾蔡氏，本是王崇简房中侍女，因生女，又"朝夕左右，乃留之房中"。王崇简：《年谱》，第560页。

⑧ 王崇简妻梁氏"以淡约自持，黾勉有亡，日必登记，且以治生织啬。……门内巨细，秩秩若亦妇道之常耳"。王崇简：《诰赠一品夫人梁夫人行状》，《青箱堂文集》卷8，第493—494页。王熙继妻董氏"辛勤阃务，闲静寡言，不问门以外事"。王熙：《年谱》，第766页。

⑨ 王崇简妻梁氏共生育9子，5女4男，其在世时王崇简只有妾赵氏，仅生1女，梁氏过世后，才陆续又生3男；王熙继妻董氏共生育11子，5女6男，其在世时，侧室朱氏生1女3男，刘氏生2女1男，阎氏生1女1男，李氏生1女，柳氏生1女，某氏生1男，合计12子，6女6男，六妾合计所诞子女可与董氏一人平分秋色。

⑩ 王崇简：《侧室黄氏墓志铭》，《青箱堂文集》卷8，第480页。

⑪ 王崇简：《移赠一品夫人焦太夫人行述》，《青箱堂文集》卷8，第491页。

⑫ 郭松义：《伦理与生活——清代的婚姻关系》，北京：商务印书馆，2000年，第378—381页。

⑬ 王崇简：《年谱》，第553页。

因子照获封“宜人”①,王熙妾朱氏因子克善获封“宜人”②。

顺带提一句婆媳关系,由于王氏父子的嫡母均过世较早,只能看到庶母与嫡媳的关系,多是相互谦让,未见干戈。如王崇简评价妻梁氏:“与予两庶母处二十年,竟两庶母殁,未尝一失言色。时迎养予本生母,瀡瀡糯缊之奉,笃敬倍至。母尝曰:‘惟出继子妇孝。’”③而王崇简妾黄氏“处嫡子、冢妇以诚以礼”④,可见庶母与嫡妻互相尊重,可维持长久稳定的关系,使家庭更为和睦。

三、兄弟之间

(一)王崇简与兄弟

从名义上说,王崇简为王爱独子,无亲兄弟。但从血缘上说,王崇简有 4 个亲兄弟,他排行第三,王崇正为王爵妻张氏所出,与王崇简同父异母;王崇大、王来、王崇节为焦氏所出,与王崇简同父同母。

1.长兄王崇正(1572—1616),号中寰,武进士出身,官至正千户⑤。王爱、王爵相继去世后,“持门户、教诸弟”。他对财物颇为吝惜,曾“欲析箸而未果”⑥。前文已提及,崇正因贪财苛待过王崇简母子,但旋即过世⑦,时王崇简仅 15 岁。王崇简对长兄固然没有好印象,但也未多有交道。

2.仲兄王崇大(1697—1645),字化之,号中虚。长兄过世时他只有 20 岁,但承担起长子之责,“即任家政,事嫡母,尽孝敬”,曾为救幼弟将家里“所积三千余金与之,由是家道日落”⑧。王崇简 13 岁时曾与他一同应童子试。与崇正不同,崇大与王崇简仅差 5 岁,在王崇简早期的诗作中,不难发现仲兄的身影。⑨ 崇祯八年(1635)正月初九,王崇简与崇大、四弟王来“策马出郭”,作有《看雪西山》⑩一诗,时王崇简 34 岁。

---

① 王崇简:《年谱》,第 562 页。

② 王熙:《年谱》,第 761 页。

③ 王崇简:《诰赠一品夫人梁夫人行状》,《青箱堂文集》卷 8,第 493 页。

④ 王崇简:《侧室黄氏墓志铭》,《青箱堂文集》卷 8,第 480 页。

⑤ 在明朝为正五品官,见《明史》卷 76,北京:中华书局,1974 年点校本,第 1861 页。

⑥ 王崇简:《内传》,《青箱堂文集》卷 12,第 538 页。

⑦ 王崇正是在王崇简嫡母张氏殁后对王崇简庶母王氏无理,张氏卒于 1615 年,而王崇正于 1616 年亦过世。

⑧ 王崇简:《内传》,《青箱堂文集》卷 12,第 538 页。

⑨ 王崇简:《家兄弟郊旋夜集》,《青箱堂诗集》卷 2,第 45 页;《暮秋偕家兄弟夕至玉泉》,《青箱堂诗集》卷 2,第 57—58 页。

⑩ 王崇简:《青箱堂诗集》卷 2,第 49 页。

甲申之变后，王崇简携家南下，顺治二年（1645）的诗作中便有“弟兄果否尚为人”①句，可见对兄弟的牵挂。崇大三次乡试不中，以占卜为生，“家且贫，不得意，益纵于酒，……日日醉归”②。卒于当年十月二十五日③，时王崇简尚未回京，亦未得见仲兄最后一面。想到当日“兄具弟偕，和乐栩栩”，王崇简忍不住“泪下如雨”④，可见王崇简与崇大的感情较之崇正要好许多。

3.四弟王来（1604—1676），本名崇光，字毅菴，号企也。两人自小一起读书。⑤ 王来自幼“嶷嶷具威仪”，“十五弯弓能跃马”，与王崇简“羸怯多疾病”⑥形成鲜明对比。王来33岁中武举乡试，34岁成武进士，授锦衣卫千户。36岁任浙江盐监旗鼓中军，携母焦氏一同赴任⑦，自此兄弟二人便聚少离多。崇祯十三年（1640），王崇简去王来任所看望焦氏，作《初至武林示四弟》：“别弟一年意，迎亲千里心。相思如日月，惊喜杂升沉。”⑧临别时又作《留别四弟》：“承欢且膝下，切莫动离情。”⑨不久，王来“以官裁，侨寓泰州，诣京候补”⑩。十六年（1643）焦氏病逝，亦是兄弟二人一同筹办丧事。⑪

十七年（1644）年初，王来调宣府、云州一带任职。甲申之变后，王崇简每念及弟，总十分记挂：“有弟远居云塞外，无书可达雁门西。”⑫“昨年春季日，洒泪出家门。曾记叮咛语，无忘夙昔言。”⑬至顺治六年（1649）兄弟短暂团聚后⑭，王来

---

① 王崇简：《春怀》，《青箱堂诗集》卷4，第78页。

② 王崇简：《内传》，《青箱堂文集》卷12，第538—539页。

③ 王崇简：《名纪》，《青箱堂文集》卷11，第536页。

④ 王崇简：《余兄弟自己卯春出处各殊，迨寇祸奔伏，生死流离，不期复聚首故乡矣。丙戌予得归而仲兄已殁，五弟幸存，四弟昔仕宣云，潜至塞下。己丑八月将任于闽，过燕市十五之夜，兄弟既具，儿熙、侄勋侍饮月下，抚今忆昔，悲喜交深。鼓歌纵饮，情至然尔》，《青箱堂诗集》卷6，第111页。

⑤ 王崇简：《功德寺僧廊数椽丁巳仲春偕四弟来、张甥廷瑞读书其中，时余年十六，弟十四，甥十七耳。甲申正月偕寻往迹，已二十八年矣。甥久赞朝仪，余方通仕籍，弟又将履任塞下。门径依然，情事如梦，惨然有作》，《青箱堂诗集》卷4，第72页。

⑥ 王崇简：《四弟来举于司马成进士志喜》，《青箱堂诗集》卷2，第54页。

⑦ 王崇简：《年谱》，第553—554页。

⑧ 王崇简：《初至武林示四弟——予本生母在弟署中，先大夫监兑时有诗百篇后失稿》，《青箱堂诗集》卷3，第62页。

⑨ 王崇简：《青箱堂诗集》卷3，第62页。

⑩ 王崇简：《移赠一品夫人焦太夫人行述》，《青箱堂文集》卷8，第491页。

⑪ 据王崇简《内传》记载：“崇大、崇节旧在京师，夫人（笔者注：焦氏）以疾终，诸子无一人视。”《青箱堂文集》卷12，第540页。

⑫ 王崇简：《寄悲》，《青箱堂诗集》卷4，第75页。

⑬ 王崇简：《忆兄弟》，《青箱堂诗集》卷4，第79页。

⑭ 王崇简于该年作《与四弟偶谈少年事自哂》《与四弟企也、张甥辑五感幼时读书山寺家园事》，《青箱堂诗集》卷6，第107—108页。

又要外任，王崇简神魂黯然："方能归故里，何又去中原。……为期十载内，垂老聚家园。"①十二年（1655）王来返家，与王崇简重阳节登香山②，下雪天游玩唱和③。但好景不长，一年后（1656）王来复补任汀州，同样是在重阳节，王崇简作《九日小饮，念昨岁香山之游，四弟复将之任汀州》："漫说弟兄将复别，可能节序不思家。"④送别王来时："自是难为别，分携况暮年。……为贫仍远去，愧我未能留。"⑤十七年（1660）因久不得王来消息，王崇简忧心忡忡："三年弟侄音书杳，万里关山魂梦劳。"⑥康熙二年（1663）八月，王来"裁缺至京候补"，次年（1664）四月又赴"永州卫守备任"⑦。王崇简离别伤感：

惟祈偕寿考，归老话平生。……尔我年俱及，何堪复别离。

谋生既寡术，微禄暂忘饥。拭泪泪还落，言归归未期。……

留子不得住，惭无百亩田。……急筹八口计，归可共余年。⑧

说明王崇简当时的经济状况并不宽裕，无法为其弟一家提供生计保障，王来也只得继续外任。此时王崇简已致仕，王来的离去使他倍感惆怅："分携已四日，寤寐总相关。……新月空阶上，犹疑照笑颜。"⑨经过王来所居园亭便睹物思人："肠结经行处，思来何可穷。"⑩"为忆昔时言笑处，几回倚徒独搔头。"⑪

十一年（1672）中秋，王崇简有《中秋家宴喜四弟初归》："九载关山梦，今宵骨肉依。……莫忆从前事，当年人渐稀。"⑫喜悦中带着一丝悲凉，兄弟团聚，而王崇简已 71 岁，王来 69 岁。此后，王崇简交游多偕王来一同参加。⑬ 十二年

---

① 王崇简：《送四弟来备汀州》，《青箱堂诗集》卷 6，第 111—112 页。

② 王崇简：《九日香山洪光寺》有"兄弟重登九日山"句，《青箱堂诗集》卷 10，第 150 页。

③ 王崇简：《雪游和四弟韵》，《青箱堂诗集》卷 10，第 150 页。

④ 王崇简：《青箱堂诗集》卷 11，第 157 页。

⑤ 王崇简：《四弟复补汀州卫备濒行感送》，《青箱堂诗集》卷 11，第 157 页。

⑥ 王崇简：《春夕偕五弟闲步城南因忆四弟及侄勋》，《青箱堂诗集》卷 15，第 182 页。

⑦ 王崇简：《年谱》，第 559 页。

⑧ 王崇简：《甲辰暮春送四弟之任永州卫备》，《青箱堂诗集》卷 19，第 209—210 页。

⑨ 王崇简：《闻四弟自潞河解缆次日作》，《青箱堂诗集》卷 19，第 210 页。

⑩ 王崇简：《四弟行后果所居园庭》，《青箱堂诗集》卷 19，第 210 页。

⑪ 王崇简：《端午过四弟所居园亭》，《青箱堂诗集》卷 19，第 211 页。

⑫ 王崇简：《青箱堂诗集》卷 27，第 247 页。

⑬ 如王崇简：《偕朱眉山、毅菴弟山游，值顾秀升、俞彙嘉导登洪光寺偕来青轩》，《青箱堂诗集》卷 28，第 250 页；《后二日，儿熙治具约朱眉山、俞彙嘉、许元方、周光福、赵澹园，表弟张涵初，壻张左人、孙乔瞻，孙壻章元伯，四弟毅庵，儿樵、然、照、燕、默，侄泰、孙克善、侄孙克忠饮芍药圃放歌》，《青箱堂诗集》卷 28，第 251—252 页；《暮秋偕朱眉山、归孝仪、张豫章、弟毅菴，儿然、照、燕、默，孙克善戒坛夕坐》，《青箱堂诗集》卷 28，第 257 页；《午月朔日朱眉山、计子山、张飞九、四弟暨诸儿辈丰台芍药园小饮》，《青箱堂诗集》卷 29，第 264 页；等等。

(1673),王崇简和诸子一同为王来过七十寿辰。① 十五年(1676)七月,王来病卒②,终年73岁。

4.五弟王崇节(1606—1671),本名崇明,字筠侣,曾任锦衣卫卫员,因不屑而弃去。③ 王崇简丧妻后,遇贞烈坊触景伤情,崇节从旁安慰:"兄不复娶,亦无愧此。"④崇节与画家崔子忠友善,"久而得其笔法",长于绘画。甲申之变后,王崇简流离南下,崇节"□□无依,借绘画以苟活"。王崇简将生母焦氏葬礼之事托付,崇节"于艰难之贫窘之日,襄大事如礼,亦可为难矣"。待王崇简南归,"始授以室,……兄弟仍同室第"。顺治八年(1651)崇节中武举乡试,授兴周卫管屯千总⑤,十三年(1656)前后复归⑥。由于王来常年外任,多是崇节与兄相伴。⑦ 十五年(1658)崇节另辟新居⑧,王崇简时常前往⑨,崇节亦"三五日一至焉"⑩。两人或悠闲度日⑪,或探讨绘画⑫,或深夜笑谈⑬,或相聚小酌⑭。崇节患有足疾,仍陪王崇简出游、登山⑮;王崇简痛失爱妾,也是崇节最先赶来安慰⑯。康熙二年

① 王崇简:《诸儿为其季父毅菴公七十称觞即席用熙儿喜雨韵》,《青箱堂诗集》卷28,第254页。

② 王崇简:《年谱》,第561页。

③ 王崇简:《五弟筠侣行状》,《青箱堂文集》卷8,第495页。

④ 王崇简:《未至永城十五里,陌上榴柏离离,有贞烈坊。停车下观,茂才王佩玉妻谢氏,夫死投缳,姑戚救止,旋自刺于书室。予阅碑拜之,五弟节曰:兄不复娶,亦无愧此。予曰:使予为女子,当无愧此。因题诗墓石》,《青箱堂诗集》卷3,第60页。

⑤ 王崇简:《五弟筠侣行状》,《青箱堂文集》卷8,第495页。

⑥ 王崇简《喜五弟至》:"衰暮何堪别,归来已二年。"《青箱堂诗集》卷13,第171页。

⑦ 如王崇简:《九日偕卜周、吉士及五弟、熙儿游摩诃庵》,《青箱堂诗集》卷5,第95页;《秋夜偕五弟、子侄小饮》,《青箱堂诗集》卷15,第185页;《梨花下谈饮王淑汲、俞彙嘉、弟筠侣及诸子姓》,《青箱堂诗集》卷25,第232—233页;等等。

⑧ 王崇简:《五弟新居》,《青箱堂诗集》卷14,第178页。

⑨ 王崇简:《十三日饮五弟宅子侄偕侍》,《青箱堂诗集》卷15,第181页;《暮过五弟宅》,《青箱堂诗集》卷16,第188页;《人日》:"且过五弟园林饮,莫遣闲情点鬓星。"《青箱堂诗集》卷19,第207页。

⑩ 王崇简:《青箱堂夏秋夕集记》,《青箱堂文集》卷6,第410页。

⑪ 王崇简:《夏日柬五弟》,《青箱堂诗集》卷17,第198页。

⑫ 王崇简《七十》:"丹青与弟谑,经史或限日。"《青箱堂诗集》卷26,第241页。

⑬ 王崇简:《秋夕与五弟夜话》,《青箱堂诗集》卷17,第199—200页。

⑭ 王崇简《端午》:"儿女插符随俗尚,弟兄小饮阅年华。"《青箱堂诗集》卷15,第183页。

⑮ 王崇简《自香山过岭寻中峰诸刹因至法海寺——旧名弘觉》:"吾弟久脚疾,扶筇亦乘兴。"《青箱堂诗集》卷19,第212页。

⑯ 王崇简:《夜坐感怀和五弟见慰》,《青箱堂诗集》卷17,第201页。

(1663)王来回京候补，兄弟三人剪灯夜话："漫言历历皆如昨，尔我于今非少年。"①又一起游香山："忆昔同游日，于兹已十年。"②

四年(1665)崇节与妻黄氏同六十寿辰，王崇简偕六子"治觞称庆"③。六年(1667)九月，王崇简和崇节正在滴水岩游玩④，蒙内务府传召，令崇节于画院供职，崇节以足疾自退。十年(1671)十二月，崇节病卒，临终前对王崇简说："六十余年，兄弟相依，今已矣。"王崇简悲痛万分，作《五弟筠侣行状》："恸往言之不谐，嗟悲来之难绝。勉述其概，有泪如泉，一思一肠结，不知言之何从也。恸哉！"⑤十一年(1672)王崇简先后作《洪光寺忆筠侣弟昔日偕游》《夜饮忆五弟》⑥怀念崇节："无语汕然悲弟逝，前年曾共步空廊。"

思及平生遭遇，王崇简深感生不逢时，愁苦难耐。兄弟相携可暂时忘掉痛苦，王崇简曾与五弟、表弟夜话："新闻怪诞殊堪笑，旧事缠绵不厌听。……随时自足相怡悦，莫叹年光去未停。"⑦一家团聚时，王崇简与诸弟"逐时聊行乐，安论世上名"⑧，"诙谐观世态，谈笑忆平生"⑨。兄弟的宽慰使王崇简越发豁达、淡然，不再执着于功名利禄，"适意因时好，余生何所求"⑩，只求"老年兄弟，晚年相聚一室，以适余年"⑪。

(二)王熙与诸弟

王熙是家中长子，"兄弟六人，友爱备至"⑫。

1.二弟王櫆(1642—1686)。王櫆出生时⑬，王熙已与金氏定亲⑭。王櫆 15

---

① 王崇简:《冬夜四弟、五弟话旧》,《青箱堂诗集》卷 18,第 206 页。

② 王崇简:《清明前偕四弟、五弟坐香山听泉,四弟将之任》,《青箱堂诗集》卷 19,第 208 页。

③ 王崇简:《五弟筠侣偕黄室人六十寿序》,《青箱堂文集》卷 5,第 401 页。

④ 王崇简:《游滴水岩记》,《青箱堂文集》卷 6,第 414 页。

⑤ 王崇简:《五弟筠侣行状》,《青箱堂文集》卷 8,第 495—496 页。

⑥ 王崇简:《青箱堂诗集》卷 27,第 246—247 页。

⑦ 王崇简:《冬夜与五弟筠侣、表弟张涵初坐话》,《青箱堂诗集》卷 23,第 228 页。

⑧ 王崇简:《新岁作》,《青箱堂诗集》卷 9,第 144 页。

⑨ 王崇简:《岁暮杂兴》,《青箱堂诗集》卷 18,第 206 页。

⑩ 王崇简:《九日偕张豫章暨儿櫆、燕、默,侄焘怡园小饮》,《青箱堂诗集》卷 31,第 276 页。

⑪ 王崇简:《五弟筠侣行状》,《青箱堂文集》卷 8,第 496 页。

⑫ 韩菼:《皇清予告光禄大夫少傅兼太子太傅保和殿大学士兼礼部尚书加六级谥文靖王公行状》,《王文靖公集》,《四库全书存目丛书》集部第 214 册,济南:齐鲁书社,1997 年影印本,第 803 页。

⑬ 王崇简:《年谱》,第 554 页。

⑭ 王熙:《年谱》,第 741—742 页。

岁时以王崇简“从三品例送监读书”①,康熙十五年(1676),王榛“以官监援例捐纳,授国子监典簿”②。二十五年(1686)十月卒于“清江浦客舍”③,终年45岁。关于王榛的资料较少,每次出现基本都是随长兄和诸位弟弟一同侍奉于老父身边。④

2.三弟王然(1647—1703)。王然生于顺治四年(1647)九月,时王熙已中进士。⑤ 王然11岁时,王熙“以官四品时例送一子入监读书”,因两子尚幼,“遂送弟然为国子监监生”⑥。王然29岁任灵寿知县⑦,32岁时王熙助其捐纳,历任河南淅川令⑧、刑部主事⑨、湖广常德府知府⑩。康熙四十一年(1702)十一月由山东按察使升广西布政使,“迎驾德州”,以王熙久病陈情,“蒙恩许速赴京师,并传旨慰问。三弟来,六弟默亦自天津至,手足欢聚,握手颜开。十二月初,两弟次第南行”,王熙“不胜悒悒”⑪,于次年(1703)正月二十七日病逝⑫。

3.四弟王照(1650—1693)。王照19岁时,因王熙子克谦“以痘殇,补送四弟照为荫生”⑬,康熙十四年(1675)十一月王照“赴奉天府通判任”⑭,王熙作《送四弟之任奉天别驾四首》:“回首一堂欢笑日,相思两地梦何如。……一生骨肉聚来久,此日烽烟别更难。……且将画卷供晨夕,莫遇登临忆弟兄。”⑮十六年(1677),王熙为弟照捐纳员外郎。三十年(1691)闰七月二十日,王照“赴金衢守道任”,王熙“送之广宁门外”⑯。三十二年(1693)十二月初四王照去世,王熙为

---

① 王崇简:《年谱》,第557页。

② 王崇简:《年谱》,第561页。

③ 王熙:《年谱》,第766页。

④ 王崇简《年谱》:“男熙侍山游,榛、燕,从子焘,孙克善、克昌来青轩早膳,由柏路看杏花,午饮退谷,遇风,归憩兴盛寺。”第561页。

⑤ 王崇简:《年谱》,第556页。

⑥ 王熙:《年谱》,第749页。

⑦ 王崇简:《年谱》,第561页。

⑧ 王熙:《年谱》,第766页。

⑨ 王熙:《年谱》,第768页。

⑩ 王熙:《年谱》,第772页。

⑪ 王熙:《年谱》,第792页。

⑫ 王士祯:《予告光禄大夫少傅兼太子太傅保和殿大学士礼部尚书谥文靖王公神道碑铭》,《带经堂集》卷82,《续修四库全书》第1415册,上海:上海古籍出版社,2002年影印本,第96页。

⑬ 王熙:《年谱》,第756页。

⑭ 王熙:《年谱》,第758页。

⑮ 王熙:《王文靖公集》卷7,第517—518页。

⑯ 王熙:《年谱》,第770页。

此“不入直”。次年(1694)二月二十八日,王熙为王照“发引送殡”①。

4.五弟王燕(1652—1708),字子喜,号个庵。与王熙“少小相随青箱堂上,欢叙无时”②。10岁时因父荫官生③,后历任镇江知府④、江苏按察使⑤、湖北布政使⑥、贵州巡抚⑦。因王熙时任大学士,尽管竭力避嫌⑧,仍有人弹劾王燕因兄受庇⑨,但康熙帝认为王燕“居官颇优”⑩,未影响二人仕途。王燕“远黔中”后,王熙“尤愿其尽力报称,以忘其家,而亦常以不易得见为戚戚也”⑪。

5.六弟王默,生于顺治十年(1653)十二月,19岁“为京兆弟子员”,23岁“补廪膳生”⑫。康熙三十七年(1698)三月九日南迁,与王熙“饯别于怡园。骨肉聚首,老年分离,不胜感怆,为赋八绝句以赠其行”⑬:

> 何意今朝便离别,不禁回首泪潸然。自昔男儿志四方,谋生本计在耕桑。行藏各有从长策,不是轻于去故乡。老年骨肉怕睽违,况我衰龄过古稀。……兄弟行中最少年,老亲当日倍相怜。……此去移居须择邻,他乡同调好相亲。应勤不惜交相勉,要语无多在守身。临行执手劝加餐,远道休嗟行路难。别后相思何以慰,好将鱼素报平安。⑭

长兄如父,王熙在幼弟临行前谆谆叮咛。四年后(1702),75岁的王熙病日笃,王默自江宁看望兄长,两人“执手而泣”⑮。

弟兄和睦,与王氏家族的传统有关,自王镗有两子王爵、王爱,即“兄弟式

---

① 王熙:《年谱》,第774—775页。

② 王熙:《祭适李彦绳侄女文》,《王文靖公集》卷24,第737页。

③ 王崇简:《年谱》,第559页。

④ 王熙:《年谱》,第765页。

⑤ 王熙:《年谱》,第772页。

⑥ 《清圣祖实录》卷163,康熙三十三年五月丁未。

⑦ 《清圣祖实录》卷187,康熙三十七年三月戊寅。

⑧ 张玉书:《诰授通奉大夫巡抚贵州兼理湖北川东地方提督军务都察院右副都御史个庵王公墓志铭》,《张文贞集》卷11,《景印文渊阁四库全书》,台北:台湾商务印书馆,1986年影印本,第1322册,第628页。

⑨ 王熙:《年谱》,第768页。

⑩ 台北“故宫博物院”珍藏《清代起居注册》,康熙朝第一册,台北:联经出版事业公司,2009年,第T00337页。

⑪ 韩菼:《皇清予告光禄大夫少傅兼太子太傅保和殿大学士兼礼部尚书加六级谥文靖王公行状》,《王文靖公集》,《四库全书存目丛书》集部第214册,济南:齐鲁书社,1997年影印本,第803页。

⑫ 王崇简:《年谱》,第560—561页。

⑬ 王熙:《年谱》,第784页。

⑭ 王熙:《中斋六弟移居秣陵别离关心,老年倍切,濒行索予诲言、抒我胸怀,聊当骊唱八首》,《王文靖公集》卷9,第538—539页。

⑮ 王熙:《年谱》,第791页。

好，未尝分箸，虽以宦游异□，至于兄弟仍同室第”。而王崇简与弟“自幼而长，三十年未尝不怡怡同堂”①。王熙亦“与兄弟共之长枕大被，怡怡如也”②。与王崇简兄弟情况不同的是，一方面，王熙与几个兄弟年龄差距较大，中进士后仕途顺遂，不论是按例恩荫，还是出资捐纳，对诸弟颇有助益，并能在为官方面给予他们切实指导：“诸弟历官四方”，王熙“时时手书，劳苦如面勖，以服官行已之大义”③。另一方面，王崇简比较长寿：

> 夏秋之暮，父子兄弟率坐台间，大儿自筮仕即官京师，其下五儿皆读书未仕。每夕侍坐左右，或庄语诗书，或述祖父遗事，或旁及故旧之兴衰，诸儿或作稚子言笑。……一儿偶不至，众彷徨四顾，若甚有阙然者。④

王熙与诸弟承欢膝下：“岁暮一堂上，和乐何其湛。”⑤有良好的家庭氛围。一次元宵家宴中王熙写道：“不是阿兄偏好饮，为嗔小弟解藏钩。”⑥即使在南苑守值，王熙仍忍不住想象家中情景：“遥知诸弟分糖饵，应念长杨扈跸人。”⑦共同孝敬老父亦成为兄弟几个的美好回忆：“青箱夕集有遗篇，同侍文贞色笑年。”⑧这样父慈子孝、兄友弟恭的家庭，为王氏父子在繁忙紧张的政务之余，提供了温馨轻松的避风港。

四、王氏婚姻圈

（一）翁婿之间

王崇简有六女，长女适太仓州同知陈承吉，宛平人，祖父陈万策与王爱是壬辰（1592）进士同年；次女适张宏俊，顺治四年（1647）进士，大兴人，父张永祯与王崇简是丁卯（1627）乡试同年；三女品朱之冯子朱持正，大兴籍，未嫁卒⑨；四女

---

① 王崇简：《五弟筠侣行状》，《青箱堂文集》卷8，第495页。

② 王士祯：《予告光禄大夫少傅兼太子太傅保和殿大学士礼部尚书谥文靖王公神道碑铭》，《带经堂集》卷82，《续修四库全书》第1415册，上海：上海古籍出版社，2002年影印本，第96页。

③ 韩菼：《皇清予告光禄大夫少傅兼太子太傅保和殿大学士兼礼部尚书加六级谥文靖王公行状》，《王文靖公集》，《四库全书存目丛书》集部第214册，济南：齐鲁书社，1997年影印本，第803页。

④ 王崇简：《青箱堂夏秋夕集记》，《青箱堂文集》卷6，第410页。

⑤ 王崇简：《岁晏》，《青箱堂诗集》卷12，第166页。

⑥ 王熙：《元夕家宴四首》，《王文靖公集》卷9，第537页。

⑦ 王熙：《苑直杂述五首》，《王文靖公集》卷6，第504页。

⑧ 王熙：《中斋六弟移居秣陵别离关心，老年倍切，濒行索予诲言、抒我胸怀，聊当骊唱八首》，《王文靖公集》卷9，第538页。

⑨ 王崇简：《年谱》，第553—554页。

适米汉雯①,顺治十八年(1661)进士,宛平人,父米寿都与王崇简是几十年的好友;五女适张宏俊弟张弘佐;六女适孙道林②,大兴人,父孙承泽与王崇简相识多年,交往密切。郭松义先生所说婚姻中门户和地域的问题③在王崇简几个女儿身上都有体现,结姻地域主要集中在宛平、大兴,而结姻对象也多是故交好友的子女。

女性婚前依靠母家,婚后生活则主要取决于丈夫。王崇简对几个女婿关怀备至,也是变相关心女儿的一种方式。如送四婿米汉雯定省沭阳时:"揽袂难为别,全家载一航。最怜子女弱,更念去途荒。"④送米汉雯去建康时:"最怜骨肉难为别,况复分携垂老时。……何堪弱女怀吾老,欲去频来但把衣。"⑤即便女儿已经去世,仍是连接翁婿的纽带。顺治十年(1653)王崇简作《送张婿识之编修兵备武昌》:"送子偏多感,归来罢倚楼。"⑥时次女已过世十年⑦,王崇简送别次婿如此惆怅,应是想到亡女的缘故。十五年(1658)王崇简经过长婿陈承吉家,有《清明前两日过安肃陈婿皆吉宅,忆甲申流离与伯女诀别于此,迨丙戌旋都门女归宁病,经岁而殁,来葬已十二年,感而有作》:"女逝未尝离梦寐,清明过此倍凄然。"⑧将这种情感表达得更加淋漓尽致。

王崇简将诸婿看作晚辈,谆谆教诲。送长婿陈承吉去寿州:"好为敦夙尚,切莫耻微官。"⑨送陈承吉任太仓州同:"相送怀多感,惟期著令名。"⑩送次婿张宏俊去武昌:"丈夫期树立,歧路岂堪悲。"⑪送四婿米汉雯去沭阳:"立身敦本务,为学谢虚名。"⑫米汉雯补建康令:"临民总忌书生气,守约应怀处士思。"⑬甚至三婿朱持正在划分坟地时与邻人产生冲突,王崇简致书他:"当勉为其所难者,期别作筹画,以成人仁人孝子之思。"⑭女婿作为家庭成员,也会参加家宴、侍从

---

① 王崇简:《年谱》,第556页。

② 王崇简:《外传》,《青箱堂文集》卷12,第543页。

③ 郭松义:《伦理与生活——清代的婚姻关系》,北京:商务印书馆,2000年,第27—164页。

④ 王崇简:《送婿米紫来定省沭阳兼寄尊公吉土》,《青箱堂诗集》卷15,第184页。

⑤ 王崇简:《送米婿紫来改补建康令》,《青箱堂诗集》卷23,第226页。

⑥ 王崇简:《青箱堂诗集》卷8,第132页。

⑦ 崇祯十六年(1643)秋,"适张弘俊女卒"。王崇简:《年谱》,第554页。

⑧ 王崇简:《青箱堂诗集》卷13,第167页。

⑨ 王崇简:《送陈婿皆吉同知寿州因忆伯女》,《青箱堂诗集》卷13,第172页。

⑩ 王崇简:《送婿陈皆吉补任太仓周同》,《青箱堂诗集》卷18,第204页。

⑪ 王崇简:《送张婿识之编修兵备武昌》,《青箱堂诗集》卷8,第132页。

⑫ 王崇简:《送婿米紫来定省沭阳兼寄尊公吉土》,《青箱堂诗集》卷15,第184页。

⑬ 王崇简:《送米婿紫来改补建康令》,《青箱堂诗集》卷23,第226页。

⑭ 王崇简:《与朱婿持正》,《青箱堂文集》卷2,第332页。

游玩。其中陈承吉和米汉雯参加得最多①,朱持正、张宏佐、孙道林偶尔参与②。有趣的是,作为王熙三婿、王崇简孙婿的胡介祉也时常宴请王崇简③,关系融洽。

婚姻圈一旦确立,也会成为其交游的一部分。王崇简三女未嫁卒,但王崇简流离南方,曾有“三婿最牵恩”④句,时王崇简只有三个女儿论过婚配,自然也将朱持正算在内。王崇简《登安肃城望陈中园大金吾墓田有感》⑤《都督陈公墓碑》⑥所述主人公即亲家陈居恭、长婿陈承吉之父,次婿张宏俊、五婿张宏佐之父张永祯早死,多年后,王崇简为其父母做行状⑦。另有《正月十日喜陈婿皆吉自安肃至》⑧《酌酒与陈婿皆吉言别即席四首之一》⑨《张婿识之持宪陕西驿传》⑩《哭张婿识之文》⑪等,即便女儿已逝,翁婿间亲情尚在。

目前笔者所见材料中难以看到王熙与六婿的相处情况⑫,但他与米汉雯曾一起在山寺读书⑬,并和姐夫陈承吉、张宏俊,妹夫张宏佐关系都不错⑭。

---

① 如王崇简:《端午偕张涵初表弟、米紫来婿小饮忆四五两弟,时熙儿侍从南苑,适以诗来》,《青箱堂诗集》卷12,第162页;《九日偕杨商贤、婿米紫来、儿熙辈饮野圃复登慈仁寺阁》,《青箱堂诗集》卷14,第179页;《七月十四日偕陈婿皆吉及五弟、熙儿郊游》,《青箱堂诗集》卷16,第190页;《朔五日偕陈婿皆吉、子熙、櫆、燕、默,侄焘》,《青箱堂诗集》卷31,第275页;《春仲摩诃庵偕陈婿皆吉暨诸子孙》,《青箱堂诗集》卷33,第282页;等等。

② 如王崇简:《人日四弟园亭约同五弟及表弟张涵初,婿朱元定、张左人、米紫来、孙茂叔,儿熙、侄勋小饮》,《青箱堂诗集》卷19,第207—208页;《丰台芍药园宴集——闰三月二十八日张左人、米紫来、孙茂叔、孙乔瞻、胡智修》,《青箱堂诗集》卷33,第283—284页;等等。

③ 王崇简:《四月朔孙婿胡智修招饮园亭》,《青箱堂诗集》卷32,第278—279页;《饮胡智修孙婿林亭忆昨春宴集》,《青箱堂诗集》卷33,第283页。

④ 王崇简:《忆诸亲》,《青箱堂诗集》卷4,第79—80页。

⑤ 王崇简:《青箱堂诗集》卷13,第167页。

⑥ 王崇简:《青箱堂文集》卷7,第432—434页。

⑦ 王崇简:《赠文林郎内翰林秘书院编修张公暨配符孺人行状》《张太孺人行状》,《青箱堂文集》卷8,第487—490页。

⑧ 王崇简:《青箱堂诗集》卷27,第244页。

⑨ 王崇简:《青箱堂诗集》卷28,第259页。

⑩ 王崇简:《青箱堂诗集》卷14,第179页。

⑪ 王崇简:《青箱堂文集》卷9,第516—517页。

⑫ 王熙长女适章维贞,宛平人,其父章云鹭是王熙进士同年;次女适戴綎,大兴人,銮仪卫都督佥事戴天佑次子,未嫁卒;三女适胡介祉,大兴人,礼部侍郎胡兆龙子;四女适衍圣公孔毓圻长子孔传铎,曲阜人;五女适太学生顾宁纬,宛平人,顾祖荣子;六女适监生阎绂玺,属汉军镶蓝旗。

⑬ 王熙:《怀米紫来读书山寺并柬云湘二首》,《王文靖公集》卷5,第498页。

⑭ 王熙:《送及菴姊丈分守武昌四首》,《王文靖公集》卷5,第493页;《西苑直讲不得送及菴赋赠》,《王文靖公集》卷5,第498页;《元正四日喜陈皆吉姊丈至》,《侍家大人偕张豫章、张左人及诸弟、儿克善小饮怡园》,《王文靖公集》卷7,第518—519页。

（二）其他关系

1.与梁氏兄弟。王崇简妻梁氏，宛平人，兵部侍郎梁应泽女。梁氏有三弟：梁以楠，字仲木；梁以樟，字公狄；梁以桂，字析木，时号“三梁”①。王崇简与梁以楠相识最早：

> 予昔初婚时，仲木来省其姊，英颖超举，气摄千人。予夫人曰：“吾弟今年十四岁耳，善读书而能为诗已数年矣。”予为之起敬，由是论文赓诗，逞逞逊谢，不及犹记。②

崇祯十二年（1639）梁氏病卒，王崇简感怀妻子早逝，与梁氏兄弟“益亲”③。十三年（1640）梁以樟中进士，授商丘知县，梁以楠“怜其直而善病”，与之偕同前往④。王崇简作《送内弟梁公狄之任太康》：“相怜不独是姻亲，志合情深意气真。……惟因失偶怀恒切，况复离群泪自频。”⑤

甲申之变后，王崇简在南下途中遇到以楠、以樟兄弟：“数月音书绝，平生志气虚。相逢杂惊喜，欲别复踌躇。”⑥诗句反映了他当时激动与迷茫交织的心情。自此一别，王崇简投仕清朝，梁以樟曾任职于弘光政权，后与兄以楠归隐宝应葭湖⑦。之后十余年再未见面⑧，但王崇简与梁氏兄弟始终保持书信往来。顺治五年（1648）王崇简作《寄怀梁仲木内弟》《寄怀梁公狄内弟流寓宝应》：“多因悼内怀诸弟，非独离群忆故人。避世未能随杖屦，全躯且自溷风尘。当年悔不从农圃，致使儒冠误此身。”⑨不仅是叙旧情，亦体现了“贰臣”王崇简在遗民梁以樟面前的愧悔之心。十年（1653）王崇简送梁以桂任饶州，有“骨肉兄弟君又别”⑩句。十三年（1656）王崇简作《寄公狄》：“十载多君忆别初，风流文采近如何。”⑪康熙元年（1662）王崇简作《梁公狄书来却寄》：“怀君惟愿归来早，白水青山话夙期。”⑫康熙三年（1664），王崇简在送别四弟的诗中并寄梁以樟。⑬ 梁以楠去世

---

① 《清史稿》卷500，北京：中华书局，1977年点校本，第13818页。

② 王崇简：《梁仲木遗诗序》，《青箱堂文集》卷4，第359页。

③ 王崇简：《祭梁仲木文》，《青箱堂文集》卷9，第513页。

④ 王崇简：《梁仲木遗诗序》，《青箱堂文集》卷4，第359页。

⑤ 王崇简：《青箱堂诗集》卷3，第63—64页。

⑥ 王崇简：《过梁仲木、公狄村居》，《青箱堂诗集》卷4，第85页。

⑦ 《清史稿》卷500，北京：中华书局，1977年点校本，第13819页。

⑧ 王崇简：《祭梁仲木文》，《青箱堂文集》卷9，第513页。

⑨ 王崇简：《青箱堂诗集》卷6，第102页。

⑩ 王崇简：《送梁析木守饶州》，《青箱堂诗集》卷8，第132页。

⑪ 王崇简：《青箱堂诗集》卷11，第157页。

⑫ 王崇简：《青箱堂诗集》卷17，第197页。

⑬ 王崇简：《甲辰暮春送四弟之任永州卫备——并寄梁公狄》，《青箱堂诗集》卷19，第209页。

后，王崇简为他作祭文①，并为其遗诗作序②。

2.与金氏兄弟。王熙第一任妻子金氏，寄籍大兴，是金显名女，金铉妹。金氏祖父金汝升与王熙祖父王爱是同年太守。③ 王崇简17岁时与金显名相识，"始知问学求友"，20岁时两人一起在摩诃庵读书④，又"同举于乡"⑤。王崇简与金铉至迟于崇祯十四年（1641）相识⑥，后往来频繁⑦。十七年（1644）二月王熙与金氏完婚。⑧ 甲申之变，金铉投水殉节，王崇简作诗悼念。⑨ 顺治二年（1645）王崇简一家还曾寄居金氏兄金鑨家⑩。十七年（1660）八月王崇简作《金忠洁公祠记》。⑪ 尽管金氏早已过世，但王崇简始终作为亲家与金氏家族保持往来。此外，王熙有《祭内弟董翊平文》⑫，所写对象为继妻董氏之弟。

王氏家族通过结姻，与当地门第相当的故交、世交结成牢固的姻亲关系，在经营家庭的同时，进一步巩固了自身在京畿地区的地位和影响力。王氏父子与女婿、内兄弟的关系，兼具亲情和友情，或因好友而结成姻亲，如王氏家族与米寿都、孙承泽、金显名等家族结姻；或因亲人而成为好友，如王崇简与梁氏兄弟，王熙与姐夫、妹夫、内弟等。从他们交往联络的细节不难发现，结姻不仅仅是出于政治目的和家族需要，也切实扩大、巩固了他们的交际圈，达到了强强联合的目的。

五、家庭生活对王氏父子的影响

作为明清之际的普通士人，王崇简的前半生是在科考中度过的，他曾五次下第，待考中进士，未及授官而明已亡。当王崇简携家带口，一路南下，在颠沛流离

---

① 王崇简：《祭梁仲木文》，《青箱堂文集》卷9，第513页。

② 王崇简：《梁仲木遗诗序》，《青箱堂文集》卷4，第359—360页。

③ 王熙：《年谱》，第742页。

④ 王崇简：《年谱》，第552页。

⑤ 王熙：《年谱》，第742页。

⑥ 王崇简：《送史道邻至报国寺，同侯石臣、黄卜周、方密之、金伯玉、米吉土饮松下》，《青箱堂诗集》卷2，第67页。

⑦ 王崇简：《秋夕同孟纲宜、金伯玉饮戴岩荦斋中》，《青箱堂诗集》卷3，第69页；《高中孚、戴岩荦、孟炯宜、金伯玉、范若侯课期读史》，《青箱堂诗集》卷3，第71页。

⑧ 王熙：《年谱》，第742页。

⑨ 王崇简：《哭金伯玉》，《青箱堂诗集》卷4，第74页。

⑩ 此处王氏父子记载略有差异，王崇简《年谱》："三月，至丹阳，居儿妇金兄弟寓中。"第555页；王熙《年谱》："是月（笔者注：正月），随文贞公移寓于丹阳内兄金讳鑨家。"第744页。

⑪ 王崇简：《青箱堂文集》卷6，第404—406页。

⑫ 王熙：《王文靖公集》卷24，第728页。

中一无所有，他固然会为前途感到担忧，但最惦记的还是家乡和亲人：

为说新年泪已挥，故都风物梦依依。……佳节难忘当日事，异乡何有旧时衣。遥怜骨肉泪相忆，肠断归期不欲归。……乱里岂知离散易，平时未解欢聚难。……伯女书来悲且惊，上元知我在留京。字中问弟全皆血，纸上呼天欲有声。可记别时无尽泪，未知再见是何情。寄言但说非男子，世乱难期更得生。……一春何事泪沾巾，上忆先皇下及亲。①

后更是专门写了《忆先茔》《忆父母像》《忆兄弟》《忆亡室》《忆女》《忆诸亲》《忆亡女》②等一系列缅怀、思念亲人的诗。在这样的离乱中，王崇简发现："从前多少关心事，悲喜繇来总是虚。"③唯有儿女、兄弟及过世的父母、妻子才是他最放不下的。直至他仕途显赫，顺治十五年（1658）奉命出京，在赈济真定、顺德府的路上仍记挂着家里："几回书去梦踟蹰，梦到家园书到无。"④

而历经晚明的战乱萧索，南下的惊险困顿，王氏父子更加珍惜入清后平静安宁的生活。王熙是新朝进士，自是忠心耿耿，竭力效忠清廷，"不曾给自己留半点余地"⑤。王崇简背负着贰臣的心理包袱，入清后尽管仕途平顺，但一直未能说服自己内心，跨越这层心理障碍。但他对清廷、遗民的态度到晚年有所转变，不再执着于前事与出处。⑥ 这种转变，与年龄有关："岁月余除日，风尘减壮怀。"⑦与遭际有关："父子遭逢恩遇奇。"⑧与朋友间互相开解有关："把酒几回怀往事，剪灯相与坐春归。"⑨更与家庭的和乐有关，再多的苦闷烦忧，因有家人的陪伴而变得轻松欢喜："骨肉耽和乐，持觞待晓天。"⑩"把酒看明月，呼儿共倚楼。"⑪"漫说登高寻野阜，岂如合乐尽吾家。"⑫妾室的照顾，儿女的孝敬，兄弟的陪伴，对致仕居家的王崇简来说，几乎是生活的全部。

王熙虽仕途得意，但身为汉官，在朝廷深受压制，步履维艰。王熙诗中也多

---

① 王崇简：《春怀》，《青箱堂诗集》卷4，第76—77页。

② 王崇简：《青箱堂诗集》卷4，第79—80页。

③ 王崇简：《寄悲》，《青箱堂诗集》卷4，第74—75页。

④ 王崇简：《寄书》，《青箱堂诗集》卷13，第167页。

⑤ 姚念慈：《康熙盛世与帝王心术》，北京：三联书店，2015年，第3页。

⑥ 刘仲华：《世变、士风与清代京籍士人学术》，北京：中国人民大学出版社，2013年，第90—99页。

⑦ 王崇简：《除夕》，《青箱堂诗集》卷6，第113页。

⑧ 王崇简：《暮秋感霜露之变仰思世祖章皇帝》，《青箱堂诗集》卷16，第191页。

⑨ 王崇简：《钱饮光、陆翼王、朱眉山、陈胤倩、陈康侯、周次修、陈纬云、俞彙嘉青箱堂宴集》，《青箱堂诗集》卷28，第250页。

⑩ 王崇简：《除夕》，《青箱堂诗集》卷7，第118页。

⑪ 王崇简：《癸巳中秋》，《青箱堂诗集》卷8，第132页。

⑫ 王崇简：《九日家宴》，《青箱堂诗集》卷24，第230页。

次透露出荣耀背后的辛酸："荒途苦靡涯，时事良多艰。"①"凭谁欲诉平生恨，只叹人间行路难。"②官场险恶，家庭始终是王熙的精神依托和坚强后盾。每逢节庆，"华堂家宴启，灯火耀芳园"③。皇帝的信任和器重，使王熙在除夕夜都不曾倦怠："在公期匪懈，不敢负居诸。"④但"僕直栖迟久，良辰倍忆家"⑤，反映了他对家的惦念和依赖。

本文试图通过对父子二人的个案分析，考察家庭生活对他们的影响。王崇简、王熙是传统家庭伦理道德的实践者，也是妥善处理人伦关系的典范，为我们了解士人家庭生活提供了鲜活的范本。王氏父子和谐的家庭生活，体现了儒家的三纲五常所达到的理想境界。按传统"家""国"一致的思想，国也应如此，即孔子所描述的"大同世界"。王氏家族的例子说明儒家伦理道德中的可贵之处。在现代生活中，封建伦理道德虽已过时，但其中属于中华民族价值体系的美德，在文化上仍然应得到传承。

（作者：杜望，中国社会科学院研究生院博士生）

① 王熙：《招隐诗三首》，《王文靖公集》卷5，第495页。
② 王熙：《听曲偶成二首》，《王文靖公集》卷6，第504页。
③ 王熙：《上元》，《王文靖公集》卷7，第511页。
④ 王熙：《除夕二首》，《王文靖公集》卷5，第494页。
⑤ 王熙：《人日苑中即事二首》，《王文靖公集》卷5，第494页。

清代中后期归化城土默特地区的典地活动

——基于归化城土默特土地契约的考察

◇李艳玲

清代归化城土默特地区，虽然政府多次下令严禁土地典押买卖，但典卖抵押活动并未消失，并且在清代中后期日趋频繁。归化城土默特土地契约的整理刊布为探讨这一地区的典地活动提供了丰富可靠的资料，本文专门利用其中的“典地”契约，考察当地的典地活动，其他的典房屋或典地基契约不在讨论之列。

一

“典”作为一种典型的土地交易方式，是指典权人支付典价，占有他人不动产而进行使用、收益的权利。出典人将自己所有的不动产交于典权人占有、使用、收益，但保留对该财产的所有权，典权期限届满可以赎回；典权人支付典价，取得典物的使用权、收益权，在典权期限届满出典人不赎回时，可以继续获得对典物的使用权和收益权。① 土地出典时所立契约即为典契，又有称为当契者。翻检归化城土默特土地契约，不难发现，一些典契实至名归，一些契约虽写明典地，却无典之实；一些以租、佃、转、押、卖称之的契约实为典契。清末民初的《民商事习惯调查报告录》②也提到：“张北典卖地亩，概用推字。出典者契上写推于某人几年，钱到回赎；甚或……以钱到二字代表典字，以杜绝二字代表卖字。相沿既久，一般愚民典、卖不能分清，以致兴讼。迨讯供时，卖者说推于某人，永远杜绝者反混说卖于某人。细问招说明，系钱到，并非杜绝，是不惟典、卖二字不能分清，且并不知有典字、卖字。此习惯之由来，盖以口外多系圈地或赏地，前清定

---

① 赵晓耕、刘涛：《中国古代的“典”“典当”“倚当”与“质”》，《云南大学学报》第7卷1期，第86页。

② 该书在2005年由中国政法大学出版社出版时改名为《民事习惯调查报告录》，本文在引用该书时均采用中国政法大学出版社版本。——编者注

例，禁止买卖，不得已乃以推字代之。”①可见除了规避政府的限制政策，以租、佃、转、推等替用典、卖，百姓的文化水平及其对土地交易方式用词的实质内涵区分不清，也是租、典等词混用的重要原因。所以，我们研究利用归化城土默特土地契约时需要对其实质内容加以分辨。

现已刊布出版的归化城土默特土地契约，实际属于典地契的文书有 63 件，其中内蒙古大学图书馆收藏的土地契约 2 件，内蒙古社会科学院历史研究所晓克研究员收藏的契约 12 件，杜国忠所藏契约 1 件，云广所藏契约 41 件[实有 44 件，但其中两件与另两件是同一典契的上下契的关系：一件是宣统四年（即民国元年，1912）订立的契约，而民国 4 年验契纳税时又重立一件]，铁木尔所藏契约 7 件。② 这些典地契正文内容主要包括典地交易双方姓名、出典原因、出典土地坐落的位置及四至（或包括面积）、交易钱数及支付方式、典期、回赎方式、立契时间、押缝文字、中人及其画押（亦有不画押者）。③

与其他土地交易活动一样，订立典地契时，往往需要有中人参与。④ 中人不仅参与典地交易价格及其变动的协商，还起见证担保的作用。其称呼有中人、中见人、见人、在中人、共同人等数种。有的中人同时是书约人，其基本都是汉人⑤，这应是当时大多蒙古人汉字书写水平有限的真实体现。每件典契的中人数量以二至四人为主，另有一、五、六、七人者。蒙古人与汉人之间典地，中人既

---

① 前南京国民政府司法行政部编：《民事习惯调查报告录》，北京：中国政法大学出版社，2005 年，第 420 页。

② 这些刊布出版的契约文书分别见内蒙古大学图书馆藏、晓克藏《清代至民国时期归化城土默特土地契约》（第 1、2 册），呼和浩特：内蒙古大学出版社，2011 年（以下简称“内蒙古大学图书馆藏”“晓克藏”）；杜国忠藏《清代至民国时期归化城土默特土地契约》，呼和浩特：内蒙古大学出版社，2012 年（以下简称“杜国忠藏”）；云广藏《清代至民国时期归化城土默特土地契约》（上、中、下卷），呼和浩特：内蒙古大学出版社，2012 年（以下简称“云广藏”）；铁木尔主编：《内蒙古土默特金氏蒙古家族契约文书汇集》，北京：中央民族大学出版社，2011 年（以下简称“铁木尔主编”）。需要说明的是，铁木尔主编一书只有图版无录文，且有 11 件文书漏收，此文依据的契约文是铁木尔先生提供的全部文书照片，引用时会注明《内蒙古土默特金氏蒙古家族契约文书汇集》一书的页码；如是书漏收，则注出。现已刊布文书有多件典地租或地谱借钱约，实为抵押借贷，不属于典地约，故不论。关于抵押地租契约的性质分析，参见王卫东：《融会与建构：1648—1937 年绥远地区移民与社会变迁研究》，上海：华东师范大学出版社，2007 年，第 121 页。

③ 关于当地土地契约的基本内容构成，可参见程丽：《清朝至民国时期归化城土默特土地契约研究》，内蒙古大学硕士学位论文，2013 年，第 24—29 页；钟佳倩：《蒙古金氏家族契约文书研究初探》，中国社会科学院研究生院硕士学位论文，2012 年，第 20 页。

④ 现有典契只有晓克藏第 470 页 506 号、杜国忠藏第 163—164 页 308 号、铁木尔主编第 84 页等 3 件典契没有中人，且最后一件属于“奉断无中”。

⑤ 云广藏，中卷，第 21 页 567 号典契的代笔人是“胆不□”，其可能不是汉人。

有蒙古人也有汉人的典契占绝大多数，仅为汉人的也为数不少，仅有蒙古人者最少。汉人间典地，多数典契中人仅为汉人，少量是蒙古人与汉人皆有，也有仅为蒙古人者。蒙古人之间典地，既有蒙古人与汉人一起做中人，也有仅汉人做中人的。这表现出蒙古人与汉人对各自族属的亲和性，同时展现出两者的融合亲近。目前除一件典契外，其他典契的中人名下都有画押①，且多是画十字，偶见钤印者。与之形成对比的是，现有典契只有一件立约人作为承典人署名画押②，其他的都不见立约人署名，一小部分在契约订立日期下面的“立”字后面有“十”字画押，大多数连“十”字也不见。这在清末民初的《民商事习惯调查报告录》中也有记载，报告云：“归绥乡间所立之约，形式多不完备。即卖房各约，惟各中证人等在约内年月日下署名画押，出卖人仅于文内记明某人将房或地卖于某人等语，约后并不署名画押（全凭代笔即书约人及中人当场证明，即认为契约之成立）。此种契约，往往发现于乡间不识字之人……按：此种习惯，凡关于租典房产之约据，亦多有之，不第卖约一种。”③由此显示出百姓文化水平对契约内容完备性的影响，以及中证人对契约履行的重要意义。

黄时鉴曾指出归化土默特出典土地者包括两种：一种是破产的蒙古族牧民，他们为了应付紧急的需要而典出土地以取得一笔货币；另一种是封建主，他们收入日渐不足，却又要大肆挥霍，也经常典出土地以取得货币。④ 综观现有典地契，出典人有时称为“本主”“地主”“地主人”，典入者有时称为“地户”“钱主”“买主”“种地人”，但并不常见，往往直接以名字称之。出典者既有蒙古人也有汉人，承典者亦如此。其中，以蒙古人出典土地为主，汉人次之；承典者中则以汉人为主，蒙古人次之。另有经营机构典入土地，不知其身份是否为地商。相对应的是，蒙古人出典土地给汉人占绝对主导，也存在蒙古人出典蒙古人，汉人出典汉人，汉人出典蒙古人的典地活动。蒙古人出典者包括官员、世俗平民和寺庙及其僧人，以世俗平民为主。汉人出典者主要是平民。承典蒙古人中，仍以平民居多，也有官员和僧人。除却身份不明的经营机构外，承典的汉人全是平民。⑤ 至于出典原因，蒙古人几乎都是“使用不足”“差事紧急”，汉人则是“使用不足”。承典原因，只有一份契约注明是“自因土地短少”⑥，其余的皆无说明。所以，出

---

① 中人没有画押的典契，见铁木尔主编，第42页。

② 见云广藏，中卷，第316页834号。

③ 前南京国民政府司法行政部编：《民事习惯调查报告录》，北京：中国政法大学出版社，2005年，第600—601页。

④ 黄时鉴：《清代包头地区土地问题上的租与典——包头契约的研究之一》，《内蒙古大学学报》1978年第1期。

⑤ 现有契约中多称呼蒙古族有官职者为“某某老爷”，所以本文将典契中出现的这类人员定为官员。

⑥ 云广藏，中卷，第348—349页865号。

典土地的经济活动多是当地平民为了维持生计,解燃眉之急之举。

典契中多有“合同为证,各执一张”“合同约一样弍(贰)张,各执壹张”“立合同约为证”等骑缝文字,表明当时典契分别由出典人和承典人各执一张,即如《民商事习惯调查报告录》记载:“绥远全区合同约者,写立同样两约,复将两约折叠,于其背面之骑缝上书‘立合同约为证’六字,典主执上张,业主执下张(按:此多系租典地亩之约),赎地时将两约比对相符,以防伪造。”①但从现有典契的骑缝文字看,并不都是承典人执上张,出典者执下张,反过来的例子也比较常见,可能当时对双方谁执上下契并无严格的习惯规定,其作用毕竟主要是为了防止伪造。另外也有少量典契无上述骑缝文字,其中一份典契上写明“合同一支(纸)”②,或表明骑缝文字的典契只写有一件,并由出典人保存。

大部分典契中表述某人将土地出典给某人耕种为业,似乎多是承典人自己耕种典到的土地,但也有不是承典人耕种的例子。云广藏86号契约记载三毕令将半犋牛地“出典与五把食耕种为业。言定价钱叁千伍百文,当交不欠。种地伙计人马成虎言定,每年租艮(银)壹两陆钱,言定典主银到回赎”③。考虑到土地所有权可以在蒙古人之间买卖流通,无须交纳租钱规避政府限制④,该契约中应是田主出典土地之前,已将土地出租或伙种给他人,现将土地典给蒙古人,种地人需交纳租钱给承典人。不排除当地还存在承典人将土地转租给他人耕种或转与他人交易的情况。另根据《民商事习惯调查报告录》中提到的,归绥及萨拉齐等县有尽卖不尽典的习惯,即“业主将已典之地复典于他人,典户可以阻止。若业主将该地(已典之地)出卖于他人,则典户仅能索尽典价,不能禁止出卖。惟典户有意购买时,可认有先买权”⑤。可知该地的土地出典后,出典人无权再将土地出典给其他人,但可以卖地,典户对此无权阻止,只是拥有优先购买权。但目前尚未见田主出典给某人而卖于另一人的例子。

根据契约记载,出典的土地种类,有熟地、熟茬地、场面地、白地、白水地、带水地、水旱地、坟地、沙滩地、滩地、荒地、枣梨色地等多种名目,但以“地”称之者居多。其划分标准包括土地开垦状态、用途、有无水资源、土质、种植的农作种类等。关于典地亩数,47件典契有较明确的记载,16份文书未载,只记块、段数,即

---

① 前南京国民政府司法行政部编:《民事习惯调查报告录》,北京:中国政法大学出版社,2005年,第602页。

② 内蒙古大学图书馆藏,第14页。

③ 云广藏,上卷,第68页。

④ 王建革:《清代蒙地的占有权、耕种权与蒙汉关系》,《中国社会经济史研究》2003年第3期。

⑤ 前南京国民政府司法行政部编:《民事习惯调查报告录》,北京:中国政法大学出版社,2005年,第33页。

“一块”“一段”“二段”等，且不论熟地还是未耕作过的白地，都有这种表述方式。① 根据记载亩数的契约，典地亩数以二十至四十亩为主，共23件；典地亩数较大的有二顷、一顷（余）、半犋牛②，且都是单块地，发生在乾、嘉、道时期，共4件典契；少者只有四五亩，所典单块面积在十亩以下的有13件，其中10件是在光绪、宣统时期。这显示出耕地被不断分割，占有日趋分散，土地经营呈现细碎化的趋势，这与当地人口增多、土地频繁交易流转不无关系。

二

除一份云广藏乾隆五十二年（1787）蒙古人之间，和一份内蒙古大学图书馆藏嘉庆六年（1801）汉人承典蒙古人土地的典契没有租钱外③，其他典契中，承典人支付典价的同时，还需每年向原田主交纳一定量的地租④，有时称地谱、粮租钱等。地租的产生本源自蒙古人与汉人双方以此规避政府不准蒙古人土地买卖的政策，标示蒙古族牧民的土地所有权地位⑤，但现有典契里的交纳租钱，并未限于汉人承典蒙古人或汉人的土地，也存在于蒙古人承典汉人或蒙古人土地的交易中，表明纳租不再单纯是占有权的表征，逐渐变成这一地区典地普遍通行的惯例。此外，如若出典的土地含有神社官差和沟渠修理摊派费用，约中通常写明由种地人负担。根据光绪二十六年（1900）五月二十五日的典契记曰：“立奉断典地约人贾六八，即贾义，……情愿典到蒙古观音保地三十七亩耕种为业。奉断

---

① 比较可以发现，晓克藏、云广藏及铁木尔主编契约中注明交易土地亩数的概率高于内蒙古大学图书馆、杜国忠所藏契约。关于其原因，苗润华等曾指出，因临近城镇商业区，契文相对比较严谨，大多详尽注明。相对偏僻地区的契文，绝大部分未写亩数，数量以块计算。这也和土地主人待人宽厚和土地观念及经济意识比较淡薄有关。见苗润华、姚旭、姚桂轩：《美岱召旧存契约》，《内蒙古文物考古》2008年第1期。

② 犋牛作为地亩计量单位，山西偏关县“民间田地，以垧代亩，每垧少则二亩半，多则四亩，均根据于原红契上所载垧数为凭。此习惯由来已久，故又有‘一犋牛’（约计一百二十垧为一犋牛）之名称。盖一犋牛即二个牛分腿八条，又有称谓一条腿至八条腿不等，每条腿以十五垧计”。（前南京国民政府司法行政部编：《民事习惯调查报告录》，北京：中国政法大学出版社，2005年，第137—138页）

③ 云广藏，上卷，第85页。内蒙古大学图书馆藏，第14页。

④ 云广藏，中卷，第220页759号契约只有地租钱，而无典价。或以为其为长租约非典地约。但考虑到契中所典土地是未开垦之地，收取的租钱并不低，规定了回赎条件，当归入典契类。

⑤ 彭勇指出另外也是为了防止有人追究或争夺，原主可出面一力承当。见彭勇：《清代土默特地区的土地租佃关系》，中共呼和浩特市委党史资料征集办公室、呼和浩特市地方志编修办公室：《呼和浩特史料》第八集，1989年。关于地谱产生的原因、性质和作用，参见徐鑫：《清代归化城土默特地区土地交易中的地谱》，《内蒙古大学学报》2014年第3期。

前后共使过典地价市钱五百五拾吊整，其钱笔下交清不欠。日后，准其钱到回赎，如钱不到，不计年限。……立奉断典地合同约为证用。”同年九月初四针对这块地又立约，云：“立佃地永远耕种约人贾义，……情愿佃到观音保地三拾柒亩自己永远耕种为业。日后，开渠打坝、栽树、淤漫，由己自便。同人言明，前后共使过佃地价钱陆百吊整，其钱笔下交清不欠。……立出佃地永远合同约为证用。”①即同年转典为卖，最初典价是 550 吊，卖价 600 吊，可计算出该地典价是卖地价的近 92%。这种典价占地价的高比例是否常见，以及是否还存在其他比例，限于资料无法进一步考察。

按契约规定，典价“笔下交清不欠”“当交不欠”。不过也偶有例外，不能立即交付者，如云广藏 380 号文书记“立出转典地约人尔吉扣……今情愿出典与讨速号村陈光名下耕种为业。同人言定，现使过典价钱拾贰千伍佰文整。每年秋后共出粮租钱肆佰文。其地年限未批，钱到回赎。如钱不到，种地不计年限。……计批：地价未交，秋后打粮交钱拾贰千伍佰文。……道光十四年正月廿九日立约”②。从批注内容可知，承典人陈光并未立即支付典价，而是等本年秋天收粮以后，当是等待卖粮得钱。租钱按年交纳，一些契约没有写明时间，但多数典契记载如上引文为“每年秋后”或“上秋交还”，即农历七月，也有直接称“秋租钱”者。

统计现有典契的亩均典价和租钱，乾隆年间六份典契除较低的每亩典价 35 文外，其他为 175—500 文不等，每亩租银 1—2.25 分。按归化城地区，在康熙到乾隆年间每两银合制钱 800 文左右③，可计算出典地租钱每亩制钱 16—36 文不等。最高典价和最高租钱对应的是同一块土地，约中称“蒙古都地”④，其应属于已垦殖的熟地。嘉庆时期四件典契，典价和租钱都是以制钱计，典价最高为 1300 文，最低为 350 文，租钱最高为 30 文，最低为 4 文，并且最低典价和最低租钱对应的是一块土地，属于滩地。道光年间的十件契约，只有两件的租钱以银钱计，其他都是以钱计。当时典价最高的每亩 2300 文，该地块的租钱也最高，达 161 文；典价最低的约 66.7 文，与最低租钱 10 文对应的是一块土地，属于白地，另有一块城子地的租钱也是 10 文。但这一时期的典价多在 125—676.5 文之间，租钱以 20—40 文居多。咸丰时期三件典契，典价最高的是一块场面地 1700 文，租钱 30 文；典价最低的是一块白地外兑钱 1250 文，对应租钱 40 文。同治年间的典契中有以陆捌钱、拨（卜）兑钱计者，典价和租钱最高的是一块带水地，分

① 前一件见铁木尔主编，第 84 页，后一件依据铁木尔提供的照片。

② 云广藏，上卷，第 317 页。

③ 乌仁其其格：《18—20 世纪初归化城土默特财政研究》，北京：民族出版社，2008 年，第 19 页。

④ 铁木尔主编，第 5 页。

别为13953.5文和58.1文；典价最低者外兑钱1250文，租钱最少的是一块白地28.6文。光绪时期的典价和租钱，除使用满钱外，多数典契以银钱和陆捌钱、拨（卜）兑钱计。当时典价最高的是一块户口熟地市钱14864.9文，但其租价银5分并不是最高，而是另一块地每亩租钱110文，有一块白地租价为50文。需要注意的是，这一时期四件典契的亩均典价明显偏低，云广藏651号典价为187.5文，759号甚至无典价只有租钱，654号典价拨（卜）兑钱2.5文、834号外兑钱6文。前两件典契的土地属于未开垦之地，必须投入巨大的人力、物力才能成为可耕地。第三件不排除典价录文有误，即遗漏“千”字；若无误，该契约定按月生利，月利率3%，地主人应是有明确赎回意向，没有要求高典价。第四件典契云广藏834号典契，订立于光绪三十年（1904），根据批注内容可知在民国3年二月就又经过中人追加典价，“共现付过外兑市钱捌拾千文”①，如此算来，典价每亩为外兑钱4006文。所以这几件典契典价奇低都有特定的原因，不是当时典地交易市场的主流价格。除此之外，最低典价是一块垡地陆捌钱800文，其他典价集中在拨兑钱2500文至陆捌钱8375文之间。这一时期典契中租钱最低的是18.75文，与典价偏低的云广藏651号典契对应的是同一块土地，其他典契租钱以20文至银钱5分居多。按光绪时期银价有所下跌，当时归化城白银一两，实际值满钱730文上下②，银钱5分相当于制钱36.5文左右。宣统时期五件典契，典价仍有以陆捌钱、外兑钱计者，典价最高的每亩陆捌钱12280文，因文书残缺该地租钱不明；典价最低的是1833.33文，其对应的租钱也最低，为3.33文。另外，一件典契典价是陆捌钱9840文，租钱20文；其余两件典契典价8000文，租钱50文。

纵向比较来看，自乾隆至道光时期偶有地块亩均典价在千文以上，且集中在道光年间，但绝大多数在千文以下，约占可统计亩均典价契总数的80%；自咸丰以后，各种地块亩均典价多在外兑钱1250文以上，带水地和熟地已有上万文者，特别是同治时期至宣统时期，除去因特殊情况典价奇低的典契不计，典价在拨兑钱2000文以上的占这三个时期典契的85%。总体上，咸丰时期，归化城土默特的典地价格已有大幅上涨，同治时期增幅更为明显。例如，一块白地亩均典价，在道光二十四年（1844）是66.7文，咸丰十一年（1861）是外兑钱1250文，同治三年（1864）是3875文，光绪二十八年（1902）是拨兑钱4000文。另有光绪三十二年（1906）典契中的白地亩均典价是拨兑钱4528.57文③，结合上文提到的云广藏834号典契追加典价后白地亩均典价外兑钱4006文，可推测光绪时期白地亩

---

① 云广藏，中卷，第316页。

② 贾汉卿：《归化城粮店史话》，《内蒙古文史资料》第39辑，1990年，第16页。

③ 分别见云广藏，上卷，第388—389页456号、第474—475页546号文书；中卷，第12—13页559号、第348—349页865号文书；晓克藏，第473—474页508号文书。

均典价大体为拨兑钱4000文。拨兑钱又名城钱，也叫街市钱，其对应的足额的制钱（满钱）前后有所变动。① 按咸丰十一年的拨兑钱以六四钱、同治三年的以柒陆钱计②，光绪时期契约中记载典价多以陆捌钱计算，即分别是64、76、68文钱抵100文流通，可得出咸丰及光绪时期的白地典价分别是道光时期的近12倍、41倍。同治三年的典价没有写明是满钱还是拨兑钱，如按价值较低的拨兑钱计，换算成满钱也是道光时期的44倍多。当然因为资料有限，不排除道光时期那块白地典价低于当时的市场价格，以及所典白地位置、具体的土质、典期长短对典价也有影响，但参考同一时期其他类型土地的典价多在千文以下，那么，咸丰时期土地价格迅速上升，同、光时期土地交易价格较乾、嘉、道时期增长数十倍应是不争的事实。典价的上涨应与当地银贵钱贱密切相关。③ 乌仁其其格研究指出，"归化城地区在道光至咸丰朝银价上升较快，……当时的银钱比价从道光十一年（1831）至咸丰元年（1851）短短的20年间净增960文，使一直银价较低的土默特已与全国基本一致。咸丰元年以后，银价虽然有所下降，但都在1600文以上波动，与乾隆年间的每两银合制钱800文相比，已增长了一倍"，造成这一时期银价大幅度上涨的主要原因是周育民先生认为的鸦片战争后的白银外流。④ 另外，商业贸易繁荣的归化城又是塞外金融重镇，本就缺乏银、钱货币，谱拨银和拨（卜）兑钱的货币制度的实施，以及"混满钱"的通行⑤，无疑更加剧了当地钱币的贬值。土地价格的上涨，部分与当地人口增加也存在关系。当地在康、雍、乾时期的移民高潮中有大量人口迁入，嘉、道时期迁入的移民相对减少，但在咸丰时期形成第二次移民高潮，为缓解边疆危机，清廷实施放垦政策，光绪年间又形成一次移民高潮，移民人口的自然增殖无疑也加速了当地人口的增

---

① 贾汉卿：《归化城金融史话》，《内蒙古文史资料》第18辑，1985年，第173—174页。

② 在此分别依据云广藏咸丰十年（1860）十二月初一日典约批注"三百千文数内，使过〡〤现钱五拾千文"（上卷第470—471页541号）；同治元年（1862）八月二十九日典契批注"日后赎地者〦〡钱叁拾弍千文，卜（拨）兑钱七千文"（中卷，第2页548号）。

③ 曹树基、李菲霁分析清代中后期浙南山区的土地典当，指出了其田价变化与银贵钱贱的关系。见曹树基、李菲霁：《清中后期浙南山区的土地典当——基于松阳县石仓村当田契的考察》，《历史研究》2008年第4期。牛敬忠分析西老将营村的土地契约，认为其土地交易价格明显上涨的原因是蒙古族地权观念的增强，见内蒙古大学图书馆藏、晓克藏，第1册代序，第11—12页。

④ 乌仁其其格：《18—20世纪初归化城土默特财政研究》，北京：民族出版社，2008年，第200—201页。

⑤ 黄丽生：《由军事征掠到城市贸易：内蒙古归绥的社会经济变迁》，台湾师范大学历史研究所刊行，1996年，第418—431页、第443—445页；贾汉卿：《归化城金融史话》，《内蒙古文史资料》第18辑，1985年，第173—174页。

长，对土地的需求随之增加。① 前述光绪时期所典地块需耗费巨额工本开垦才能耕种的土地并不少见，这应该只有在当地人口较多，大部分土地已被开垦的情况下才会出现。

至于租钱，同样是前述道、咸、同、光时期的白地，亩均租钱分别是 10 文、40 文、28.57 文、40 文。综合前面提到的租钱数据，可推知乾隆至宣统年间典地活动中的租钱虽有所上涨，但涨幅不大，这应该与租钱用来标示所有权的原有性质有关。

横向比较来看，每一时期的典价和租钱与土地质量基本呈正相关的关系，熟地、带水地典价和租钱较高，白地、滩地和需要费力开垦的土地等典价和租钱相对较低。但也有例外，一些滩地、白地与熟地租钱相同或不相上下。② 另外，前面提到光绪时期有四件典契的典价奇低，其中云广藏 834 号典契典价只有外兑钱 6 文，远低于当时白地亩均典价外兑钱 4000 文，可见典地交易中会出现远脱离平均价格的典价。

三

根据典契内容，归化城土默特地区出典土地集中在农历一月至三月、十一月至十二月，这几个月订立的典契占总典契的 73%，这与当地的农耕时间相吻合，即主要在春耕前、秋收后进行交易。四月至十月也都存在出典土地的活动，但数量相对较少。契约大多没有规定典期，只是写有“日后钱到回赎，如钱不到不计年限”“许钱到回赎，如钱不到不计年限”等。规定年限的，以三年和五年为主。此外，两年、四年、六年以至十五年、二十年者均有，还有九个月内和十个月内者。至于典期的计算方法，有两份契约明确规定了起止时间，一份乾隆五十一年（1786）后七月十九日的典契记曰：“伍拾弍（贰）年起种，至陆拾陆年秋后为满。同人言定，拾伍年以理（里），由钱主所办；拾伍年以外，钱到归赎，钱归钱主，地归本主，无钱不计年现（限）。”一份同治五年（1866）十二月二十日的典契云：“同治六年春季起种，种过弍（贰）年，秋后为满。许钱到回赎，如钱不到，不计年限。”③可见所谓典期几年，是按承典人的耕种收获周期计算，并非整年，实际对应于当地一年一熟的耕作制度。其他一些典契写明种过几年、地种几年（为

① 参见王卫东：《融会与建构：1648—1937 年绥远地区移民与社会变迁研究》，上海：华东师范大学出版社，2007 年，第 1—10 页。

② 如云广藏上卷第 294—295 页 358 号文书、第 379—380 页 445 号文书比较；铁木尔主编第 84 页、晓克藏第 473—474 页 508 号、云广藏中卷第 316—317 页 834 号和第 348—349 页 865 号文书比较。

③ 分别见铁木尔主编，第 5、42 页。

满)，无疑也是以此方式计算典期。

土地的回赎时间相应地也多是在秋收之后。这在《民商事习惯调查报告录》中得到进一步印证，报告记载绥远全区的赎地时期是“春天惊蛰以前，秋天必在收割之后(即阴历之三九两月)……清理土默特旗地亩章程，亦有惊蛰以前赎地之规定，从前虽系习惯，现已定为绥区通则矣”①。可知当地在惊蛰以后至秋收之前一般不允许赎地，以此可以保证承典人的利益。但也有例外，一份同治十三年(1874)七月七日的契约记云：“现使过典地兑卜钱叁拾弍(贰)千伍伯(佰)文整。……限至明年五月七日内，许钱到回赎。如钱不到者，由钱主自便。明年出地租钱肆伯(佰)文。神会官差种地人所出。”一份光绪五年(1879)三月二十七日的典契记载，“每月三分行利，案(按)月计算。同人言明限制本年，许钱到回赎，如钱不到，地由钱主自便。神社官差种地人所出。每年秋后出地租钱四伯(佰)文”②。两份典契都规定了回赎期限。前者上秋七月出典，赎地必须在第二年五月七日之前，而不是惊蛰以前，但按当地的气候条件，典主几乎没有耕作收获之利，契约中也没有说明地中有农作物，而地主人可以随时赎回，这种情况令人费解。第二件典契的土地是春天典出，限当年内赎回，或默认遵守当地习惯于秋收后赎地，或允许本年随时回赎，即使典入者来不及耕种，尚有利息，且月利率3%，是当时较高的利率(详见下文)，钱主仍可获利。两件典契都约定到期如钱不到，由钱主自便，并纳租钱负担神社官差等摊派。如此以来，一旦地主人到期无钱赎地，土地将归钱主，任由钱主处置，田主只是收取象征性的租钱，承担的实际风险较高。上引同治十三年(1874)七月七日的典契中典价在当时并不低，在可以随时回赎的情况下钱主没有要求支付利息，可能正是其想利用出典者无力赎回的风险。

规定期限的契约，若田主到期以前取赎，钱主如何处置？仅有一件典契约定“地种二十年以外，许本主钱到回赎。二十年以内赎地者，按月三分行利。如钱不到者，种地不计年限”③，明确要求未到年限赎地，需交纳典价利息，月利率3%，年利率36%，与前引光绪五年(1879)三月二十七日的典契的利率相同。《民商事习惯调查报告录》记载，归绥县“金钱债务，利率不得过三分，粮粟债务不得过五分，谓之‘钱不过三、粟不过五’。按：此种习惯超过法定利率多倍，惟系民人所共认，亦未便遽行禁止”④。可知金钱3%的月利率是清代中后期当地

---

① 前南京国民政府司法行政部编：《民事习惯调查报告录》，北京：中国政法大学出版社，2005年，第335—336页。

② 云广藏，中卷，第69—70页614号、第112页654号契约。

③ 晓克藏，第449—450页493号。

④ 前南京国民政府司法行政部编：《民事习惯调查报告录》，北京：中国政法大学出版社，2005年，第601页。

相当高的利率。除补偿利息外,可能还有其他的违期处理方式。但现有规定期限的典契绝大部分没有相关约定,或缘于当地回赎的情况较少。

典契记载的赎地方式主要是钱到回赎,即偿还典价钱取赎。目前仅见一例需支付利息,即前引光绪五年三月二十七日的典契,月利率高达3%。此外有偿付典价的同时,还需向承典人交纳开垦工本钱的情况。云广藏548号典契记载,“此地种过伍年以后钱到回赎,如钱不到,种地不计年限。……日后赎地者〡〢钱叁拾弍千文,卜(拨)兑钱七千文,……计批日后赎地者共出淤漫工苦钱二千文”,651号记“如有赎地开垦工本白银一两五钱”。722、759号契约也都有此类规定。① 这种规定针对的是尚未开垦的地亩,正如《民商事习惯调查报告录》中所说:“蒙古未开垦之地,租种人殊费资本,例如筑坝、打坝、修堰及引水灌溉等费,所需甚巨,是以立约时,往往书明日后回赎,须于租价之外加工本若干字样,否则,回赎时勿庸给付。”②对于日后用于回赎的钱,咸丰以后的个别典契明确规定了类别,如前引云广藏548号典契,以及晓克藏487号咸丰二年(1852)新正月廿五日约批注“计批日后赎地钱数〣〤现钱,本年三月三日收老口骟马一匹,作钱〦千”③,567号注明“计批赎地者钱卜(拨)兑”④,作此限定应与当地的流通货币繁杂多变有关。需要注意的是,上引云广藏651号契约记载交纳赎地工本以白银计,不一定赎地时就如约以银钱支付。根据云广藏181号的租荒园地契约记载“前后共银十五两之数,按年收取,不许长支短欠。今因银价长缩不定,彼此争论。齐嘉庆四年同人说合,每银一两按钱一千二百文合算,不论银价长缩,以为长例”⑤,可知即使约中写明租钱以银计,实际仍以当时百姓通用的钱支付。前引晓克藏487号典契表明,当地不仅以现钱偿还典价,还有以实物抵偿典价者,只是比较少见。除偿钱回赎外,还存在到期自动赎回的回赎方式。晓克藏485号契约记道光十五年(1835)十一月二十一日白德荣典到石不更合同不拉一块地,云:“出过价钱弍(贰)佰壹拾千文。其钱且交不欠。言明一种四年为满,……四年以内若有蒙古人争夺者,有合同不拉一面承当。”⑥按契约内容,承典人种够四年,双方典地关系自动终止,地仍归田主,而不用偿钱给钱主。这同于一度盛行于喀喇沁地区的“烂价”典地方式⑦,但以目前资料看,这种典地回赎

---

① 云广藏,中卷,第2—3、109、181、220页。

② 前南京国民政府司法行政部编:《民事习惯调查报告录》,北京:中国政法大学出版社,2005年,第602页。

③ 晓克藏,第440页。

④ 云广藏,中卷,第2、21页。

⑤ 云广藏,上卷,第143—144页。

⑥ 晓克藏,第435页。

⑦ 参见王玉海:《清代喀喇沁地区的土地租典问题》,《蒙古史研究》(第三辑),1989年,第182—188页。

方式在归化城土默特地区并不常见。

虽然典契中多规定期满后钱到回赎，钱不到不计年限，或不计年限，钱到回赎，但现有资料中有关土地回赎的记载较少。一份同治十年(1871)十二月十三日的契约提到，顾清、顾洁兄弟两人曾在乾隆五十五年(1790)置买承种蒙古金氏家族土地，“至道光十七年，顾伙于三顷地内将村东北六十亩典卖与贾登汉名下，约载钱到回赎。咸丰五年，顾洁之孙顾存仁向贾登汉名下备价取赎此地，贾登汉托故不放。经控萨府堂讯，结贾登汉赎价钱五十六千八百文，地归蒙古，原约存案，此五十六千八百钱系出顾姓，原地依旧结旧伙顾姓承种。贾登汉见地归顾姓，叠次寻讼。至同治十年，延讼未息。经人说合，又使过顾姓钱壹百二十千文，共地三顷，共使过地价钱三百四十千文，每年秋后出租钱一十六千文。重立新约，与贾姓毫无干涉。”顾氏在道光十七年(1837)出典六十亩土地给贾登汉，咸丰五年(1855)其孙才向承典者取赎。但回赎过程颇费周折，直到同治十年才尘埃落定。可能在订立典约时，顾氏知会蒙古人，承典人贾登汉知道土地所属或直接向蒙古人纳租，故不愿将土地归原承种人顾氏。官府判定顾氏有权赎回土地继续耕种，土地所有权仍归蒙古，表明即使是汉人转典蒙古人土地，只要约定钱到回赎，两者原有的租地合约关系依旧被承认，得到保护。正因为归化城土默特地区土地所有权及其交易的特殊性，这种赎地纠纷并不鲜见。①《民商事习惯调查报告录》中亦称：“归绥县……若约内但书不计年限，钱到回赎，必代远年湮，纠葛易启。归绥县发现此种约据甚多，往往因当事人死亡，承继人已视同永业，不予回赎，两造因而涉讼者有之。”②

前引光绪二十六年(1900)五月二十五日的典契和同年九月初四的永远耕种约，显示当地存在转典为卖的现象。原田主在约定钱到回赎，钱不到不计年限的情况下，仅间隔三个多月便一次性加价五十吊永佃给原承典人，实际是转典为卖，加价约9%。光绪三十年(1904)新正月十九日典契记载，芦盛志典到喇嘛八益尔白地20多亩，“使过外兑钱壹百弍(贰)拾文整，……言明承种拾年以外，许钱到回赎，如钱不到，不计年限”，批注“中华民国三年二月十一日同中人芦盛昌前张挽定，共现附(付)过外兑市钱捌拾千文。限耕壹拾年为满。以外钱到回赎，如钱不到不计年限。至民国七年正月廿五日地(批)写过永远约一张，此约估(故)纸不用”③。可知出典人到期未赎，历经改朝换代后仍加价继续出典，又约定典期十年，但之后尚未到期就立永远约将地卖断，卖断时是否又加价不得而

---

① 王卫东：《融会与建构：1648—1937年绥远地区移民与社会变迁研究》，上海：华东师范大学出版社，2007年，第123页。

② 前南京国民政府司法行政部编：《民事习惯调查报告录》，北京：中国政法大学出版社，2005年，第336页。

③ 云广藏，中卷，316—317页。

知。首次加价近67%当缘于出典时价格偏低。此外，一些典契只批注“不用”“故纸不用”等语句，出典的土地是赎回了还是卖断了，因资料限制，不得而知。

除了加价卖绝，还有典契只记载了加价找补的情况。乾隆五十一年（1786）后七月十九日的典契，记载圪令出典土地二顷给袁喜，“当日使过押地钱壹伯（佰）阡（仟）整。……伍拾弍（贰）年起种，至陆拾陆年秋后为满”，约定十五年以后钱到回赎，无钱不计年限，但契中写有“后批伍拾伍年，两情愿议使过押地钱捌千文”①。可知15年典期未到，出典四年田主就又向承典人支取押地钱，加价约8%。光绪六年（1880）三月二十九日的典契记载，张氏同子石元隆出典五亩土地给李万隆，“出过地价外兑钱叁拾捌千文整。其钱当日交清不欠，……地种五年，钱到回赎”，批注内容记“光绪七年二月初八日使过拨兑钱二千文，拾月间同人荣世禄又找使外兑钱弍（贰）千五百文。光绪八年十二月廿九日同崔湖使过外兑钱壹千叁，又光绪九年正月十五日又使过钱壹千五百文……光绪十一年十二月十五日使过外兑钱五千（后残）”②。这块土地出典时价格并不低，出典近八个月即加价，在五年典期期满之前，出典人加价五次，期满不久又加价一次，共加价32%。另有契约记载，乾隆五十二年（1787）十一月廿九日，单宝儿架出典土地给老不省，“典价钱弍（贰）拾肆千文，笔下交足。钱无利地无租。一典六年，六年以后许地主回赎”，并批注“道光拾伍年使钱五千文”。道光十九年（1839）三月十九日订立的典契中，舍力兔召大殿公盖达旺将四十亩地典给陈荣，典价十五千文，三年后可钱到回赎，约中批注“同治五年十月十六日使过押地钱叁拾千文整”③。前件典契中，原田主愈典期48年后向承典人加价约21%，后一件是愈典期24年后加价200%。后者加价如此之多，应与前述同治时期田价大涨密切相关。

综合来看，出典土地加价找补几乎不受时间限制，甚至跨越清和民国两个统治时期，并可多次找补（但总价应与当时卖地价相当），表明“一典千年活”的原则亦在此通行。加价找补的典契不止上述几件，可见该现象在当地较为普遍。但除注明改立永远耕种约实际卖绝外，那些只记录加价事宜而无后续批注和绝大多数没有任何批注的典契，出典的土地最终结局如何？很可能田主无力回赎，一直处于出典的状态，一如前文《民商事习惯调查报告录》中提到的“往往因当事人死亡，承继人已视同永业”，从而大多与由典转卖一样，实际所有权发生转移。

（作者：李艳玲，中国社会科学院历史研究所助理研究员）

---

① 铁木尔主编，第5页。

② 云广藏，中卷，第121—122页。

③ 云广藏，上卷，第85—86、350—351页。

徽宗的孤独

◇潜　盦

宋徽宗赵佶，恐怕不是一个称职的皇帝，但他却是一位不折不扣的艺术家。帝王的身份，对他成为一位中国最出色的艺术家起到非常重要的作用，但在一定程度上也削弱了对他的“艺心”的认知。因为他是“亡国之君”，所以许久以来人们对他的艺术成就带有“有色眼镜”，又因为他是道君，所以艺坛乐于称道，但少有人细细静对。我们期望能以更近的视角，静静晤对这一位艺术家的孤独，以人文关怀的笔调揭示这位道君皇帝的千古艺心。

一、从端王到徽宗

我们看到赵佶的《芙蓉锦鸡图》及其题诗（图 1），一切都是如此搭调，一颗功利的心就要被化掉。可矛盾却在于本应是艺术家的赵佶竟然是帝王身，这在中国古代是最大的一场富贵，谁人不想当皇帝？他的先祖，可是被部下拥戴，黄袍加身。部下真的服膺吗？未必！拥戴者，各个都有一颗想当皇帝的心。退而求其次，当个开国功臣也是不差的。可谁知，当了皇帝的人看到这么轻易就能当皇帝，忌惮轮流坐，于是就演出了一场“杯酒释兵权”的好戏。到了赵佶这一代，远祖的勾心斗角多多少少还依稀存留，但对于他自己，不能说望峰息心，但若有可能一定会恬淡处之。可惜，这一丝小愿望，也不能如愿。神宗是英宗长子，继位顺理成章，“帝隆准龙颜，动止皆有常度，而天性好学，请问至日晏忘食”，一派帝王相，英宗也有意无意地加以栽培，故而英宗崩神宗立的时候，《宋史》只有一句话，看得出是平稳过渡。而到了徽宗这儿，却不是这样。

绍圣三年（1096），赵佶以平江、镇江节度使晋封端王。这时，生于元丰五年（1082）的赵佶才不过 14 岁。也是因治下的缘故，曾在镇江、苏州驻节，使得少年在心中早早种下一脉江南的水乡旧梦，尽管他的生母也是开封人。他日后虽入主大内，但东京皇宫太过粗野，使得他甘愿负了骂名聚集花石造园；而早年的经历也使他根本看不上《清明上河图》——太多的走卒贩夫。端王最后能当上皇帝，与《清明上河图》因绘于徽宗朝就说他也喜欢一样，都属于一个天大的误会。元符三年（1100）正月己卯，并无子嗣的哲宗突然驾崩。面对谁来当皇帝这个亟须解决的问题，皇太后与宰相章惇产生激烈的争论。按说，赵佶只是神宗第

图 1　赵佶《芙蓉锦鸡图》

十一子，《宋史・神宗本纪》中元丰五年（1082）这一年的史实也没有记录诞下赵佶，其封端王更不是元祐元年（1086）哲宗大封诸弟这拨，只是在十三年后的绍圣三年（1096）间封王，位列申王佖之后。在皇帝人选上，章惇首先提出哲宗的同母弟简王似，但是简王要比申王、端王都年少。向太后不允，她更偏爱赵佶，她提出的理由是："神宗诸子，申王长而有目疾，次则端王当立。"而章惇的回答则是："以年则申王长，以礼律则同母之弟简王当立。"然而，无论是年齿还是同母的因素，早亡的陈氏所生的端王都无法在简王、申王之前。何况陈氏位分较低，生了赵佶才进封"美人"之位，而后守神宗陵殿时，悲劳而疾。我们现在无法清楚地知道章惇与简王到底有什么瓜葛，但如果他应着向太后一句当以"幌子"申王的话头往下说的话，也不至于向太后近乎赌气地说："皆神宗子，莫难如此分别，于次端王当立。"尽管申王因为母亲不过是惠穆贤妃武氏的缘故，可以较为轻易地被排除，但章惇的举措使得这一过程变得非常迅速且直接。而向太后所提的申王有"目疾"的说法，笔者认为很有可能是个借口，因为"目疾"只是出自向太后之口，在哲宗朝，申王佖被授开府仪同三司任。考虑到赵宋宗室，多有早亡及生育问题，申王佖可能会有小眼疾，但不足以影响到登基。内中的原委大概是此时的赵佖已经担任一些重要实职，很有可能与向太后弟向宗回、向宗良发生龃龉，故而向太后不喜欢赵佖，转而喜欢赵佶。此时神宗皇帝的儿子也没剩下几个了，于是，"皇帝"这个大馅饼就落到了赵佶头上。但是赵佶喜不喜欢呢，不得而知。

赵佶即位后，发生了这么一件事。《宋史・徽宗本纪》明言"皇太后权同处分军国事"一句，到了《宋史・后妃列传》"神宗钦圣宪肃向皇后"条下，却说"徽宗立，请权同处分军国事，后以长君辞"，前后说辞不一。除时间节点上的不同而产生差别外，剩下的解释只能考虑是对向太后的溢美之词。这也从一个角度来暗示我们，在立徽宗之后，向太后还是有可能继续处分军国事，也许时间非常短暂——因为在同年秋七月，有“奉皇太后诏，罢同听政”之语。这也就从另一个侧面印证了我们的推测，即向太后不选赵佖的深层原因。而徽宗即位之后，不管是他真愿意也好还是假心甘也罢，总要对向太后投桃报李，“向宗回、宗良迁节度使，太后弟侄未仕者俱授以官”。我们设想，是否可能在这个时间前后，徽宗将《清明上河图》题签五字并加钤双龙小印，赐给与其有甥舅之名的向宗回了。陈传席认为此画作于崇宁末至大观初，我们认为绘制时间应该更早，因为陈传席作为证据的一点是《宋史·后妃列传》中的一句：“帝追念不已，乃数加恩两舅，宗良、宗回，皆位开府仪同三司。”但是这一句的时间节点是在徽宗即位的“明年”，属于窜改，给人以徽宗与向氏情厚的错觉。向太后的确薨于建中靖国元年(1101)，也就是《宋史·后妃列传》所说的“明年”，但这时只是封向宗回为永阳郡王、向宗良为永嘉郡王，虽然被封郡王，但被褫夺实权。结合上述史料，似乎可以认为向太后直到死前不久才放权。而向氏兄弟涉足开府仪同三司之位则要到大观元年(1107)，“以向宗回为开府仪同三司，徙封安康郡王”，二年春正月，“徙封向宗回为汉东郡王，向宗良为开府仪同三司”。九个月之后，“(九月壬戌)贬向宗回为太子少保致仕，……(癸酉)削向宗回官爵”。一年后，徽宗复向宗回官爵，这期间，嫌隙可能已生。所以，我们推测，徽宗赐向宗回那卷《清明上河图》可能是刚刚即位大封向氏之际，而图画绘制的时间则更为大胆推测到不会在徽宗本朝，只是徽宗将宫中旧物赏赐，“出先帝遗留物赐近臣”，因为向太后的关系，他肯定会赏赐看似重要之物，至于他自己喜不喜欢则是另外一回事了。本卷徽宗亲题的题签纸早佚，到底有没有此物也是另外一回事了。

二、瘦金之下的孤独

提起徽宗的艺术成就，第一印象就是他那一笔瘦金体的字。这样的书法是他独创的，尽管后世如金章宗乃至非阘也都有学写，但是瘦金体只有让徽宗写来才配得上，其贵气与英气，后人很难追及。可以说，正因瘦金体，徽宗才横空出世，又独步艺坛。我们为什么要把瘦金体看得这么高呢？因为在隋唐之际，书法上的篆、隶、真、草、行五体基本上已经定型，而在真、行两体中，欧、褚、虞、颜、柳诸家虽然接续“二王”，然而客观情况也逐渐坐大。赵宋初年以来的“四家”虽然已称“家”，但多是在一个框中才具有自家面貌，这种面貌严格来说只能是一种风格，很难称之为“体”，更何况某些个人风格是掩盖自己技术上的缺陷，或由此衍发，如苏、黄，或是对“二王”旧体的孜孜以求，如蔡、米。徽宗创造出的瘦金体，虽然并不能被列入篆、隶等五体当中，却不在其规矩之内，虽然有着真书之形，内中却有行书的逸态。倘非“天下一人”，实难办到。有人分析其《夏日诗帖》(图2)书法：“点画轻灵利落，格法严谨，外拓用笔，有纤巧秀丽之姿。但细析有突兀夸张之习气，一开笔均为切笔入纸（绝少藏锋），横竖护尾多以超乎他处的右斜下的长重顿（以至似多出一笔结）；撇捺左右开合飘展（的确颇含山谷笔势），捺脚绵邈超长且宽度远超捺撇（所谓兰叶之势）；折角醒目但下挂，折柄成上弓面；钩法更是凸显，弯钩有满月之夸张，直斜钩纤细直截，但一概钩锋犀利超长。”可以说，这段文字是对徽宗书法太过“客观”的分析，细读文字似乎看到了徽宗书法的美感，但又受中庸书法眼光的限制，认为露锋、轻行、重按是去某种缺点。但是，书法不应是一种规矩，或是机械的肢体运动所产生的痕迹，而是一种思想，一种与世界对话的方式。评论者试图用无甚思想的标准化书写模式看待徽宗之字，尽管这种标准原本来自极富情感及思想的“二王”书迹，但却从未从字上走进徽宗的内心世界。其看到了笔画中的弹力，却没有接受“刺目”的表达。轻规仪重表达，是现代书法的必经之路。徽宗无意识地稍稍踏足，使其在前代诸体中或占一别裁之地，只因他另具一颗艺者之心。

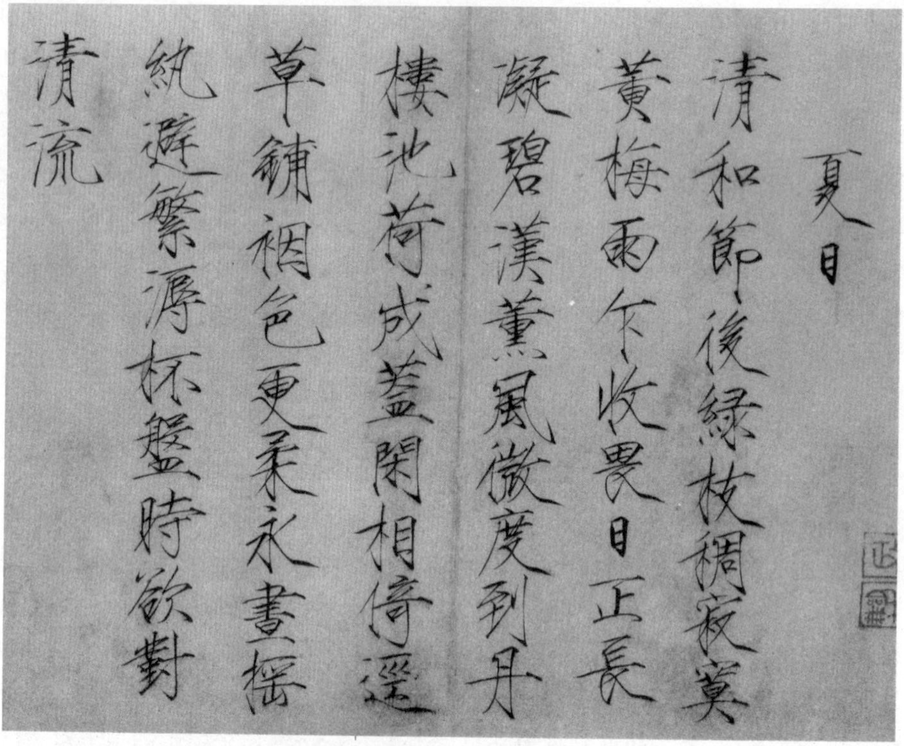

图 2　赵佶《夏日诗帖》，纸本，33.7cm×44.2cm

现在来看，传世的徽宗墨迹有楷书《千字文卷》、《秾芳诗帖》、《欲借、风霜二诗帖》、《牡丹诗帖》、《怪石诗帖》、《闰中秋月诗帖》（图 3）、《夏日诗帖》、《棣棠花诗帖》、《笋石诗帖》等；又有题欧阳修《张翰帖》，以及如《祥龙石图》《瑞鹤图》后自题及七言诗等；草书有《千字文》《纨扇七言诗》等。虽然数量不如清帝乾隆的多，但件件堪称精品。作为亡国皇帝，这是如何办到的呢？“国朝诸王弟多嗜富贵,独祐陵(徽宗)在藩时玩好不凡,所事者惟笔砚、丹青、图史、射御而已。当绍圣、元符间,年始十六七,于是盛名圣誉布在人间,识者已疑其当璧矣。初与王晋卿诜、宗室大年令穰往来。二人者,皆喜作文词,妙图画,而大年又善黄庭坚。故祐陵作庭坚书体,后自成一法也。时亦就端邸内知客吴元瑜弄丹青。元瑜者,画学崔白,书学薛稷,而青出于蓝者也。后人不知,往往谓祐陵画本崔白,书学薛稷。凡斯失其源派矣。"①

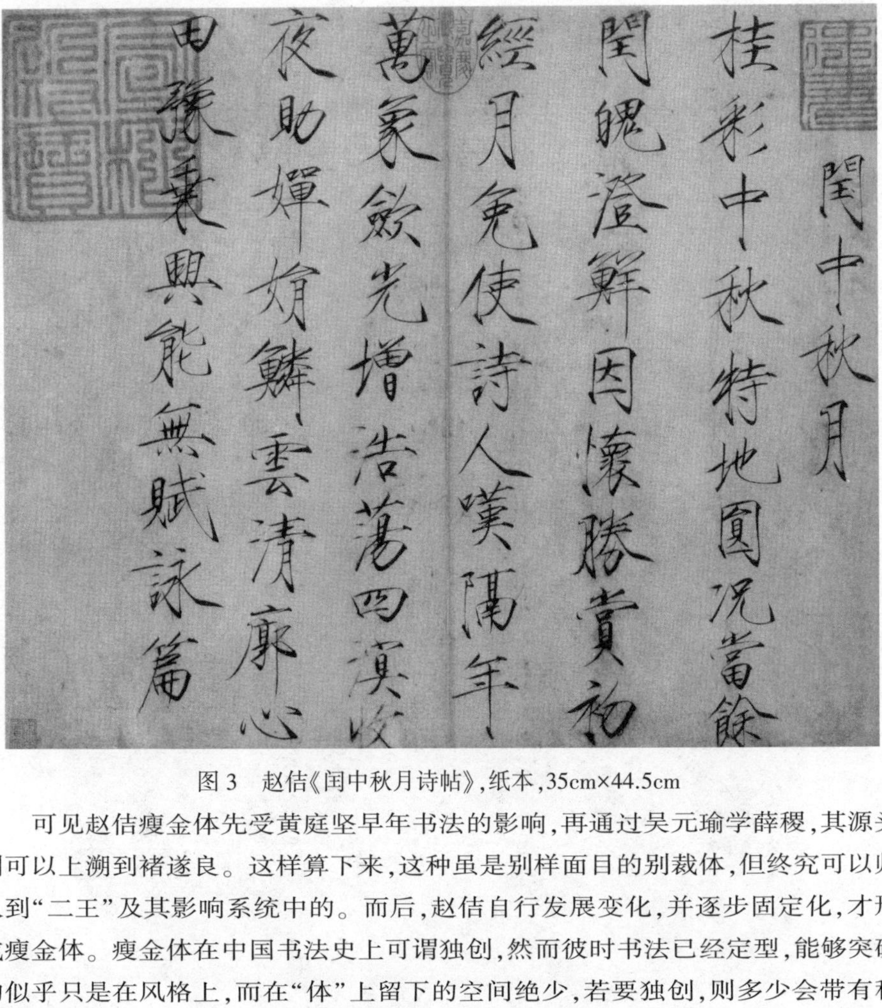

图 3　赵佶《闰中秋月诗帖》,纸本,35cm×44.5cm

可见赵佶瘦金体先受黄庭坚早年书法的影响,再通过吴元瑜学薛稷,其源头则可以上溯到褚遂良。这样算下来,这种虽是别样面目的别裁体,但终究可以归入到"二王"及其影响系统中的。而后,赵佶自行发展变化,并逐步固定化,才形成瘦金体。瘦金体在中国书法史上可谓独创,然而彼时书法已经定型,能够突破的似乎只是在风格上,而在"体"上留下的空间绝少,若要独创,则多少会带有程式化的牺牲。如到近世,于右任创"标准草书"也出现这个问题。从徽宗的瘦金体字上,我们可以看到一种孤独。别的不说,仅就结体重心高于中心的做法就让人有高处不胜寒之感,横画末尾加点、撇画长长的拖曳,以及多处凌厉的出锋,无不在任性中诉说着难言的孤独。不想当皇帝,可命运难违;一旦做了皇帝,处处

① 〔宋〕蔡絛:《铁围山丛谈》卷一,北京:中华书局,1983 年,第 5 页。

身不由己。且看《秾芳诗帖》中“依”字中来回交错的出锋，便能看到他处处难依着自己本心的纠结。

其上已有学者看出徽宗的书法造诣不限于瘦金体，“草书倒是意趣天成、自然洒脱”，然而徽宗草书作品现存只有两件，一件是藏于辽宁省博物馆的《草书千字文》，云龙笺本，尺寸为35.1cm×117.2cm；另外一件是藏于上海博物馆的《纨扇七言诗》（图4），绢本，28.4cm×28.4cm。两件皆是美不胜收，特别是《草书千字文》，一气呵成，劲健流畅，跌宕起伏，笔势速贯，笔意略近怀素，但中间参杂小草章法害之，其笔能入纸，又有节奏的顿挫变化。如果说瘦金体“过于程式化，较少含蓄”，那么草书则“不为其法所拘，……功力不凡，天然成趣”。不过，这两件孤零零的草书，也别样地映衬着徽宗的孤独，特别是他在41岁时写下的《草书千字文》。

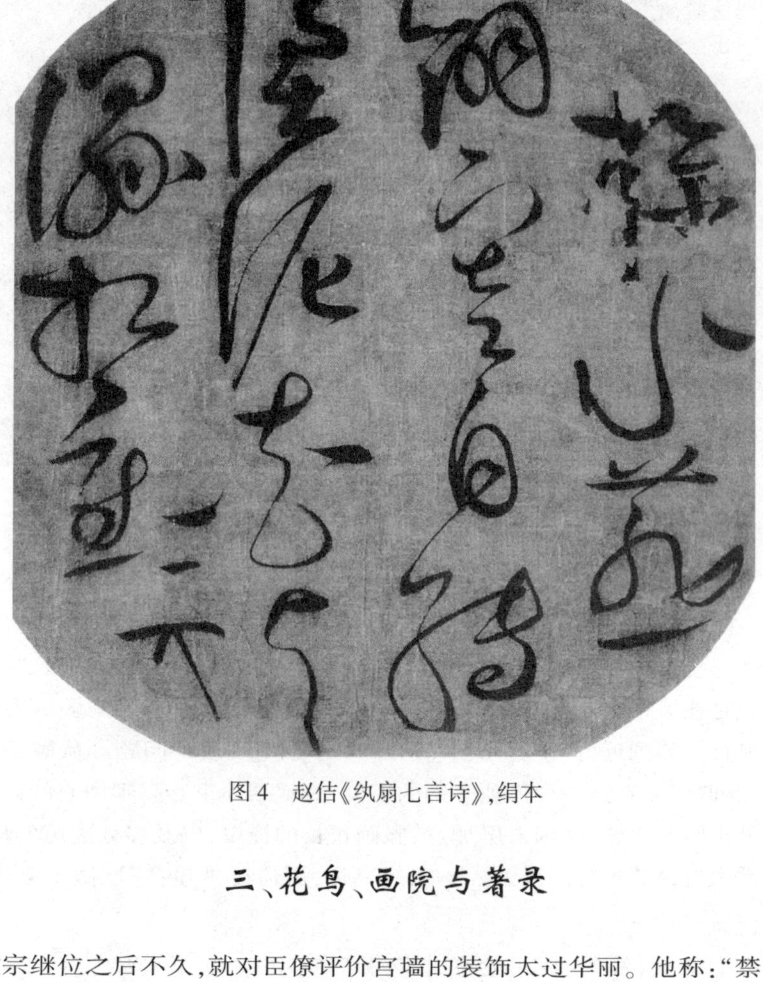

图4　赵佶《纨扇七言诗》，绢本

三、花鸟、画院与著录

徽宗继位之后不久，就对臣僚评价宫墙的装饰太过华丽。他称：“禁中修造华饰太过，墙宇梁柱涂翠毛一如首饰。”而徽宗所认为最糟糕的则是玉虚殿，这群殿宇仅在几年前修好，但在徽宗眼里“华侈尤甚”。原构的宫殿群现早已不存，我们无法得知玉虚殿到底是什么样子，不过倒也能从《清明上河图》中繁丽甚至有些烦琐的画上窥见一斑。这从另外一个角度说明，时年仅 19 岁的赵佶对审美已经有了自己的主张，比如《瑞鹤图》（图 5），虽然立意不脱祥瑞仙禽，但将宫殿压在画面的最下部。伊佩霞认为：“尽管徽宗登基时比较年轻，但是他对审美已经有了鲜明的主张。这些主张得以形成是徽宗与当时开封富有的收藏家圈子相互交流的结果。这个圈子包括王诜、赵令穰、米芾、李公麟等人。”

图 5　赵佶《瑞鹤图》本幅画心

图 6　赵佶《祥龙石图卷》本幅画心，绢本

宋徽宗因为自己对花鸟画的实践活动，也要求画院中人将“格物”精神应用在绘画上，要求画师在皇家园林内潜心观察四时花草的变化规律，探究各类珍禽异兽的活动特性，以绘出严谨的作品。这一方面利用了园林及相关珍禽花卉形成极为真切的物质载体，另一方面是自己已具备高超的绘画造诣及相关的博物

知识的结果,同时打造了以画院为核心的技艺传承体系。这三方面相辅相成,难以割裂,共同营造了北宋复古艺术的高峰。这也是宋朝院体花卉即便工细,也蕴情于画,分外动人的原因,《祥龙石图卷》(图 6)中便有最为集中的体现。徽宗本人,毫无疑问是院体绘画的最高主持人,他另一重身份则是从事士夫绘画的出色艺术家。这样看似矛盾却内中互为因果的对照,多半是因为他孤独的内心,孤独使他能在管理宫廷绘画之余仍能拥有个人的艺术成就。徽宗在很大程度上有了一些士大夫式的气息,有人以《听琴图》(图 7)为据认为其与蔡京的关系莫逆,此论虽有可以继续讨论的地方,但有着皇帝身份的赵佶却幸运地拥有其他方面的气质,这恐怕与米芾充任书画学博士也不无关系。甚至说他笃信道教,也似乎能够冲淡帝王的贵气,当然在另一方面也使三清道教开始沾染一些尘世的权力欲望。徽宗对美的欣赏,格调极高,雅致超常,所谓《宣和画谱》也并未对宫廷画家太过注重,伊佩霞有颇为大胆的观点:“更令人惊奇的是,对于一个几乎一生生活在宫中的人来说,徽宗并不那么推崇宫廷画家,至少是宋朝的宫廷画家。《画谱》正文的一个显著特点是宋朝早期在宫廷里供职的画家被大大地忽略了。而在 11 世纪作者(如刘道醇和郭若虚)的笔下,在宫中供职似乎是提高画家声望的重要途径。”

美国汉学家艾朗诺(Ronald Egan)曾分析过徽宗存世的近三百首关于宫廷生活的诗词,认为徽宗在诗篇中对宫廷生活理想化的描写,与其书画作品中精致的花鸟的意境是一致的。这就是徽宗意念中的宫廷生活,他试图让他人通过这些诗篇了解

图 7 赵佶《听琴图》,绢布,147.2cm×51cm

这样一种宫廷生活。诗篇中所强调的美与善，相互协调。在徽宗看来，对善与仁的追求，本身即体现了美。这种美我们完全能够在他的花鸟画中体会得出，如从《腊梅山禽图》中我们可以看出萧瑟，看出孤独，只想当皇帝的人根本画不出这样的画。即便是左下部的瘦金体题款，也不仅仅局限于笔画式的建构，仿佛孕化出一种形象，像风，像鸟羽。刘菊亭在《宋徽宗花鸟画研究》中说："宋代画坛另一重要现象是文人士大夫积极参与到绘画创作中来。文人画家与宫廷画师有着迥异的艺术理念和审美情趣，前者绘画更强调表现主观情趣，重水墨技巧和笔墨趣味，追求萧散简远、古雅淡泊的意境。史载，徽宗登基之前与当时著名的文人画家王诜、赵令穰交往密切，艺术不免受其熏陶。而徽宗正是以其特有的文人情怀，一改宫廷绘画历来的富丽倾向，创作出此类简淡的野趣之作。"①这个评价正是看到了徽宗在黄袍之下的孤独之心。

在这种孤独之心下，徽宗所著录的《宣和书谱》《宣和画谱》不再是一种文化炫耀，而是心理慰藉。仅就《宣和书谱》为例，其编撰是史上第一次由皇家主持的最为系统、规模最大的著录工作，共著录御府收藏的 1175 件作品，涉及历代书家 198 人。《书谱》共二十卷，除首列诸帝王书一卷外，以下依次为篆、隶书一卷，正书四卷，行书六卷，草书七卷，八分书一卷，可以看出徽宗仍以行、草书为重。蔡京之子蔡绦在《铁围山丛谈》中谈到过内府收藏的盛况："及（徽宗）即大位，于是酷意访求天下法书图画。自崇宁始命宋乔年掌御前书画所。乔年后罢去，而继以米芾辈。殆至末年，上方所藏率举千计，实熙朝之盛事也。吾以宣和岁癸卯，尝得见其目，若唐人用硬黄临二王帖至三千八百余幅，颜鲁公墨迹至八百余幅，大凡欧、虞、褚、薛及唐名臣李太白、白乐天等书字，不可胜会，独两晋人则有数矣。至二王《破羌》《洛神》诸帖，真奇殆绝，盖亦为多焉。"②长久以来，我们可能忽视一个问题，即在当时艺术作品传播极其有限的条件下，传播力度及范围是受着持有者的地位及文化话语权的制约，换言之，一个布衣平民看到前代名作的可能性极小。现在我们一个普通爱好者较为轻易地看到《千里江山图》或《草书千字文》等巨作的真迹或是高清印刷复制品的情况，在当时是无法想象的。所以在古代中国，一位杰出的艺术家往往是位高权重的人物，这种情况在徽宗身上得到最为集中的体现。我们现在当然可以批评他不是一个称职的皇帝，但他却是一个完美的艺术家。对于他本人的写作或是对北宋艺术史的书写，都应该尽量把这二者分开来看。

包伟民曾经评价伊佩霞主编的《宋徽宗传》这部书："突出徽宗的君王角色，不再将他的政治行为与在文化艺术、宗教等领域的行为割裂开来。"当然他也暗示了赵佶的"昏君"形象及蔡京的"奸臣"形象都是被逐步塑造出来的，这多少与

① 刘菊亭：《宋徽宗花鸟画研究》，《美术观察》2008 年 3 月。

② 〔宋〕蔡绦：《铁围山丛谈》卷四，北京：中华书局，1983 年，第 78 页。

话本小说《水浒传》的流行不无关系。但如贾志扬分析的那样，徽宗坚持重用蔡京，认为蔡京力主新政，追随者众多，虽蔡京多次被罢，但徽宗仍然舍此而无他，不得不重用之。这似乎与高宗朝岳飞之事近似，实是犯了政治忌讳，被披上了“忠义”的外衣。对徽宗和蔡京来说，蔡京是在引导徽宗接近文化，而非相反，因此徽宗不再像史臣所论的“特恃其私智小慧，用心一偏，疏斥正士，狎近奸谀”那样，而是一个极具政治手腕，统治技艺高超的君王了。同时，传统史学关于徽宗“怠弃国政，日行无稽”的形象描述，也不得不作出修正。国内史学家的看法相对保险，“他以九五之尊，介入这些领域，种种举措不免在客观上超乎常人，影响到朝政，可以肯定”。然而，对徽宗艺术世界的探索研究，始终未曾触碰到徽宗曾经那颗孤独的心。

（作者：潜龕，中国社会科学院历史研究所助理研究员）

东瓯风俗试探

◇陈绍棣

瓯族得名于“瓯水”(后来的瓯江)。因为以汉字记音等原因,“瓯”字又被异写为沤、欧、区或讴。瓯是百越民族的一支,其来源主要是由当地的土著渐渐发展形成的。

西周以来的瓯即东瓯,东周时期与闽越合成东越。西汉惠帝封其首领驺摇为“东海王”,都东瓯,俗号“东瓯王”。关于东瓯的疆域,史无明文。多数学者认为,其核心地域应在浙江南部的瓯江流域,即温州、丽水和台州部分地区。

东瓯在汉武帝时期举国迁徙到汉境以内的江淮间,但仍有不少民众逃至山区,三国时期的“安家民”即是其中的一部分。他们很可能是东瓯的一个部落,其风俗被吴国丹阳太守沈莹记录在《临海水土异物志》里。

关于东瓯的风俗,已有多篇文章探讨,但迄今尚无专文进行系统、全面论述。为此作者不揣浅陋,试图作一些探索,敬请方家指正。

一、东瓯风俗的风貌

东瓯风俗的内涵很广泛,涉及物质生活和精神生活诸多层面。

(一)饮食风俗

饮食是东瓯人的头等大事,所谓“民以食为天”。饮食与生产力水平、经济发达程度有关。战国、秦汉时期的越地“地广人希,饭稻羹鱼,或火耕而水耨,果隋蠃蛤”①,又“民食鱼稻,以渔猎山伐为业,果蓏蠃蛤”②。这反映越人的主食是水稻。由于农业尚不发达,人民还需通过渔猎、采集等手段以满足对基本生活资料的需求。

东瓯人的副食,主要是水产品。《博物志·五方人》云:“东南之人食水产,……鱼、蛤、蚌以为珍味,不觉其腥臊也。”东瓯东临大海,境内河流密布(仅浙江南部台州、温州辖区内就有灵江、瓯江、飞云江及鳌江),盛产鱼类,人民喜食鱼腥味。《逸周书·王会解》云:“东越海蛤”,“且瓯文蜃”,所谓“文蜃”就是

① 《史记》卷一百二十九《货殖列传》。

② 《汉书》卷二十八《地理志下》。

彩色交错的大蛤蜊。《史记·货殖列传》“正义”云：“楚越水乡，足螺鱼鳖，民多采捕积聚，棰叠包裹，煮而食之。”瓯人还喜欢食蝉蛇，“蝉蛇顺，食之美”①。《山海经·海外东经》载有越人“啖蛇”。大蛇肉和腌制的生鱼肉是上等佳肴。《淮南子·精神训》云：“越人得髯蛇以为上肴。”注：“髯蛇，大蛇也，其长数丈。”又沈莹说，与安家民文化习俗相似的夷州民（今台湾高山族的先民）“取生鱼肉杂贮大瓦器中，以盐卤之，历月余日乃啖食之，以为上肴”，又“以粟为酒”。“饮食皆踞相对”②，即蹲踞，而安家民“皆好啖猴头羹，以菜和中以醒酒，虽五肉臛不及之。其俗言：‘宁自负人千石之粟，不愿负人猴头羹臛。’”③一般认为，东瓯人用印纹陶作盛贮器，用原始青瓷器作食用器。

（二）服饰风俗

《史记》卷四三《赵世家》云：“夫剪发文身，错臂左衽，瓯越之民也。”所谓“剪发”就是剪断头发而成短发，短发或披或髻。《战国策·赵策二》：“被发文身，错臂左衽，瓯越之民也。”《吴越春秋·吴王寿梦传》云：吴越“以锥髻为俗”。

除被发、锥髻外，还有髡头。沈莹说，文化习俗与安家民相似的夷州民“人皆髡头穿耳，女人不穿耳”。“髡头”即剃去头发，光头。这与中原蓄发冠笄的风俗恰成鲜明的对照。④ 又安家民“男女悉无履”⑤。由此可见，断发（或髡发）、文身、左衽（上衣的对襟从左边开）、跣足，是东瓯人服饰文化的主要特征，这与当地气候湿热、环境多水是相适应的。东瓯人佩戴玉器。塘山大墓（塘山 M1）遭严重盗掘，仍出土玉璧和残玉觿各一件。⑥ 玉璧和玉觿都是佩饰品。此外，与安家民文化习俗相似的夷州民戴假面具，“能做细布（当为细葛——引者），亦作斑纹布”⑦也是值得一提的。

（三）居住风俗

东瓯的居住类型有三。一是干栏。干栏分布在山区。沈莹《临海水土异物志》云：“安家之民，悉依深山。架立屋舍于栈格上，似楼状。”⑧这种具有高敞疏朗特点的建筑形式，既能避免瘴疠之气的侵袭，又能防止猛兽蛇蝎之害。二是地面建筑。这种建筑形式是干栏建筑的发展，营建于低矮的小山或平原之上，前者有新石器时代晚期的老鼠山房屋建筑遗迹。该建筑遗迹位于海拔 61 米的老鼠

---

① 《逸周书·王会解》。

② 张崇根辑校：《临海水土异物志辑校》，北京：农业出版社，1981 年。

③ 张崇根辑校：《临海水土异物志辑校》，北京：农业出版社，1981 年。

④ 方杰主编：《越国文化》，上海：上海社会科学院出版社，1998 年，第 313 页。

⑤ 方杰主编：《越国文化》，上海：上海社会科学院出版社，1998 年，第 311 页。

⑥ 陈元甫：《温岭东瓯国城址与贵族大墓的调查与发掘》，林华东主编：《瓯文化论集》，杭州：浙江人民出版社，2009 年。

⑦ 张崇根辑校：《临海水土异物志辑校》，北京：农业出版社，1981 年。

⑧ 张崇根辑校：《临海水土异物志辑校》，北京：农业出版社，1981 年。

山主峰岗顶西南部分,有连片成排的石基建筑遗存,总面积达200多平方米,“从解剖的几组石柱基结构看,柱子的营建方法大多应为挖坑埋建,在柱子底部铺垫柱础,在柱根部围筑护石”。又“平面形态大致呈长方形,面宽约在8米以上,进深五六米。……建筑基址规模大,营建讲究,显示出老鼠山聚落建筑错落有致的布局特点”①。后者如大溪古城内偏西发现的一座规模庞大的“故宫台基”,其面积约8000平方米,隆突高出地面2—3米不等。基址的西、南断面上有排列规律的地下水管。② 从其规模大和设施美观的特征来看,应为大贵族的住所。

(四)交通风俗

如前所述,东瓯人处于一个多水的自然环境中。这就决定了其“交通以航运为主,舟楫是内外交通的主要工具”③。越人便于舟闻名遐迩。《越绝书》卷十生动地描绘了越人娴熟的驾船技巧:“以船为车,以楫为马,往若飘风,去则难从。”“其乘龄舟(小船),漂于江湖”④的绝技在当时没有可匹敌者。越人在造船上也有卓越的贡献。有学者指出越人至迟在春秋晚期发明了木板船(拼板船),至战国时已使用船帆作为航行的推进工具。⑤ 越人还发明并最早使用了“双身船”。⑥ 双身船就是两船相并而成的“方舟”。温州市郊山曾出土四条并排而列的独木舟,经鉴定为两艘双体独木舟,即“方舟”(双身船)的遗存。石钟健先生根据广西贵县出土的有双身船纹的铜鼓,认为东瓯人就是乘着双身船迁徙到西瓯的。

(五)婚姻风俗

两周、秦汉时期,东瓯属周边地区,由于其所受礼制影响较小,性关系和婚姻习俗较之中原地区显然比较原始、落后且宽松。《尚书大传》说:“吴越之俗,男女同川而浴。”反映了私奔、野合的习尚。又《日知录》卷十三记秦始皇会稽刻石辞云:“饰省宣义,有子而稼,倍死不贞,防隔内外,禁止淫佚,男女洁诚。夫为寄豭,杀之无罪,男秉义程。妻为逃嫁,子不得母,咸化廉清。”可见这一带在周秦时期的淫佚情况。作为古越人一支的夷州民“舅姑子妇男女卧息,共一大床,交

---

① 蔡钢铁:《温州好川文化遗址的内涵特征和地理环境》,林华东主编:《瓯文化论集》,杭州:浙江人民出版社,2009年。

② 林华东:《东瓯国都地望》,林华东主编《瓯文化论集》,杭州:浙江人民出版社,2009年。

③ 孟文镛:《于越与东瓯关系初探》,林华东主编:《瓯文化论集》,杭州:浙江人民出版社,2009年。

④ 《淮南子·齐俗训》。

⑤ 林华东:《吴越舟楫考》,《东南文化》(第二辑),南京:江苏古籍出版社,1987年。

⑥ 墚钊韬:《西瓯族源初探》,《学术研究》1978年第1期。

会之时，各不相避”①，没有丝毫隐私的观念。“又甲家有女，乙家有男，仍委父母，往就之居，与做夫妻，同牢而食。女以稼皆缺去前上一齿。”②这说明在婚姻上是从妻居的对偶婚，而缺一齿是已婚的标志。

（六）丧葬风俗

东瓯人的墓葬可分为四种类型，即土坑墓、石室墓、崖墓及土墩墓。兹分述于下。

土坑墓就是在高地挖坑掩埋，它是“瓯地原始和主要的墓葬形式”③。已发现的先秦土坑墓有好川墓地、老鼠山遗址、卧旗山墓地、牛鼻山墓地、瑞安隆山4座土坑墓和凤凰山土坑墓等。已发现的汉代土坑墓则是温岭市大溪镇塘山大墓。该墓三面环山，地面上保存有明显隆起的封土，封土墩呈东西向长方形覆斗状。墓葬形制为带墓道的长方形深土坑木椁墓，有斜坡式墓道，墓葬整体平面呈甲字形。规模大，坑口长15.5米，宽6—7米，坑底长13.5米，宽4.5米，深3.7米。墓道长12米以上，随葬器物有原始瓷器、印纹硬陶器、玉器等。墓外置一陪葬坑，出土仿青铜的陶质礼乐器28件。有学者认为，“将仿青铜的礼乐器专门设坑陪葬于墓外，是该墓的一个重要特点，反映出当时的一种葬制与葬俗”④。

石室墓亦称石棚墓，分布在近海岸的矮丘陵地区。其建构是在地面上以天然石块构起三面体，上覆大条石，形成棚状石室。这种石棚墓在瑞安岱石山、苍南桐桥等地发现，随葬原始瓷、印纹陶等。其时代“当在西周初期到春秋末期”⑤。

崖墓。沈莹《临海水土异物志》云：安家之民“父母死亡，杀犬祭之，作四方函以盛尸。饮酒歌舞毕，仍悬着高山岩石之间，不埋土中作冢椁也”。其特点为犬祭，以歌舞代哭，崖葬。崖墓反映了“尚高”的心理和作风。

土墩墓是不掘墓坑，平地掩埋垒土起封的埋葬方式。东瓯土墩墓仅发现3处：浦城土墩墓群、黄岩小人尖土墩墓、温州仙岩土墩墓。这3处墓都随葬大量形制相似的青铜器。

（七）信仰风俗

《淮南子·人间训》云：“荆人鬼，越人机。”《玉篇》：“机，鬼俗也。吴人鬼，越人机。”《始安记》云：“吴越之境，其人好巫鬼，重淫祀。”

---

① 石钟健：《论西瓯和东瓯》，《民族史论文选》下册，北京：中央民族学院出版社，1986年。

② 张崇根辑校：《临海水土异物志辑校》，北京：农业出版社，1981年。

③ 黄舟松：《先秦时期东瓯文化初探》，林华东主编：《瓯文化论集》，杭州：浙江人民出版社，2009年。

④ 陈元甫：《温岭东瓯国城址与贵族大墓的调查与发掘》，林华东主编：《瓯文化论集》，杭州：浙江人民出版社，2009年。

⑤ 陈元甫：《浙江石棚墓研究》，《东南文化》2003年第11期。

越族人认为自己是蛇的后代。《说文·虫部》云:“南蛮,蛇种。”他们视蛇为保护图腾。这就是越族盛行断发文身的根本原因。《说苑·奉使》载越人“剪发文身,灿然成章,以象龙子者,将避水神也”。又《汉书·地理志下》云:“文身断发,以避蛟龙之害”。注引应劭云:“常在水中,故短其发,文其身,以像龙子,故不见伤害。”上述“龙子”指蛇类。显然,越人“文身”,以蛇的形象出现,就在于求得蛇的保护。

越人对蛇图腾的崇拜还表现在几何印纹陶的兴起。温岭市大溪镇塘山大墓出土的印纹硬陶器有拍印方格纹、刻画弦纹和水波纹,大溪古城遗址出土的印纹硬陶器除拍印的方格纹外,还有刻画的水波纹、篦点纹与弦纹。有学者认为,这些都是蛇的形状,是蛇的不同姿态的模拟、简化与演变。①

(八)精神风俗

东瓯人尚武尚勇。《汉书·高帝纪》云:“粤人之俗,好相攻击。”《汉书·严助传》云:“越人相攻击,其常事。”又云:“越人习于水斗。”例如,同为越族的吴、越彼此攻杀数十年之久。又如,秦末群雄蜂起,原东瓯王摇与闽越王无诸,率领越人归附鄱阳令吴芮,跟随诸侯灭了秦朝。又如楚汉相争时,他们佐汉灭楚。因为军功,西汉高帝五年(前202)封无诸为闽越王。惠帝三年(前192)封摇为东海王,俗称“东瓯王”。

东瓯人的尚武尚勇还表现在青铜武器的制造上。春秋晚期,越人的戈与剑就驰名天下。瓯族铸剑大师欧冶子为楚王所铸的龙渊太阿、工布三剑和为越王所铸的湛卢、纯钧、胜邪、鱼肠、巨阙五剑都是千古名剑。台州境内的黄岩小人尖西周土墩墓、温州境内的仙岩西周土墩墓和福建土墩墓群都出土有制造精良的青铜剑、戈、矛、箭镞等兵器。在被认为是东瓯人后裔的台湾土著高山族中,曾流行一种以杀人取头为荣为勇的风俗。沈莹《临海水土异物志》云:“战得头,著者还,中庭建一木,材高十余丈,以所得头差次挂之,历年不下,彰示其功。”②

二、东瓯风俗的基本特征

(一)东瓯风俗具有扩布性和融汇性

融汇性即融合汇聚性,扩布性是指风俗在空间伸展上的蔓延性,也是指风俗文化的横向传播过程。东瓯风俗的扩布性特征,主要表现在它与于越、闽越、西瓯及中原汉族在风俗上的互动(互相作用,互相影响)和渗透。

1.东瓯与于越的关系

据孟文镛先生的研究,在百越中于越文化最发达,瓯越距离于越最近,且关

① 陈文华:《几何印纹陶与古越族的图腾崇拜》,《考古与文物》1981年第2期。

② 张崇根辑校:《临海水土异物志辑校》,北京:农业出版社,1981年。

系最为密切，曾被于越统一，封为东瓯王国。楚败越后和秦灭越后，都有于越人沿海南下，进入瓯越地区。彼此经过长期融合，有基本相同的生产生活方式和风俗习惯。

2.东瓯与闽越的关系

东瓯是从闽越国中裂土分封出来的。梅华全先生认为，东瓯与闽越早在新石器时代已有联系，青铜时代交往更为密切，并进一步融合，风俗面貌渐趋一致，到西汉初年完全一样。①

3.东瓯与西瓯的关系

学者指出，西瓯有部分可能来自东瓯。东瓯与西瓯在物质文化、精神文化等层面上的确存在着千丝万缕的联系。② 西瓯与南迁的汉族经过磨合，有相当部分融于汉。③

4.东瓯与中原汉族的关系

秦汉时期，随着社会财富的增加和商品经济的发展，中原风俗具有浓厚的世俗化色彩，人们普遍的心态是求富趋利。④《史记》卷一二九《货殖列传》引谚语云："天下熙熙，皆为利来；天下攘攘，皆为利往。"生动形象地展示了这个时代的风貌。这种对财富和享乐无止境的追逐势必引发价值观念的改变。贾谊尖锐地指出："今世以侈靡相竞，……弃礼谊，捐廉耻，日甚，可谓月异而岁不同矣。逐利不耳，虑非顾行也，今其甚者杀父兄矣。"⑤这种改易的世风势必会传播到边远地区的东瓯。史实也正是这样。如前 154 年发生吴楚"七国之乱"，东瓯出兵万人造反，反汉拥吴。不久吴王刘濞战败，仅余千人败走丹阳（在今江苏境内），打算与东瓯王联合，并收聚流亡士兵继续抵抗。汉廷派使者用重利为诱饵游说东瓯，东瓯王贪财图利，又见大势已去，便反戈一击，欺哄刘濞出营劳军，乘机派其弟与诸将用断矛杀死刘濞，以木匣盛头颅驰传汉景帝。

东瓯风俗对中央王朝也有影响和渗透。据《史记》卷二十八《封禅书》的记载，汉武帝元封元年（前 110），当时已经灭了南越、东越，一名叫作勇之的越人就说："越人俗鬼，而其祠皆见鬼，数有效。昔东瓯王敬鬼，寿百六十岁。后世怠慢，故衰耗。"皇帝于是命令越地巫师建立越人的祠庙，安置了祭台，没有祭坛，也祭祀天神、上帝和各种鬼，采用鸡骨占卜。皇帝相信它，越人的祭祀方法和鸡

---

① 梅华全：《论闽越与东瓯的关系》，林华东主编：《瓯文化论集》，杭州：浙江人民出版社，2009 年。

② 何英德：《略论东瓯与西瓯之文化关系》，林华东主编：《瓯文化论集》，杭州：浙江人民出版社，2009 年。

③ 徐杰舜、徐桂兰：《东瓯与西瓯比较论坛》，林华东主编：《瓯文化论集》，杭州：浙江人民出版社，2009 年。

④ 彭卫、杨振红：《中国风俗通史 · 秦汉卷》，上海：上海文艺出版社，2009 年，第 11 页。

⑤ 《汉书》卷四十八《贾谊传》。

骨占卜就开始在中原汉族地区使用了。东瓯后来迁徙河淮间,移民逐渐融于汉。

(二)东瓯风俗具有传承性与变异性

传承性是指风俗文化在时间上传衍的连续性,即历时的纵向延续性。这是因为风俗具有相对的稳定性,它的发展并不会由于朝代的更替而迅速发生变化。因此,前代的许多风俗,在后世往往依然存在,并像及时的春雨一样,产生“润物细无声”的影响。东瓯风俗也不例外。如饭稻羹鱼、断发文身、习水便舟等风俗,从新石器时代到西汉中期,都沿袭不变。

当然,风俗在传承的过程中,由于受社会、政治、经济及军事等因素的影响,其为适应周围环境而有相应的变化,即机能的自身调适。东瓯风俗在传承中也是这样。如迄今为止东瓯在新石器时代发现的都是土坑墓,到铜器时代又出现了土墩墓、石室墓(石棚墓)。又如,东瓯人在东瓯王摇生前敬鬼虔诚,但“后世怠慢”。①

此外,东瓯上层社会对风俗习尚有导向的作用。《汉书 · 地理志下》云:“吴、粤之君皆好勇,故其民至今好用剑,轻死易发。”《淮南子 · 主术训》也有类似记载:“越王好勇,而民皆处危争死。”可见习俗的传播方式是从少数上层传播到社会下层。

(作者:陈绍棣,中国社会科学院历史研究所研究员)

① 《史记》卷二十八《封禅书》。

北朝金铜佛造像发现与研究

◇张　翀

本文主要是对北朝(隋朝以前)关于金铜佛造像的发现史、研究史的一个概览,即旨在对金铜佛造像发现与研究的历史作以学术梳理,以期能够对所谓金铜佛造像进一步的研究有所裨益。通过我们所收集到的材料及相关论著来看,我们将要进行的工作应该有两个部分的整理,即发现情况、研究情况。现逐一开始梳理。

一、发现情况

李少南的《山东博兴出土百余件北魏至隋代铜造像》公布了1983年山东省博兴县崇德村发现的四十二尊造像:太和二年(478)王上造释迦多宝并坐像、太和二年落陵委造观世音立像、太和八年(484)佛立像、太和九年(485)程晕造佛坐像、太和二十一年(497)丁花造佛像、景明元年(500)石景之造释迦多宝并坐像、正始二年(505)朱德元造单身菩萨像、正始四年(507)张铁武造多宝像、永平四年(511)明敬武造观世音像、熙平二年(517)弥勒造像、正光四年(523)项寄造像、永安二年(529)纪和遵造像、永安三年(530)孙容造观世音像等,其中也包括隋代造像。① 这堪称是山东地区最重要的铜造像发现,因为出土量多,李少南在此基础上的分期也有着很大参考价值。同期李少南另行报道了博兴县另一处即河东村发现的铜造像五尊,其中鎏金铜立佛像为北魏时期,属于北齐的有菩萨立像、佛立像各一尊。② 而后汇总其成,编成《山东博兴铜佛像艺术》一书,除上两次发现外,另外收录1984年在龙华寺遗址附近的张官、冯吴等村收集的五尊铜佛造像:北魏永安三年佛立像,隋开皇三年(583)佛立像,东魏北齐间的佛坐像、无铭菩萨立像,隋代弟子立像。③《山东博兴铜佛像艺术》不仅公布了这几批金铜佛教造像的彩色图片,更在此基础上做了更为深入的研究,如博兴铜佛像分期,有关释迦多宝像、观世音像、弥勒像、老子像等不同题材的研究,佛像制作工

① 李少南:《山东博兴出土百余件北魏至隋代铜造像》,《文物》1984年第5期。

② 李少南:《山东博兴的一处铜佛像窖藏》,《文物》1984年第5期。

③ 张淑敏:《山东博兴铜佛像艺术》,北京:文物出版社,2009年,第17—22页。

艺、兴起发展的社会背景乃至龙华寺遗址的调查。书中另收录金申《博兴出土的太和年间金铜观音立像的诸问题》一文，为“太和年间观音立像的几种造型样式”“太和式观音立像的溯源和延续”两个专题性研究，其结论“太和观音像样式分布于山东和河北两省，从河北的中部完县、饶阳、景县到山东黄河下游的两侧东平、博兴一线，……太和期的观音立像造型优美，对以后的菩萨立像有很大影响，一直到东魏还偶有可见，至隋时才消失不显”颇可采。韩岗的《山东诸城出土北朝铜造像》报道了在山东省诸城县林家村镇青云村发现的六尊造像：太和十四年（490）佛立像、太和二十年（496）王女明造像，以及佛立像一尊、菩萨立像三尊。① 崔天勇在《山东莱州市出土北魏铜造像》中公布一尊北魏“景明三年”铭的造像，正面阴线刻一坐佛，背面高浮雕刻有并列二菩萨坐像。② 胡新立《山东邹县发现的北朝铜佛造像》公布四尊北朝铜造像：北魏永兴二年（410）马禄造像、东魏武定三年（545）马口造像、北齐天保八年（557）马忘愁造像、北齐太宁二年（562）马缅造像。③

中国社会科学院考古研究所、河北省文物研究所组成的邺城考古队1985年在河北省临漳县习文乡上柳村发现八尊北朝佛教造像：正光二年（521）“邓宣文造”佛单躯坐像、武泰元年（528）“邓法念造”观世音单躯立像六尊，以及一尊一观世音二菩萨像。其中六尊邓法念造像的四足床“系单独制作，上部的观世音像及背光则系用范模浇铸而成，前两件应系同范制成，后四件出自另一范模”④。林章芹的《河北省博物馆藏十六国至北齐铜造像概述》是一篇综合讨论的文章，然也公布了十尊未曾发布的馆藏造像，又据此有所研究，发现北魏中期之后风格的转变，“弥勒像、持莲蕾观世音菩萨像和释迦多宝二佛的流行，……舟形火焰纹背屏的大流行……是由于《法华经》在河北的传播与影响”⑤。裴淑兰、冀艳坤的《河北省征集的部分十六国北朝佛教铜造像》公布了十二尊造像：铜鎏金带背光佛坐像、铜鎏金佛坐像三尊、太和五年（481）安某造铜佛坐像、铜鎏金佛立像、延昌二年（513）吴郝利妻张盖姬造铜鎏金观世音立像两尊、铜鎏金飞天、天保六年（555）吴萨和造铜鎏金观音立像、武平四年（573）靳某造铜释迦多宝二佛并坐像。该文章除对造像详细描述外，还对几尊无铭铜像进行了重点讨论，认为其“与石家庄北宋村出土之鎏金铜佛坐像，不仅时代相同，而且也应是同一地区的

---

① 诸城县博物馆：《山东诸城出土北朝铜造像》，《文物》1986年第11期。

② 崔天勇：《山东莱州市出土北魏铜造像》，《考古》1994年第10期。

③ 胡新立：《山东邹县发现的北朝铜佛造像》，《考古》1994年第6期。

④ 中国社会科学院考古研究所、河北省文物研究所邺城考古队：《河北临漳邺城遗址出土的北朝铜造像》，《考古》1992年第8期。

⑤ 林章芹：《河北省博物馆藏十六国至北齐铜造像概述》，《文博》2009年第4期。

工匠铸造”。① 唐学凯在《河北宽城出土北魏铜造像》中报道了三尊北魏造像：太和十二年（488）张玄姬造菩萨立像、延昌元年（512）潘〔熏〕王造像和一尊无铭两面造像。② 其中延昌元年潘〔熏〕王造像在其后来于《考古》上发表的《河北省宽城县出土北魏铜造像》一文中定名为延昌元年潘奠王造像。③ 齐心、呼玉衡的《大代鎏金铜造像》报道了一件有着“大代”铭的北魏早期释迦说法坐像。④ 郭宝存、张翠荣、常文的《一件北魏刻铭铜造像》一文，公布和讨论的是1961年河北省平泉县商业局供销燃料库收购的一尊北魏太和十三年（489）刻铭铜造像。⑤

晋华、吴建国所撰的《山西寿阳出土一批东魏至唐代铜造像》公布了数尊北朝造像，其中带有铭刻纪年的有：武定四年（546）董回洛造观世音像、武定六年（548）故六□阿奴造观世音像、武定七年（549）孙贵姜造佛像、天保九年（558）王□造观世音像、天保十年（559）成元兴造佛像、河清元年（562）栾买糠造观世音像、武平五年（574）弓寄姜造释迦多宝并坐像、武平六年（575）陈兴造菩萨像等。⑥ 张燕的《长武县发现两件纪年铜造像》报道了一件北魏景明三年（502）造释迦多宝并坐像，另一件则是隋开皇六年（586）造像。⑦ 李勇、刘军在《山西省武乡县党城村出土七件北朝铜造像》中报道了当地出土的七件造像：武定六年郭买柞造立像、天保二年（551）郭买柞造立像、天保四年（553）郭□珍造立像、皇建二年（561）郭义造坐像两尊、天统三年（567）立像、天统三年郭□珍造立像。⑧

郑州市博物馆的《郑州出土一批北朝铜造像》公布了七尊带有铭文的造像：永安二年（529）造释迦像、永安三年（530）曹光生造释迦像、永安三年造菩萨像、永安三年造观世音像、建平二年温生造释迦像、天平四年（537）王早文造释迦像、兴和四年（542）赵伏姬造观世音像，此外还有四尊无铭造像。作者概括总结这批造像为“莲瓣形背光，早期的较宽，角钝，以后的变窄长，尖角锐利。少量背光两侧还装饰有飞天或背光中有化佛一尊。座的造型有长方形须弥座、覆莲座、圆形座等，多下连四方底座或重四方形底座”⑨。邓城宝的《宝丰县出土铜质造像》公布了一件北齐“河清二年”铭铜造像，“为带有背光的结跏趺坐像。造像半浮雕，肉髻高突，面孔窄长，高鼻深目。佛像无衣着表示，上体椭圆形，两侧作节

---

① 裴淑兰、冀艳坤：《河北省征集的部分十六国北朝佛教铜造像》，《文物》1998年第7期。

② 唐学凯：《河北宽城出土北魏铜造像》，《文物》1990年第10期。

③ 唐学凯、刘兴文、马瑞雪：《河北省宽城县出土北魏铜造像》，《考古》1990年第2期。

④ 齐心、呼玉衡：《大代鎏金铜造像》，《文物》1980年第3期。

⑤ 郭宝存、张翠荣、常文：《一件北魏刻铭铜造像》，《文物春秋》2010年第5期。

⑥ 晋华、吴建国：《山西寿阳出土一批东魏至唐代铜造像》，《文物》1991年第2期。

⑦ 张燕：《长武县发现两件纪年铜造像》，《文物》1986年第3期。

⑧ 李勇、刘军：《山西省武乡县党城村出土七件北朝铜造像》，《文物》1984年第5期。

⑨ 郑州市博物馆：《郑州出土一批北朝铜造像》，《中原文物》1985年第1期。

链状组成,每侧各四节似膊下垂。像后有类火焰状尖眉形背光,刻画潦草简单。佛像坐于束腰须弥座上。座下部为长方形四足床。造像整体向前倾斜,制作工艺简练、朴实,无装饰性雕刻”①。胡永庆的《河南魏晋南北朝考古发现与研究六十年》中略谈及北朝金铜造像,可资参考。② 方燕明在《近十年河南魏晋南北朝考古的主要收获》中略论及郑州出土的北朝造像,以及河南范围内征集的造像。③ 杜彤华的《新乡市博物馆收集一件北魏铜造像》报道了永平三年(501)尚元吉造弥勒坐像一尊。④

陈亮的《陕西扶风馆藏北朝有铭佛教造像及相关问题研究》中公布了一尊太平真君三年(442)菩萨立像。⑤ 王锋钧的《十六国北朝时期长安佛教造像的表现艺术》中略涉及北朝长安地区的金铜佛。⑥ 翟春玲的《西安出土北魏铜佛造像研究》公布了太和七年(483)追远寺众僧造方形三尊像、“太平真君二年”铭张锡宗造桃形青铜佛顶光像、“太平真君六年”铭青铜坐佛像、王得造三铺鎏金铜立像等造像,以及大致属于北魏时期的无铭铜造像。⑦ 韩保全的《长安出土的佉卢文铭鎏金铜造像》⑧报道了一尊鎏金铜释迦坐像,座后方镌刻一行佉卢文,经林梅村释读,为“此佛为智猛所赠(或制作),谨向摩列迦之后裔,弗斯陀迦 · 慧悦致意”。庞文龙的《岐山县博物馆藏铜造像》公布了一尊北魏延昌三年(514)佛造像,另有一尊为梁武帝萧衍普通二年(521)的弥勒造像。⑨

《江苏徐州发现北齐铜造像》公布了 1981 年春在徐州市贾汪北 3 公里的侯孟村发现的天保三年(552)鎏金铜造像,为一佛二菩萨格局,然底座丢失,发现者与石造像互证,“造像同河北邺南城临河二号石刻造像基本相同,因该造像无确切纪年,可作该石造像断代的参考,石造像下有须弥座,背光后面阴刻佛教故事,它又为铜佛复原底座提供了资料”⑩。

董彦文的《北魏释迦牟尼铜造像》中公布了甘肃省清水县的一尊有北魏“太和八年”纪年铭文的释迦牟尼铜造像,并认为“清水铜造像主佛释迦牟尼面庞略显长方,已不同于犍陀罗艺术的面形方圆;其面带笑容,眼窝趋平,嘴角内收,从

---

① 邓城宝:《宝丰县出土铜质造像》,《中原文物》1988 年第 4 期。

② 胡永庆:《河南魏晋南北朝考古发现与研究六十年》,《华夏考古》2012 年第 2 期。

③ 方燕明:《近十年河南魏晋南北朝考古的主要收获》,《华夏考古》1989 年第 3 期。

④ 杜彤华:《新乡市博物馆收集一件北魏铜造像》,《文物》1978 年第 12 期。

⑤ 陈亮:《陕西扶风馆藏北朝有铭佛教造像及相关问题研究》,《文物世界》2002 年第 5 期。

⑥ 王锋钧:《十六国北朝时期长安佛教造像的表现艺术》,《文博》2012 年第 1 期。

⑦ 翟春玲:《西安出土北魏铜佛造像研究》,《文博》2003 年第 5 期。

⑧ 韩保全:《长安出土的佉卢文铭鎏金铜造像》,《收藏家》1998 年第 3 期。

⑨ 庞文龙:《岐山县博物馆藏铜造像》,《文博》1989 年第 3 期。

⑩ 王恺:《江苏徐州发现北齐铜造像》,《考古》1985 年第 1 期。

五官和面颊整体分析，已经有了中国北方民族的形体特征因素。特别是两身供养人的服饰和体格特征，完全是当时北方民族的特点。这充分说明外来造像艺术形式一经传入中国，便很快被中国艺术家接受并与本土文化相融合，从而产生了具有多元文化特征的中国早期佛教艺术"①。魏文斌、吴荭于的《甘肃镇原县博物馆藏北魏青铜造像及有关问题》一文中讨论了镇原县博物馆所藏的一尊北魏青铜造像，认为其制作年代在北魏太和年间，图像来自炳灵寺第169窟的壁画。② 冯国富的《佛教艺术在固原的传播》中录1981年彭阳县新集乡发现的一尊北朝铜造像。③

另外，在收藏展出的范畴中，亦有《法象威仪——彭楷栋先生捐赠文物特展图录》中著录的自十六国始北朝佛教造像二十六尊④（82—107），其中重要的造像有北魏太和四年（480）无量寿佛立像（84）、北魏年间立佛三尊像（90）、东魏佛坐像（96）、西魏"大统五年"铭佛像、北齐天保三年（552）立佛三尊像、北齐武平元年（570）佛坐像等。在陈慧霞所撰的"展览概述"中将北朝造像置于整个东亚、南亚佛教文化圈来看，"四世纪下半的中国北部受到犍陀罗造像风格影响，六世纪北魏中期，其风格与印度风格却有明显的区别，佛脸形方中带圆，眼细成弧，鼻宽、颐丰，是中国造型特色，身着汉式僧衣，垂盖座前的僧衣趋于平面性，衣褶在座层叠排列，透露出对线条处理的兴趣，完全是中国北魏时期的作法，这种样式和处理方式，随着佛教路线的传播，影响韩国及日本的造像"⑤。由李玉珉执笔的《东亚佛教造像》亦论，"从中国佛教造像史来看，南北朝中期，佛教造像即能摆脱印度粉本的拘囿，制作完全汉化的佛像，这些佛像不仅五官面相中国化，同时佛不再穿通肩式或右袒式的印度袈裟，而着褒衣博带的汉式大衣，同时，又出现了表现衣纹线条流利变化的悬裳座"⑥。在《历代金铜佛造像特展图录》中有北朝佛教造像四尊：五胡十六国时期的坐像，北魏太和元年（477）释迦牟尼佛坐像、北魏太和二十二年（498）观音菩萨立像、北周观音菩萨立像，其中太和元年释迦牟尼佛坐像的背光背面图像丰富、情节动人。⑦ 书中概说力图将金铜

---

① 董彦文：《北魏释迦牟尼铜造像》，《丝绸之路》2002年第12期。

② 魏文斌、吴荭：《甘肃镇原县博物馆藏北魏青铜造像及有关问题》，《敦煌研究》2003年第3期。

③ 冯国富：《佛教艺术在固原的传播》，《固原师专学报》1990年第3期。

④ 林柏亭主编：《法象威仪——彭楷栋先生捐赠文物特展图录》，台北"故宫博物院"，2004年，第112—131页。

⑤ 林柏亭主编：《法象威仪——彭楷栋先生捐赠文物特展图录》，台北"故宫博物院"，2004年，第12页。

⑥ 林柏亭主编：《法象威仪——彭楷栋先生捐赠文物特展图录》，台北"故宫博物院"，2004年，第110页。

⑦ 陈慧霞：《历代金铜佛造像特展图录》，台北"故宫博物院"，1996年，第18—27页。

佛回复当时的“观看”场景中,“可惜传世作品的附件多半已失落,如分铸的台座、头光、身光或华盖等部分,只留下佛像本身部分。如五胡十六国的佛坐像,高13.5 公分,宽 7 公分,看似不显眼,但其实不然。以藏河北省博物馆,河北石家庄北宋村出土,造型和本尊几相同的金铜坐佛为例,除佛像主尊之外,顶加华盖,佛座下另加方形佛床,身后配背光,背光上二弟子胁侍,飞天献花,长宽都比单独主尊大二三倍。而且现存类似例子不在少数,说明完整的组合形式在当时相当普遍。身光都不易保存,更遑论包含主尊和胁侍成组的作品,早已散失成为个别收藏。……无疑是大型窟龛的缩影。因此如果复原当时的原形,完整的佛像组高度至少可达三十公分以上,再加上丰富的配件,想象其安置于供桌之上,必然金碧辉煌,气势庄严”①。另外西藏自治区文物管理委员会在《流传西藏的北魏铜佛像》②一文中披露了一尊在拉萨罗布林卡的西藏文物陈列室内展出的释迦牟尼说法造像。此像为北魏时期青铜铸造,佛身与四足须弥座连成一体,高 18 厘米,底座边长 6 厘米。释迦牟尼顶束发髻,额发为螺旋式,合目凝神,披袈裟,袒右肩,褶纹整齐。右手上举前伸,作说法状,左手持衣裾,结跏趺坐,下置须弥束腰金刚座。

二、研究情况

丁明夷的《谈山东博兴出土的铜佛造像》是在博兴造像大规模发现之后的一篇研究文章③,其中谈到“博兴北魏铜佛造像的变化,可以永平年间为界,分作前后两个阶段。永平以前太和、景明、正始铭诸像,基本上仍保持我国早期金铜佛造像的传统式样。……永平以后博兴北魏铜佛造像的变化趋向是:佛座的基本形式仍为四足方座,四足变得高、窄;出现仰、覆圆莲座,夹侍菩萨立于莲枝上。举身舟形背光的上下收缩,变得高、细,顶端尖角锐利,头光内饰莲瓣,莲瓣、火焰纹等用浅浮雕代替线刻。背光渐短,不及佛座而仅到足趺。手势同前,无大变化。服饰变化较大,佛着褒衣博带、内着僧祇支者渐多,大衣下摆宽大多襞纹,普泰以后渐内收。菩萨装自永平后出现宝缯垂肩,饰项圈、璎珞,帔帛交叉于腹部后再反翻悬肘披肩垂于体侧,大裙下摆密褶向外扩张,追求均衡、对称的形式美。铸造工艺渐繁复,出现高浮雕、直平刀法等,造像立体感增强。头部由前一段的高肉髻、丰圆脸、短颈齐肩,变为较低肉髻、面相清癯、细颈削肩”。

吴杏全、高朝英的《馆藏佛教造像铭文研究》对河北省博物馆馆藏铭文造像进行初步整理,其中谈到“以北魏时期居多。其中弥勒像最多,释迦像次之,观

---

① 陈慧霞:《历代金铜佛造像特展图录》,台北“故宫博物院”,1996 年,第 9 页。

② 西藏自治区文物管理委员会:《流传西藏的北魏铜佛像》,《文物》1981 年第 11 期。

③ 丁明夷:《谈山东博兴出土的铜佛造像》,《文物》1984 年第 5 期。

世音像较少,多宝像最少,弥陀像未见,……东魏时期的造像铭文数量不多,题材是弥勒、释迦并存,观世音比例增多,……北齐时期则以观世音像最多,弥勒像次之,释迦、弥陀、无量寿相同,新出现了卢舍那像和越殿国像"①,对研究北朝金铜佛造像也有不少启发。

李静杰的《金铜佛的文献考察》从文献的角度讨论了金铜佛的类别与渊源、金铜佛的发展与中心地区、金铜佛的供养与功能等三个方面,其中主要涉及北朝造像,钩沉文献制表后认为"平城、洛阳、邺城、长安先后为北朝的发展中心,建康则一直是南朝的中心"②。而他的《早期金铜佛谱系研究》则认为"金铜佛作为一种铸造艺术品,造型特征有别于石刻和泥塑,自成体系,在佛教遗存中具有相对独立性。现存早期,尤其五世纪中叶以前的石刻和泥塑佛像尚属罕见,这一时期遗留下来的金铜佛像则成为学术界关注的焦点",在这种观点下,他把早期金铜佛分为禅定佛组、说法佛组、莲花手观世音组和释迦多宝佛组四个谱系进行研究。③ 近年,他在《青州风格佛教造像的形成与发展》一文中着重分析了泰安北魏太和十八年(494)金铜佛像在青州风格佛教造像形成过程中的位置和作用,并据此讨论了典型青州风格形成时期,广义青州西、东、西中部地区的佛教造像,以及青州地区与其他地区交互影响的情况,"妙音造像背光纹样多可以在云冈石窟中找到来源,同时也见有南朝因素,是北魏首都平城因素与南朝因素的融合体。太和十八年金铜佛像背光纹样,与后来的青州风格造像比较,唯少一龙的要素,已经构成青州风格造像的雏形"④。

金维诺的《南梁与北齐造像——在〈全国考古新发现精品展〉研讨会上的发言》⑤中虽主要讲述石质造像,但对金铜佛研究不无启发之处。孙迪的《日本藏传陕西三原出土西晋十六国金铜弥勒菩萨立像》,对京都藤井齐成会有邻馆所藏的造像略事研究。⑥

张淑敏、田茂亭的《浅谈山东博兴出土的北朝铜佛像》对山东省博兴县博物馆所藏北朝铜造像做了整理,亦有分期意见,文中尝试讨论造像铭文问题,北魏早中期"铸铜造像的同时,趁造像未冷却成形时刻上去的,这时刻字较为省力,而且字体规整,字迹深沉流畅,字口较深,不显得生硬"⑦。刘鹏、张洪的《浅析北

---

① 吴杏全、高朝英:《馆藏佛教造像铭文研究》,《文物春秋》1994 年第 1 期。

② 李静杰:《金铜佛的文献考察》,《故宫博物院院刊》1995 年第 1 期。

③ 李静杰:《早期金铜佛谱系研究》,《考古》1995 年第 5 期。

④ 李静杰:《青州风格佛教造像的形成与发展》,《敦煌研究》2007 年第 2 期。

⑤ 金维诺:《南梁与北齐造像——在〈全国考古新发现精品展〉研讨会上的发言》,《中国国家博物馆馆刊》1998 年第 1 期。

⑥ 孙迪:《日本藏传陕西三原出土西晋十六国金铜弥勒菩萨立像》,《文博》2006 年第 5 期。

⑦ 张淑敏、田茂亭:《浅谈山东博兴出土的北朝铜佛像》,《中原文物》2005 年第 2 期。

魏时期山东佛教造像艺术》亦将铜石造像一并讨论，但多讨论铜像对于石像的作用，“虽然北魏时期的部分金铜造像仍然延续旧有的造像传统，造像风格趋于保守，可是还有一些金铜造像在表现技法、衣纹饰物的处理上，都有了新的突破，反映出当时工匠不断求新求变的理念。工匠们将新的造型、技巧在小型金铜造像上运用熟练之后，便广泛地应用到大型石雕上，所以山东地区金铜造像虽然尺寸不大，但在山东佛教造像发展史上却有重要意义”①。稍后，刘鹏在《北魏山东佛教造像考》中对金铜佛像的风格演变有所论述，“北魏晚期的山东佛像虽有突破创新，但仍可以发现一些太和时期的影子，尤其在金铜佛像上表现得尤为显著。例如，当时的金铜佛像仍以单尊佛像为主，景明四年（503）王平□铸造观世音像，无论在造像风格、背光和台座的样式还是火焰纹的表现上都与太和年间的金铜佛造像极为相似。甚至熙平元年（516），都还可以发现一些太和样式的佛像：上身袒裸，下身仅着裙裳，依然是印度装束的菩萨像”②。

姜涛在《穿越时空的庄严妙相——走进甘肃省博物馆佛教艺术展》中谈道：“泾川出土的十六国鎏金铜坐佛像是本次陈展中时代最早的汉传佛教金铜造像，也是国内保存最为完好的十六国铜造像之一。佛结跏趺坐于方形狮子座上，身后头光、背光俱全，并插有浮雕莲花纹的伞盖。”③金申在《佛教文物的研究与收藏》中对佛教造像著录略有讨论，并兼及金铜佛辨伪，论“有人常将北朝和隋唐造像不合，凡是四足造像统统标为北魏或署‘六朝’，实际上不少署‘六朝’的四足铜佛像是唐代作品”④。

朱捷元的《“神平三年”杨伏生造鎏金弥勒铜像》⑤公布并讨论了一尊“神平三年”鎏金弥勒铜像，该铜像为1949年以前西安西关机场工地发现，1952年时归陕西省博物馆收藏，之前似乎未有披露。佛像弥勒“脸型清瘦，眉眼细长，……外披褒衣博带式方领袈裟，胸饰璎珞，下着裙，盘腿交足坐于束腰复莲台，其下为须弥座，座下又有高足床。像的背部带有尖楣形背光，其中部为莲瓣纹，上有花瓣及瑞草相托的发光宝珠，周围满饰火焰纹”。文章除考释铭文外，还认为，铜像出土在西安西关机场工地，当为隋唐时期崇圣寺遗址所在，另披露在1978年4月间，机场工地又发现隋唐时期石刻佛头、佛像十余件。

此外，杨泓先生的《试论南北朝前期佛像服饰的主要变化》中的第一部分，

---

① 刘鹏、张洪：《浅析北魏时期山东佛教造像艺术》，《合肥学院学报》（社会科学版）第28卷第6期，2011年11月。

② 刘鹏：《北魏山东佛教造像考》，《广西民族大学学报》（自然科学版）第18卷第2期，2012年6月。

③ 姜涛：《穿越时空的庄严妙相——走进甘肃省博物馆佛教艺术展》，《中国宗教》2012年第4期。

④ 金申：《佛教文物的研究与收藏》，《美术观察》1996年第3期。

⑤ 朱捷元：《“神平三年”杨伏生造鎏金弥勒铜像》，《文物》1979年第7期。

以后赵石虎建武四年(338)造像,夏赫连定胜光二年(429)造像,宋文帝元嘉十四年(437)造像、元嘉二十八年(451)造像,北魏太武帝太平真君四年(443)造像五尊造像为例,讨论第一阶段即十六国初期到北魏文成帝和平年间(亦相当于南朝宋文帝元嘉年间)的服饰问题,杨先生注意到五尊造像来自不同地区,但形制肖似,“为我们研究当时全国各地文化艺术方面的承继和联系,提供了很重要的挑索”①。相类似的文章还有张承宗的《魏晋南北朝时期的宗教服饰》②等。

以上,是关于北魏金铜佛造像发现与研究的状况,我们略加梳理,发现除铜像发现之外,研究有两方面的态势或曰缺憾之处:其一是对北朝时期石质佛像关注较多,而对同期金铜佛研究相对薄弱;其二是对铜质佛教的研究,亦多集中在藏传佛教文物之上,而对魏晋时期佛教所产生的金铜造像用力不够。对于北朝金铜佛造像,笔者尚属初次涉及,所阅所见挂一漏万,望请指正。

(作者:张翀,中国社会科学院历史研究所助理研究员)

① 杨泓:《试论南北朝前期佛像服饰的主要变化》,《考古》1963年第6期。

② 张承宗:《魏晋南北朝时期的宗教服饰》,《淮阴师范学院学报》(哲学社会科学版)第27卷,2005年1月。

《易传》疏证

◇朱　清

以往对《易传》成书年限的考证多着眼于字句训诂，且众说纷纭，莫衷一是。本文则通过对《易传》思想内容的分析，确定其思想来源于荀子学说。兹以《系辞》为主，疏证如下。

一

荀子对道家、阴阳家等的宇宙观做了总结，由此确立了完整的儒家宇宙观。《天论》："天有其时，地有其财，……列星随旋，日月递照，四时代御，阴阳大化，风雨博施，万物各得其和以生，各得其养以成，不见其事而见其功，夫是之谓神。皆知其所以成，莫知其无形，夫是之谓天。"以天地为宇宙中最大的物质实体；以阴阳为天地、日月乃至万物的性质；天地、阴阳的交合作用是万物生化的根源；天地万物处于阴阳相互推移的变化过程中；阴阳和谐为天地万物的最佳状态。《彖》释"睽"卦"天地睽而其事同也"，释"泰"卦"则是天地交而万物通也"，《系辞》"天地絪缊，万物化醇"，《序卦》"有天地然后万物生焉，盈天地之间者唯万物"，皆谓以天地为宇宙中最广大的物质实体，是万物的本原，亦即荀子"天地合而万物生"之义。《系辞》"天地之大德曰生"是对荀子《礼论》"天地者，生之本也"、《不苟》"变化代兴，谓之天德"的概括。《系辞》"子曰：乾坤其《易》之门邪？乾阳物也，坤阴物也。阴阳合德而刚柔有体，以体天地之撰，以通神明之德""刚柔相推而生变化"谓阴阳为天地、日月的根本性质，也是"乾""坤"二卦的性质，其相互推移是变化的动因，都是对《天论》"日月递照，四时代御，阴阳大化""天地之变，阴阳之化"及《礼论》"天地以合，日月以明""天地合而万物生，阴阳接而变化起"的概括，故"撰"指变化。《彖》释"乾"卦："乾道变化，保合大和乃利贞，首出庶物。"天道的和谐方能有利于万物的生化，是荀子"万物各得其和以生"的体现。

荀子是将天地之道作为礼的根据，天地变化有其规律，人类社会生活亦当有其礼法秩序，即《礼论》"天地合而万物生，阴阳接而变化起，性伪合而天下治""天地则已易矣，四时则已遍矣，其在宇中者莫不更始矣，故先王案以此象之也""上取象于天，下取象于地""好恶以节，喜怒以当，……礼岂不至矣哉"之谓。而

《系辞》亦以《易》道取法于天地之道："在天成象，在地成形，变化见矣""天地设位，而《易》行乎其中矣""是故法象莫大乎天地""是故天生神物，圣人执之。天地变化，圣人效之"。此皆以天、地释"乾""坤"，《彖》《大象》《文言》《说卦》《序卦》亦皆如此；又以"乾""坤"两卦或刚、柔二爻为六十四的根源，也是源于荀子以天地为万物生化根基的"天论"思想。《易》道与礼皆效法天地法则，故二者又是相通的。孔子不讲阴阳。儒家完整的宇宙观及将阴阳作为哲学范畴皆始于荀子，故《易传》中的"子曰"指谓荀子。据此可证，《易传》为荀子弟子们所述作。

二

荀子扬弃了道家天道无为的思想，确立了天道无为、人道有为的天人观。《天论》："天行有常，不为尧存，不为桀亡。"荀子以"天"为无意识、无目的的物质现象，故"天"不能干预人的活动，人也不能为天加能，不能代天行事，此即"不与天争职"；"天"又有其规律、法则，人利用其法则养活自己为吉，违背其法则养活自己为"大凶"，此即"顺其类者谓之福，逆其类者谓之祸，夫是之谓天政"，这是就天道无为而言。"强本而节用，则天不能贫，养备而动时，则天不能病；修道而不贰，则天不能祸"是就人道有为而言，人有所修为，则可避害趋利。故《天论》"明于天人之分"即指谓天、人各有其本分与职能，不能相互替代。《文言》"乾始能以美利利天下，不言所利，大矣哉"、《系辞》"显诸仁，藏诸用，鼓万物而不与圣人同忧，盛德大业至矣哉"谓《易》道之功业体现于虽能彰显其仁德于外而又将其功用密藏于内，其功用的发挥是无思、无为的，故不自以为有功，与天地具有化育万物之功而不自以为功是一样的，此亦即"《易》无思也，无为也，寂然不动，感而遂通天下之故。非天下之致神，其孰能与于此"，都是对荀子的天道"不见其事而见其功，夫是之谓神""皆知其所以成，莫知其无形，夫是之谓天"及《王制》"故天之所覆，地之所载，莫不尽其美，致其用，上以饰贤良，下以养百姓而安乐之。夫是之谓大神"的概括。又："是故蓍之德圆而神，卦之德方以知，六爻之义易以贡。圣人以此洗心，退藏于密，吉凶与民同患。"圣人能把握《周易》法则，以过往之事项推断未来之事，帮助百姓解除忧患，是圣贤有为的体现，此亦即"是以君子将以有为也，将以有行也，问焉而以言，其受命也如向，无有远近幽深，遂知来物"。这是将合乎变化法则的有为活动视为圣人、君子之道，是对荀子以"修道而不贰"为人道的依取。《易传》对《易》道的客体与主体的解释是荀子"明于天人之分"天人观的体现。

荀子进一步论证了天人关系，《天论》："天有其时，地有其财，人有其治，夫是之谓能参。舍其所以参而愿其所参，则惑矣。"以人有意识的作为为"能参"，以人作用的对象即无意识的天地为"所参"，故人并非处于被动地位，天地万物即是人作用的对象，通过人自身的努力作为，掌握天地变化的规律，就可参与天地的变化,辅助万物更好地生长,从而成就天地生化万物的功能,为人类创造更多的财富而非只靠天的恩赐,此亦即“因物而多之,孰与骋能而化之”“愿于物之所以生,孰与有(佑)物之所以成”。故荀子所谓“错人而思天,则失万物之情”也是对老子“有见于诎,无见于信”(《天论》)和庄子“蔽于天而不知人”(《解蔽》)即主张废弃人力、才智只依靠天地恩赐的批评。《系辞》:“《易》曰:‘自天佑之,吉无不利。’子曰:佑者助也。天之所助者,顺也;人之所助者,信也。履信思乎顺,又以尚贤也。是以自天佑之,吉无不利也。”“顺”指人顺承天地法则,即荀子的“顺其天政”;此“信”乃伸之义,指积极有为,亦即荀子的“见于信”“修道而不贰”。合乎天地法则而有所作为则可趋利避害。此段文是论天人关系的,其思想乃至词语与荀子《天论》完全一致,故此“子曰”指谓荀子。又:“子曰:《易》其至矣乎!夫《易》,圣人所以崇德而广业也。知崇礼卑,崇效天,卑法地。天地设位,而《易》行乎其中矣。”“知”即智。“天地设位”即荀子的“所参”,礼、智是效法天地之道而又发挥人的作为的体现,是“能参”;圣人的礼、智作为不仅成就了天地化生万物的功能,也成就了人的本性。以上都是就人道有为特别是人的道德修为而言的,也是反对道家的绝礼弃智之旨,故是荀子天人观的体现。《大象》“天行健,君子以自强不息”与《系辞》“天地设位,圣人成能”更是对荀子的“所参”与“能参”特别是“骋能而化”“有(佑)物之所以成”天人观的高度概括。

荀子《礼论》“天地则已易矣,四时则已遍矣,其在宇中者莫不更始矣”是说人居于天地之中;《天论》“天有常道矣,地有常数矣,君子有常体矣”“在天者莫明于日月,在地者莫明于水火,在物者莫明于珠玉,在人者莫明于礼义”是以日月(阴阳)交替为天道,水火(刚柔)相胜为地数,礼义为人常。《礼论》“故天者,高之极也;地者,下之极也;无穷者,广之极也;圣人者,人道之极也”是以天高、地下、圣人为三极。这都是对“天有其时,地有其财,人有其治,夫是之谓能参”的申论。《系辞》“《易》之为书也,广大悉备,有天道焉,有人道焉,有地道焉。兼三才而两之,故六;六者非它也,三才之道也”“刚柔者,昼夜之象也。六爻之动,三极之道也”及《说卦》“是以立天之道,曰阴与阳;立地之道,曰柔与刚;立人之道,曰仁与义。兼三才而两之”皆谓阴阳推移为天时现象与节气变化的规律,刚柔为万物所具有的根本性质,仁义为人类社会生活的准则。荀子以天、地、人释礼,《易传》则以天、地、人解《易》,故《易传》中的“三才之道”“三极之道”思想也是对荀子的“所参”与“能参”天人观的提炼与概括。《天论》谓“天有其时,……望时而待之,孰与应时而使之”“养备而动时则天不能病”,荀子强调人的活动以合乎天时节气的变化为吉,人须因时而动,方能保养其健康;而以“举错不时”“勉力不时”为“人祅”。故“时”义亦是荀子天人观之一内容。《彖》释“随”卦“天下随时,随时之义大矣哉”,释“大有”卦“应乎天而时行,是以元亨”;《文言》“后天而奉天时”,皆以因“时”而动为君子之德,亦即荀子“应时而使之”之义。《易传》中的趋时说指卦爻象变化以适时为吉,失时为凶;此一解《易》体例与

"时"义之筮法语言也是荀子天人观的体现。孔子不讲天道;荀子则主张"君子理天地"(《王制》)。据此可证,《易传》为荀子弟子们所述作。

三

荀子"阴阳大化,……不见其事而见其功,夫是之谓神"是将作为万物生化根源的天地或阴阳的变化视为"神",其无意识,又变化莫测,故已非指谓主宰者的人格神,而是属于哲学范畴。《系辞》"阴阳不测之谓神""神无方易无体""子曰:知变化之道者,其知神之所为乎""鼓之舞之以尽神"的"神"皆指事物自身变化的动因,圣人鼓舞人探究一切变化,而非指鬼神、天命。《易传》中以"神"为哲学范畴是对荀子无神论的依取。

荀子《大略》:"善为易者不占。"《天论》:"卜筮然后决大事,非以为得求也,以文之也。故君子以为文,而百姓以为神。以为文则吉,以为神则凶。"荀子并非完全否定鬼神崇拜、占筮活动,而是将其视为一种礼仪,其意义不在于获得吉凶的结果、鬼神的保佑,而在于引导人们对祖先的功业有所感恩。此为荀子无神论的特色。《系辞》"是以明于天之道,而察于民之故,是与神物以前民用。圣人以此斋戒,以神明其德夫"是对《礼论》"卜筮视日,斋戒修涂,……然而成文"的概括,《系辞》"人谋鬼谋,百姓与能"是对荀子"君子以为文,而百姓以为神"、《礼论》"祭者,志意思慕之情也,……礼节文貌之盛矣,……其在君子,以为人道也;其在百姓,以为鬼事也"的概括。《周易》虽为占筮之书,但对吉凶的推断却立足于人道教训,故《易》之功用重在敬戒之教化("人谋")而非迷信活动("鬼谋"),体现的是人文精神、圣人的智慧。《易传》中"神"的哲理化与人文主义占筮观皆是荀子无神论特色的体现。据此可证,《易传》为荀子弟子们所述作。

四

荀子《天论》"缘天官"说指由感官对事物形象所获得的感知,《解蔽》"心知道"说指发挥理性思维以认识事物的根本性质;"缘天官"是"心知道"的基础,"心知道"是思维的终极目标,此二者为认识的完整过程。此为荀子反映论的特质。《系辞》"观象""观法""近取诸身,远取诸物"是承认卦爻象缘于圣人(思维)对天地形象(客观世界)的观察与效仿,而"一阴一阳之谓道"则是对事物的根本性质及其变化法则的概括。"观象"求"道"的思维路径贯穿于《易传》中,是荀子反映论特质的体现。

《解蔽》:"精于物者以物物,精于道者兼物物。……故《道经》曰:'人心之危,道心之微。'危微之几,惟明君子而后能知之。""以物物""危"是就对具体事项的态度而言,"道""兼物物""微"是就事物抽象的性质、道理而言,这两方面又相互联系,只有圣人、君子能知晓其中奥妙。《系辞》:“形而上者谓之道,形而下者谓之器。”此谓无形的阴阳之义体现在有形的卦爻象之中。《系辞》“知几其神乎”即本荀子“危微之几,惟明君子而后能知之”义,“神”则指对道在器中能有透彻的认识。此道器观也是荀子“心知道”反映论的体现。但荀子又认为把握事物法则高于治理具体事物,故极为推崇“心知道”,即“故君子壹于道而以赞稽物。壹于道则正,……则万物官矣”,故其反映论又具有唯理论的趋向。《系辞》“子曰:夫易何为者也?夫易开物成务,冒天下之道,如斯而已者也。是故圣人以通天下之志”“易与天地准,故能弥纶天地之道。仰以观于天文,俯以察于地理,是故知幽明之故”“与天地相似故不违,知周乎万物而道济天下故不过”“范围天地之化而不过,曲成万物而不遗”皆是以《易》道为宇宙的普遍法则,圣人把握了《易》道,则可穷尽一切真知,这与荀子“疏观万物而知其情,参稽治乱而通其度,经纬天地而材官万物,制割大理而宇宙里矣。……夫是之谓大人”是一致的,体现了唯理论趋向。《文言》:“夫大人者……先天而天弗违,后天而奉天时。”前半句指《易》道是普遍、绝对、永恒的,圣人掌握了《易》道,其活动则无不合乎天地日月变化的法则,故能无不适当而无任何过失;此句则更凸显了荀子唯理论趋向的反映论特色;“大人”亦本荀子之称谓,指把握了宇宙普遍法则或《易》道的圣人境界。

《天论》“故道之所善,中则可从,畸则不可为,匿则大惑”、《礼论》“先王圣人安为之立中制节”、《修身》“治气养心之术:血气刚强,则柔之以调和”谓以“中”为“道”;礼制即以中道为根基;刚柔相济也是养生、修身的原则。《小象》释“未济”卦九二爻“中以行正也”即以九二爻居中位为吉;《彖》释“同人”卦“文明以健,中正而应,君子正也”及《系辞》“若夫杂物撰德,辨是与非,则非其中爻不备”即以中正之道为认识事物的原则,亦为君子之道。中位说指一卦六爻中以二、五爻位为吉,是荀子中道思想于解《易》体例中的体现。《礼论》“礼者断长续短,损有余,益不足,……故文饰、粗恶,声乐、哭泣,恬愉、忧戚,是反也,然而礼兼而用之,时举而代御”则是将“时”与“中”联系在一起,以“时中”为合乎礼制的行为准则。《彖》释“蒙”卦九二爻“行时中也”、释“损”卦“损刚益柔有时,损益盈虚,与时偕行”皆以爻居中位且条件适当为吉。“时中”解《易》体例亦来源于荀子学说。《礼论》:“故人苟生之为见,若者必死;苟利之为见,若者必害;苟怠惰偷懦之为安,若者必危;苟情说之为乐,若者必灭。……天下从之者治,不从者乱;从之者安,不从者危;从之者存,不从者亡。”安与危等相反的两方面可相互转化,“若者”指转化的条件。《系辞》“子曰:危者,安其位者也;亡者,保其存者也;乱者,有其治者也。是故君子安而不忘危,存而不忘亡,治而不忘乱,是以身安而国家可保也”之“危者”(“不忘危”)是转化为安的条件。此“三不忘”说实是对荀子《礼论》这一段文的概括。《杂卦》“乾刚,坤柔,比乐,师忧”等即是依据荀子“恬愉、忧戚,是反也,然而礼兼而用之”从两卦相反之性质去认识卦象演变的法则。

《解蔽》:“夫道者,体常而尽变,一隅不足以举之。……圣人知心术之患,见蔽塞之祸,故无欲、无恶,……兼陈万物而中县衡焉。”“道”是全面的、完整的,但人的认识却有片面性,往往以偏概全。故须以“衡”为思维原则与方法,即从整体、全面而不偏执于局部、片面的角度去认识事物性质。《系辞》:“一阴一阳之谓道,继之者善也,成之者性也。仁者见之谓之仁,知者见之谓之知,百姓日用而不知,君子之道鲜矣。”又阴又阳方为事物的性质,故不能只看到阴或阳之一方面,而应二者兼顾,这是对《礼论》“两情者,人生固有端焉。若夫断之继之,博之浅之,益之损之,类之尽之,盛之美之,使本末终始莫不顺比,足以为万世则,则是礼也”的概括;《系辞》“子曰:天下何思何虑?天下同归而殊途,一致而百虑,……日往则月来,月往则日来,日月相推而明生焉。寒往则暑来,暑往则寒来,寒暑相推而岁成焉。往者屈也,来者信也,屈信相感而利生焉”谓从正反两方面认识事物的性质是思维的最高境界,也与《天论》“万物为道一偏,一物为万物一偏。愚者为一物一偏,而自以为知道,无知也”“老子有见于诎,无见于信”相一致,都是荀子“解蔽”思想的体现。故此“子曰”指谓荀子。不同于孔子的先验论,荀子具有唯理论趋向的反映论及其“解蔽”思想贯穿于《易传》之中。据此可证,《易传》为荀子弟子们所述作。

五

荀子《正名》的逻辑学贡献是:“名足以指实,辞足以见极”指概念是对事物根本性质及其类属关系(实)的反映,文辞是表达概念的工具,以恰如其分为宜;“大共名”是就概念的内涵而言,“大别名”是就概念的外延而言,此二者为概念的两个方面且具有反变关系而不能分割。“正名”的社会意义在于名言概念是推行礼制的基础。《系辞》:“子曰:夫《易》彰往而察来,而微显阐幽。开而当名、辨物,正言、断辞,则备矣。其称名也小,其取类也大。其旨远,其辞文。其言曲而中,其事肆而隐。因贰以济民行,以明失得之报。”“显”指外延,即荀子的“大别名”,“幽”指内涵,即荀子的“大共名”,“微显阐幽”则谓名言具有外延与内涵二个既相区别又相联系的层面;“彰往而察来”指依据类概念进行推理,即荀子的“推类而不悖”,此句亦即《王制》“微而明,短而长,狭而广,神明博大以至约”之谓;“当名”指一事物之名的确定反映了一事物之实,即荀子“制名以指实”“名也者,所以期累实也”之谓;“辨物”亦即“方以类聚,物以群分”及《大象》“君子以类族辨物”,指依事物的性质将其各归其类,又可据类概念分辨事物,即荀子的“质请而喻,辨异而不过”、《儒效》“举统类而应之”,故体现了对“大儒”的追求;“正言”“其言曲而中”指言中其理,即组合不同概念而下判断,亦即荀子的“正名而期”,“断辞”指推导出或吉或凶的结论,故“正言、断辞”即荀子的“辞也者,兼异实之名以论一意也";"备"指由概念、判断、类推、结论所构成的完整的逻辑规则;"其称名也小"指外延中的具体事项,"其取类也大"指一类事物的共同属性即内涵,此句谓一类事物的性质或概念的内涵体现在外延的一切分子之中;"其旨远"指概念反映事物的性质,具有普遍性、深刻性,"其辞文"指作为表达概念的工具的文辞以恰如其分为务,此句则谓概念与文辞不能分离,即荀子的"名足以指实,辞足以见极";"其事肆而隐"指通过外延的扩大而获得的内涵更具有普遍性、抽象性,即荀子的"大共名";"因贰以济民行,以明失得之报"与《系辞》"理财正辞,禁民为非曰义"("正辞"亦即"正名")皆谓名言概念或逻辑规则也是明辨是非、规范行为与社会秩序的根据,由此可引导百姓遵守礼义之道,即荀子"故壹于道法而谨于循令矣。……是谨于守名约之功也"之指归,都是就"正名"的社会意义而言的。《系辞》文的逻辑语言较荀子《正名》只是更为简约、概括而已,故此"子曰"指谓荀子。《易传》中的逻辑学内容充分体现了荀子的"正名"思想。据此可证,《易传》为荀子弟子们所述作。

六

《正名》:"性者,天之就也;情者,性之质也;欲者,情之应也。""性"指人的本性,"情"是"性"的具体内容,"欲"又是"情"的体现,此三者皆属先天范畴,因情欲为恶,为人的本性,故荀子性恶论是以"情"为"性",亦合称"情性"或"性情"。《礼论》:"性者,本始材朴也;伪者,文理隆盛也。无性则伪之无所加,无伪则性不能自美。性伪合,然后圣人之名一,天下之功于是就也。""性"或"情性"属先天范畴;"伪"则指后天作为,其深层含义则特指后天的礼义修为。"性伪合"谓后天作为须以人的先天情欲本性为基础;先天情欲本性能否改变取决于后天的作为;只有通过对礼义的后天修为,才能成为道德完善之人;圣人教化百姓即以礼义节制其性情,使之由恶而善,此亦即荀子"化性起伪"说。

《文言》:"乾元者,始而亨者也。利贞者,性情也。""性情"指本性,乾的本性指六爻皆阳,亦即"纯粹精也""刚健中正""利贞者"。《系辞》:"子曰:圣人立象以尽意,设卦以尽情伪。""情伪"谓卦爻象的各种变化("情")与其相对应的各种卦名及卦爻辞("伪")间的复杂联系;圣人引导人们对此种联系有所领会,使人的活动能够趋利避害,故"伪"亦具有两层含义。又:"八卦以象告,爻象以情言。刚柔杂居,而吉凶可见矣。变动以利言,吉凶以情迁。是故爱恶相攻而吉凶生,远近相取而悔吝生,情伪相感而利害生。凡易之情,近而不相得则凶;或害之,悔且吝。将叛者,其辞渐;中心疑者,其辞枝;吉人之辞寡;躁人之辞多;诬善之人,其辞游;失其守者,其辞屈。""爱"指刚柔的相交相感,"恶"指刚柔的相离相排斥,"爱恶相攻"谓刚柔既相交又相排斥的各种变化趋势;"远近相取"指远、近之爻相资取而有或当或不当的不同情况,都是就"情"即刚、柔二爻的性能及其各种变化趋势而言的,此亦即“刚柔杂居”“情言”“情迁”“易之情”之谓。“吉凶”“吉凶生”“吉凶可见”“悔吝生”指吉凶悔吝等不同的占辞、卦爻辞,此即“爻象”之谓,是就“伪”方面而言的。“而”“以”指联系,即“情”与“伪”两方面有联系,因刚、柔二爻的特性及其各种变化而得出或吉或凶、或悔或吝的不同判断,故“爻象以情言”“吉凶以情迁”“刚柔杂居,而吉凶可见矣”实即“情伪”合之义。“利害生”则是就“情”与“伪”的作用而言的,人们于此应有所领会,并从中做出趋利避害的选择。后半段文论人具有何种性情与其言辞是一致的,是对“情伪”合亦即荀子“性伪合”说更为直接的表述。由于荀子以“情”为“性”,故《系辞》所谓“情伪”实是对荀子“性伪合”的依取;以“情伪”为解《易》的筮法语言,表明《系辞》作者认定在卦爻象与卦爻辞间存在内在联系并试图揭示这种联系,这一思维路径则是源于荀子《礼论》“故情貌之变,足以别吉凶、明贵贱亲疏之节”的“性伪合”说。《象》释“贲”卦:“刚柔交错,天文也;文明以止,人文也。观乎天文,以察时变;观乎人文,以化成天下。”“止”即节制,指对好恶等两端之性情的节制;“人文”即礼仪、节文;“化”即教化,指由恶向善。《象》释“咸”卦:“天地感而万物化生,圣人感人心而天下和平。观其所感,而天地万物之情可见矣。”“情”指事物的本性,天地相交相成是万物生化的根源;圣人起礼义,教化百姓,移风易俗,使社会和谐安定;“圣人感人心而天下和平”是对荀子《乐论》“乐者,圣人之所乐也,而可以善民心,其感人深,其移风易俗,故先王导之以礼乐而民和睦”的概括。《象》《小象》中以礼释“履”卦,以减损情欲释“损”卦,以退让、节制释“巽”卦,以复归于善释“复”卦,以增益善行释“益”卦,以坚守德操释“恒”卦,以及《系辞》“三陈九德”中对诸卦的解释,都是荀子“化性起伪”说的体现。《系辞》:“子曰:《易》其至矣乎!……成性存存,道义之门。”“成性”指成就人的本性,即荀子《劝学》“生乎由是,死乎由是,夫是之谓德操。德操然后能定,能定然后能应。能定能应,夫是之谓成人”的“成人”之义;“存存”指日积月累、不间断,即荀子《性恶》“积伪”之谓;“道义”指仁义礼智信,亦即荀子的“伪”。此句即谓通过后天不断修为以把握《易》道,从而提升智力,使行为合乎礼法,如此日积月累,就能达到礼义之最高道德境界,最终成就人之所以为人的本性,是对荀子的圣人“化性起伪”说的高度概括。作为荀子思想特质之一的性恶论及其主旨“化性起伪”说贯穿于《易传》中。据此可证,《易传》为荀子弟子们所述作。

七

《正名》“知有所合谓之智”“能有所合谓之能”,《劝学》“君子生非异也,善假于物也”,谓人须与外界相接触方能产生知识与才能,君子善于借助外物以提高自己的才能;《性恶》“然则礼义法度者,是生于圣人之伪,非故生于人之性也”谓人的知能是后天获得的,圣人也是如此。荀子首次论证了人(圣王)的智力、才能来源于后天锻炼即“积伪”而非先天所固有。《系辞》“圣人则之”“圣人效之”“圣人象之”“近取诸身,远取诸物”的观象设卦说实际承认了圣人是学习的,其知识来源于与外物的接触,故是后天获得的;其有关圣人观象制器说一大段文字谓各卦象是圣人对各种自然现象的模写,又以卦象为依据发明创造了各类器物及由器物所代表的尊卑贵贱等级秩序,这都是以荀子“善假于物”才学观及《礼论》“雕琢刻镂,黼黻文章,所以养目也;……故礼者,养也。……贵贱有等,长幼有差,贫富轻重皆有称者也”等级观念为依据的,故与孔子的圣人生知说不同。据此可证,《系辞》为荀子弟子们所述作。

八

《礼论》“天地则已易矣,四时则已遍矣,其在宇中者莫不更始矣”、《不苟》“天地始者,今日是也;百王之道,后王是也”谓天地不断生化出新的东西,处于生生不息的过程中,故今日或每日也就意味着天地的开始;今日集往日变化之大成,故最丰富;天地万物不断变化、更新,贯穿古今,没有穷尽。荀子的“尊先王”谓保留周代的等级制度而非具体的世卿世禄制;“法后王”谓适应时代诉求而确立的新型等级制度(君主制、礼法制、尚贤制及思想统一)。荀子的“更始”发展观与其“法后王”历史观是联系在一起的,前者是后者的根据。《系辞》“富有之谓大业,日新之谓盛德。生生之谓易”之“日新”或“日日新”指日日不同,“生生”指生而又生,今日之天地万物最为丰富,才是“大业”的体现。《序卦》“物不可穷也,故受之以《未济》”谓以“未济”为六十四卦最后一卦,乃万物不断变化、没有穷尽之义。这都是对荀子“天地始者,今日是也”、“更始”说的概括。《系辞》“包羲氏没,神农氏作”“农氏没,黄帝、尧、舜氏作”“后世圣人易之以宫室”“后世圣人易之以棺椁”“后世圣人易之以书契”是将圣人分为“包羲”“神农”等先圣与“后世圣人”,实是荀子“尊先王”“法后王”之义;“穷则变,变则通,通则久”指变化没有穷尽,实是荀子“更始”之义。此段文是将发展观与历史观联系在一起,与荀子所论一致。

《王制》“人能群,彼不能群也。人何以能群?曰:分。分何以能行?曰:义。故义以分则和”、《礼论》“宇中万物、生人之属,待圣人然后分也。……人所以群居和一之理尽矣”之“群”指人类社会;“分”即各归其位,指贫富贵贱等级制度;“和”即和谐共处。礼即等级制是人类社会生活和谐的根基,此即荀子“群居合一”说。《文言》“子曰:上下无常,非为邪也;进退无恒,非离群也”“子曰:贵而无位,高而无民,贤人在下位而无辅,是以动而有悔也”,《系辞》“天尊地卑,乾坤定矣。卑高以陈,贵贱位矣”,《大象》“君子以辨上下,定民志”,《说卦》“和顺于道德而理于义”(“道德”指本性,“理于义”指各就其位、各尽其职、各得其宜),皆“群居合一”之义,也是对《王制》“有天地而上下有差,……先王恶其乱也,故制礼义以分之，使有贫富贵贱之等，足以相兼临者，是养天下之本也”（“养”指以礼节制人的欲求，以避免过与不及）的概括，并以此解释“三才之道”。故此“子曰”指谓荀子。《王制》“庶人安政，然后君子安位”谓是否安位或当与不当的准则为礼义。《象》释“既济”卦“刚柔正而位当也”即以此卦六爻皆当位为吉。当位说、时中说乃至承乘说等都是荀子《礼论》“好恶以节，喜怒以当；以为下则顺，以为上则明，万物变而不乱，贰之则丧也。礼岂不至矣哉”的“群居合一”说在解《易》体例中的体现。

《王制》“君臣、父子、兄弟、夫妇，始则终，终则始，与天地同理，与万世同久，夫是之谓大本”、《修身》“故人无礼则不生，事无礼则不成，国家无礼则不宁”、《大略》“《易》之《咸》，见夫妇。夫妇之道，不可不正也，君臣父子之本也。咸，感也，以高下下，以男下女，柔上而刚下。聘士之义，亲迎之道，重始也”皆谓礼为“群居合一”或家、国安宁的基石，而又以夫妇之道为礼的基石。“感”既指男女相交感之象，也指刚柔之性的交互作用，故荀子对“咸”卦的解释已包含了取象与取义说及筮法与哲学两套语言，此种解《易》之法为《易传》所传承，将刚柔作为哲学范畴始于荀子。荀子以夫妇之道解释“咸”卦，是将礼等同于《易》道，故是解《易》伦理化的倡导者。《象》释“咸”卦“咸，感也。柔上而刚下，二气感应以相与，止而说，男下女，……天地感而万物化生，圣人感人心而天下和平”、《序卦传》“有天地然后有万物，有万物然后有男女，有男女然后有夫妇，……夫妇之道，不可以不久也”谓礼义之道始于夫妇之道，前者本于《大略》对“咸”卦的解释，后者是以荀子释“咸”卦之义为依据。

《王制》“君者，善群也。群道当则万物皆得其宜，六畜皆得其长，群生皆得其命”谓等级制度须由圣王君主确立、推行，此即荀子“明分使群”说。《象》释“乾”卦“大哉乾元，万物资始，乃统天。……乾道变化，各正性命，保合太和，乃利贞，首出庶物，万国咸宁”、《系辞》“阳一君而二民，君子之道也”谓天统领万物，故须君王统领万民，万民方能各得其位，各尽其宜，国家则得其安宁，都体现了荀子“明分使群”及尊君主的政治思想。《易传》是以礼解《易》，伦理化是《易传》的重要特征，是荀子的礼之核心价值观的体现。

《天论》：“君人者隆礼尊贤而王，重法爱民而霸。”“王”指尚贤等礼制；“霸”指富国强兵、起法制、重刑罚。荀子扬弃了法家、兵家思想而主张“霸道”是实现“王道”的保障。《礼论》“君者，已能食之矣，又善教诲之者也”谓君主应奉行“养贤”之道。《王制》：“王者之论：无德不贵，无能不官，无功不赏，……尚贤使能而等位不遗。”荀子以“养贤”“尚贤”为“王道”的重要内容，且是实行于以才德为“贤”的标准的新型等级制度下的（亦即《象》文“日新其德”），而不同于孟子将“养贤”“尚贤”局限于世卿世禄之中。《象》释“颐”卦“养正则吉也。……圣人养贤以及万民”、释“大畜”卦“日新其德，刚上而尚贤，……不家食吉，养贤也”，《杂卦》“颐，养正也”皆本于荀子《礼论》“礼者，养也”及其“养贤”“尚贤”

说。《象》释“豫”卦“而况‘建侯行师’乎？……圣人以顺动，则刑罚清而民服”谓征伐与刑法只要合乎正道、合乎时代需要都能得民心，亦即《礼论》“师旅有制，刑法有等，莫不称罪，是君子之所以为悼诡其所敦恶之文也”。《大象》释“噬嗑”“贲”二卦“先王以明罚敕法”“君子以明庶政，无敢折狱”即以“霸”“王”二道释此两卦之义，是荀子《王制》“王者之人：饰动以礼义，听断以类，明振毫末”的“王霸”思想的体现。荀子“更始”发展观、“法后王”历史观、“群居合一”社会伦理观、“王霸”政治观皆体现于《易传》中。据此可证，《系辞》为荀子弟子们所述作。

九

《吕氏春秋·大乐》“太一出两仪”本于《系辞》“太极生两仪”，《应同》“类固相召”一段文本于《文言》“同声相应”一段文，故《象》《小象》《文言》《系辞》成书下限为《吕氏春秋》（吕不韦卒年为公元前235年）前。《大略》之重要性不仅在于保留了荀子解《易》的资料，还在于此篇非荀子所作，而是其弟子对荀子言论的辑录，这表明荀子于晚年始传授《易》学。《易传》的“子曰”指谓荀子，其录引内容及《易传》中文字大同小异、文意重复的语句、段落皆是荀子弟子们对荀子晚年讲授《周易》所作的笔记。据此，《易传》成书上限为荀子晚年。荀子对儒家典籍的解释实为诠释，是经学或儒家诠释学的开创者；《易传》大部分内容则是荀子弟子们依据荀子学说对《周易》所作的解释，因而具有哲理化、逻辑化、伦理化的显著特征，其中《大象》《说卦》《序卦》《杂卦》成书下限最晚可至秦汉之际。荀子卒于公元前238年，《易传》则由荀子弟子们所辑录、著作、编定，成书当在公元前238年前后，即战国末年。

（作者：朱清，中央美术学院讲师）

《公羊传》的解经路线

◇郑任钊

《公羊传》是诠释《春秋》的一部著作，在浩如烟海的中国古代经典注疏之作中显现了独特的诠释特色。它的解经路线不仅带领着公羊学家在思想创新上不断前进，也影响了历代为关注现实需求而重新诠释经典的思想家们。而《公羊传》对《春秋》的诠释无疑是很成功的，这使它从儒家经典中第一个脱颖而出，对西汉的政治和社会产生了极大的影响。

一、转换《春秋》的文本性质

《公羊传》与同是诠释《春秋》的《左传》诠释出了完全不同的成果。《左传》努力丰富《春秋》记述极为简略的史事，带给人们一部文字生动、叙事翔实的史学作品。而《公羊传》大力阐发《春秋》简约文字下所蕴含的义理，带给人们一部讲述礼义、道德和政治观念的哲学作品。我们可以由二者对《春秋》首句经文的诠释比较一下二者的这种差异：

《春秋·隐公元年》：元年春，王正月。

《左传》：元年春，王周正月，不书即位，摄也。

《公羊传》：元年者何？君之始年也。春者何？岁之始也。王者孰谓？谓文王也。曷为先言王而后言正月？王正月也。何言乎王正月？大一统也。公何以不言即位？成公意也。何成乎公之意？公将平国而反之桓。曷为反之桓？桓幼而贵，隐长而卑，其为尊卑也微，国人莫知，隐长又贤，诸大夫扳隐而立之。隐于是焉而辞立，则未知桓之将必得立也。且如桓立，则恐诸大夫之不能相幼君也，故凡隐之立，为桓立也。隐长又贤，何以不宜立？立适（嫡）以长不以贤，立子以贵不以长。桓何以贵？母贵也。母贵则子何以贵？子以母贵，母以子贵。

《左传》的诠释只比经文多了几个字，说明了关乎此段经文的两个史实，一个是当时鲁国奉行周历，一个是鲁隐公是摄政的地位，完全是从厘清史实的角度出发的。而《公羊传》则几乎从每个字都寻出隐含的意义来，并由此阐发出了"大一统"的观念，进而又说明了一套正名分的原则，虽然也交代了隐公得立的一些史实，但它显然关心的是史实背后的义理。

徐复观先生指出："经与史的分别，本来不在典籍的自身，而在读者所取的角度，及对它所提出的要求。从历史知识的角度去看五经，以得到历史知识为目的去读五经，则五经本来就是历史资料。但五经经孔子的整理，经孔门的传承，其目的不是在讲历史知识，而是在讲文武之道，在建立政治、社会、人生之道。换言之，是出于人伦道德的要求，而不是出于历史知识的要求。"①所以，同一本典籍，诠释者的诠释目的不同，对典籍性质的认识就不同，其切入的角度也必不相同，其诠释出来的成果也就会存在根本差异。《左传》的主要目的就是要得到历史知识，所以它就从史书的角度去看《春秋》，按照史书的路线诠释《春秋》；《公羊传》的主要目的是建立政治、社会、人生之道，在它眼里《春秋》就是经书，自然就会沿着发挥经义的方向诠释《春秋》。

毋庸置疑，《春秋》文本的外在特征表现为一部编年史，记录了鲁隐公元年（前 722）至鲁哀公十四年（前 481）这二百四十二年间的史事。而《公羊传》要把《春秋》看成是一部哲学著作，说孔子是借鲁国的史事来表达自己的政治观念和社会理想。这样，《春秋》就有一个文本性质转换问题，由史学转向了经学。

文本性质转换的直接后果就是诠释导向的转化，诠释者将沿着新的方向去诠释文本，所以《公羊传》就不再关心《春秋》里大大小小的历史事件，而以探究《春秋》大义为职志。而《春秋》所记载的历史也丧失了原有的具体属性，被抽象化为一种符号，成为可以盛装义理的容器。更为重要的是，文本性质的转换带来了诠释空间的骤然膨胀，这样一来，《公羊传》对《春秋》的诠释就摆脱了文本的束缚，有效地突破了原先文本性质所限定的诠释范围，进入了一个广阔的新天地。

对《春秋》文本性质的转换是《公羊传》诠释《春秋》的基石，不扭转《春秋》的文本性质，《公羊传》的诠释就没有合理性可言，其整个诠释系统的大厦必然倾覆。同时，《春秋》也正是借由这种文本性质的转换才成为"经"，否则它只能提供一些残缺不全的史料，顶多可以给予后人一些行事的借鉴。

《公羊传》对《春秋》文本性质的转换之所以可能，实际上是预设了一个前提：《春秋》之中存在着"微言大义"。所谓"微言"，就是隐晦的文字，即指《春秋》文字的实际意义无法从文字表面获得；"大义"，就是指《春秋》表面文字下所蕴含的孔子的思想和理念。如果《春秋》没有大义，其文本属性将往何处转？如果不是通过微言来寄寓大义，《春秋》的文本性质也就根本没有理由被转换。

孔子在《春秋》"微言"中寓有"大义"，那孔子必定应当是一个能为《春秋》面貌负责的人。《公羊传》认定《春秋》是孔子删修鲁史而成的。

《春秋·庄公七年》："恒星不见，夜中，星霣如雨。"《公羊传》解释说："恒星者何？列星也。列星不见，则何以知夜之中？星反也。如雨者何？如雨者，非雨

① 徐复观：《两汉思想史》第二卷，上海：华东师范大学出版社，2002 年，第 357 页。

也。非雨,则曷为谓之如雨?不修《春秋》曰:‘雨星不及地尺而复。’君子修之曰:‘星賈如雨。’”《公羊传》在这里明确指出有所谓“不修《春秋》”的存在,也就是存在一部未经改动的《春秋》,而且《春秋》当前的面貌是经“君子”对“不修《春秋》”删改以后留下来的。虽然后世学者多认为“君子”就是指的孔子,①但毕竟《公羊传》这里并未明言。

《春秋·昭公十二年》:“齐高偃帅师,纳北燕伯于阳。”《公羊传》:“伯于阳者何?公子阳生也。子曰:‘我乃知之矣。’在侧者曰:‘子苟知之,何以不革?’曰:‘如尔所不知何?《春秋》之信史也,其序,则齐桓、晋文;其会,则主会者为之也;其词,则丘有罪焉耳!’”孔子旁边的人对孔子提出了“何以不革”的问题,无疑其前提就是孔子对《春秋》是做了“革”的工作的。这里,《公羊传》请孔子直接现身为删改《春秋》的人,并请他自己说明他删改《春秋》的原则和对《春秋》面貌所承担的责任。

《公羊传》中还有一些文字也在提示人们孔子对《春秋》的微言大义负责。如说:“所见异辞,所闻异辞,所传闻异辞。”(隐公元年、桓公二年、哀公十四年)又说:“定、哀多微辞,主人习其读而问其传,则未知己之有罪焉尔。”(定公元年)《公羊传》认为《春秋》不仅有微言,而且微言使用的程度随着史事所在时代的不同而有所变化。《春秋》内容涉及孔子所见、所闻、所传闻的三个时代,孔子根据离自己的时间远近选择用辞,所传闻的时代距离自己生活的年代很远,用辞可以大胆直白一点,褒贬的倾向可以明显一点,而随着时间的推近,用辞越来越隐微,到了定公、哀公的时候,因为记载的人很多还在世,甚至有的就是孔子身边的人,用辞的标准就非常苛刻了,其文字的隐晦程度达到了连所录之事的事主读过之后,都不知道是对自己的批评。

《春秋》存有微言大义最明示的地方是《公羊传》的最后一段话:“西狩获麟。孔子曰:‘吾道穷矣!’《春秋》何以始乎隐?祖之所逮闻也。所见异辞,所闻异辞,所传闻异辞。何以终乎哀十四年?曰:‘备矣!’君子曷为为《春秋》?拨乱世,反诸正,莫近诸《春秋》,则未知其为是与?其诸君子乐道尧、舜之道与?末不亦乐乎尧、舜之知君子也?制《春秋》之义以俟后圣,以君子之为,亦有乐乎此也。”(《公羊传·哀公十四年》)这里,《公羊传》明确点出《春秋》乃孔子所作,而其作《春秋》的目的就是道之不行,在其中寄寓拨乱反正的大义,以指导后世。

二、揭示《春秋》的微言大义

《公羊传》对《春秋》文本性质的转换以《春秋》存在微言大义为前提,同时

① 如王充《论衡·案书篇》:“不修《春秋》者,未修《春秋》时鲁史记……君子者,谓孔子也。”

也是以揭示《春秋》微言大义为目的的。文本性质转换以后,《春秋》其文、其事在诠释者看来就只是寄寓大义的载体、探寻大义的线索而已。

《春秋·隐公三年》:“癸未,葬宋缪公。”《公羊传》:“当时而不日,正也。当时而日,危不得葬也。此当时,何危尔?宣公谓缪公曰:‘以吾爱与夷,则不若爱女。以为社稷宗庙主,则与夷不若女,盍终为君矣。’宣公死,缪公立,缪公逐其二子庄公冯与左师勃,曰:‘尔为吾子,生毋相见,死毋相哭。’与夷复曰:‘先君之所为不与臣国而纳国乎君者,以君可以为社稷宗庙主也。今君逐君之二子,而将致国乎与夷,此非先君之意也。且使子而可逐,则先君其逐臣矣。’缪公曰:‘先君之不尔逐,可知矣。吾立乎此,摄也。’终致国乎与夷。庄公冯弑与夷。故君子大居正,宋之祸,宣公为之也。”《春秋》这里记录了宋缪公下葬的日子,而宋缪公卒于八月葬于十二月,符合诸侯五月而葬的礼制,《公羊传》认为正常情况下是不需要记载具体日期的,这里记录了日期,就是在警示国家有危难。那有什么危难呢?于是《公羊传》就叙述了宋宣公不传子而传弟缪公,缪公也不传子而传给了宣公之子与夷,后来缪公之子庄公冯弑殇公与夷的故事,最后提出了对后世影响很大的“大居正”说,指出虽然宣公选择的缪公的确很贤能,但宣公破坏了传子的制度,没有遵循正道,是导致后来宋国祸乱的根源。《公羊传》所阐述的“大居正”说显然与“葬宋缪公”这一历史事件没有直接关系,“葬宋缪公”在这里只是提供了一个借以展开论述的线索。

《春秋》其文、其事既然在诠释者看来只是寄寓大义的载体、探寻大义的线索,那显然《春秋》的文本在诠释者看来就不对历史真相负责,有可能不是真实的记述,甚至可能是对史实的故意歪曲,一切都是为背后隐藏的大义服务的。董仲舒即言:“《春秋》之书事,时诡其实以有避也。其书人,时易其名以有讳也。……说《春秋》者,入则诡辞,随其委曲而后得之。”(《春秋繁露·玉英》)因而,《公羊传》虽然也经常补充一些史料,甚至有时还提供一些记载翔实的独家史料,但总体来说《公羊传》对史实如何是不那么关注的,它完全是以揭示《春秋》微言大义为职志而展开对《春秋》的诠释,有时候它必须随着《春秋》的“委曲”,不惜扭曲史实来成全义理的传达。

《春秋·隐公十一年》:“冬,十有一月,壬辰,公薨。”《公羊传》:“何以不书葬?隐之也。何隐尔?弑也。弑则何以不书葬?《春秋》君弑贼不讨,不书葬,以为无臣子也。子沈子曰:‘君弑,臣不讨贼,非臣也。子不复仇,非子也。葬,生者之事也。《春秋》君弑贼不讨,不书葬,以为不系乎臣子也。’”鲁隐公书薨不书葬,《公羊传》认为这是因为隐公被弑,鲁国臣子未能为君复仇,臣子不为君父复仇就失去了作为臣子的资格,而礼葬君父是臣子之事,鲁国既然已经没有臣子,葬事无所依托,所以只能隐而不书。而《左传》的解释只是“不书葬,不成丧也”,认为《春秋》不书葬,是由于没有按国君的规格为隐公正式举行丧礼。《左传》可能叙述了一个史实,但《公羊传》却由此揭示出来了一条“臣不讨贼非臣,子不复仇非子”的《春秋》大义，也就是强调君父之仇必报，报君父之仇为臣子不可推卸的责任和义务。

《春秋·成公元年》：“王师败绩于贸戎。”《公羊传》：“孰败之？盖晋败之。或曰贸戎败之。然则曷为不言晋败之？王者无敌，莫敢当也。”周王的军队吃了败仗，《公羊传》主要判断是败在晋国的手里，但《春秋》为什么不这么说呢？因为王者无敌于天下，诸侯是不能与王匹敌的，所以要记成“使王自败于贸戎”（何休《公羊解诂》）的样子。而据《左传》载：“晋侯使瑕嘉平戎于王，单襄公如晋拜成。刘康公徼戎，……遂伐茅戎。三月癸未，败绩于徐吾氏。”晋国是去调和贸戎（茅戎）和周天子的冲突的，周的军队的确是被贸戎的一支徐吾氏打败的。可见，为了阐发尊王大义，凸显王于天下至尊的地位，《公羊传》做出了不合史实的诠释。

在解释《春秋·隐公二年》中“无骇帅师入极”时，《公羊传》更是非常直白地用了一个“托”字：“无骇者何？展无骇也。何以不氏？贬。曷为贬？疾始灭也。始灭，昉于此乎？前此矣。前此，则曷为始乎此？托始焉尔。曷为托始焉尔？《春秋》之始也。”“托”，我们可简单理解为“寄托”。灭国并不始于展无骇，但《公羊传》硬是“托”给展无骇，以借他灭极之事来批评所有的灭国之举。可见，“托”字强调的就是一种借事明义，正如皮锡瑞所指出的，“止是借当时之事，做一样子，其事之合与不合，备与不备，本所不计”①。《公羊传》这种借事明义之法，为后世公羊家发扬光大，在何休的《公羊解诂》中，“托”字比比皆是，乃有著名的“托王于鲁，因假以见王法”（成公二年）的“王鲁”之说。

从《公羊传》点明的这个“托”字，我们也可以看出，《公羊传》解经很多时候是义理在先的，也就是先有一个要表达的义理，然后再在文本中去寻找可能的线索。这对后世那些关注现实需求而在经典中寻找资源的思想家有着极大的启发意义。

《公羊传》还有一种“实与而文不与”的提法。所谓“实与而文不与”，就是从《春秋》的文字上看对某人某事是不赞成或不承认其合法性的，但实际上却是持一种默许的态度。《春秋·僖公二年》“城楚丘”，《公羊传》：“孰城之？城卫也。曷为不言城卫？灭也。孰灭之？盖狄灭之。……然则孰城之？桓公城之。曷为不言桓公城之？不与诸侯专封也。曷为不与？实与而文不与。文曷为不与？诸侯之义，不得专封。诸侯之义不得专封，则其曰实与之何？上无天子，下无方伯，天下诸侯有相灭亡者，力能救之，则救之可也。”卫国为狄人所灭，齐桓公为卫国复国筑城，《春秋》却不书齐桓公，按照《公羊传》一般的解释套路，显然《春秋》对桓公此举不认同，有所贬斥，这样也正合“诸侯之义不得专封”之义。但《公羊传》却又提出一个“实与而文不与”之说，认为封国虽然本为天子之事，

---

① 皮锡瑞：《经学通论》四，北京：中华书局，1954 年，第 21 页。

但当时天子微弱,没有能力做这件事,齐桓公作为诸侯霸主出面攘除夷狄,挽救诸侯,恢复秩序,《春秋》实际上是予以认可的。

《春秋·宣公十一年》:“楚人杀陈夏征舒。”《公羊传》:“此楚子也,其称人何?贬。曷为贬?不与外讨也。不与外讨者,因其讨乎外而不与也,虽内讨亦不与也。曷为不与?实与而文不与。文曷为不与?诸侯之义,不得专讨也。诸侯之义不得专讨,则其曰实与之何?上无天子,下无方伯,天下诸侯有为无道者,臣弑君,子弑父,力能讨之,则讨之可也。”夏征舒弑陈灵公,楚君兴兵讨伐。“礼乐征伐自天子出”,诸侯是不能擅自外讨的,因此楚君不称爵而称“楚人”,从字面上解释的话,《春秋》应当是不认同此事的。但《公羊传》认为《春秋》这里也是“实与而文不与”,此时天子无力处理,又不能放任弑君的发生,于是默认楚国专讨的合理性。

类似“实与而文不与”的传文还出现在对僖公元年“齐师、宋师、曹师次于聂北,救邢”、僖公十四年“诸侯城缘陵”、文公十四年“晋人纳接菑于邾娄,弗克纳”、定公元年“晋人执宋仲几于京师”等经文的解释中。“上无天子,下无方伯”,社会处于一种管理真空的无序状态之中,致使上下陵替,诸侯灭国、臣子弑君父的混乱局面的发生,罪行得不到应有的讨伐与惩处,有鉴于此,《公羊传》提出“力能救之,则救之可也”“力能讨之,则讨之可也”,明确表示在王者无法承担起一统天下大任的情况下,应当依靠现实中可能的力量来维系和恢复社会秩序,同时期盼有实力和能力的人站出来勇于承担起社会的责任。然而《春秋》经文至多只能蕴有“诸侯之义不得专封”或“诸侯之义不得专讨”的意涵,于是《公羊传》借助“实与而文不与”,把“诸侯之义不得专封”或“诸侯之义不得专讨”等相对次要的原则牺牲掉,表达出了维护统一安定这一更为核心的大义。我们看到,“实与而文不与”实际上赋予了诠释者极大的诠释自由度,诠释者可以借此诠释出与经文字面本无甚至与经文字面相反的大义。

董仲舒说:“辞不能及,皆在于指。……见其指者,不任其辞。不任其辞,然后可以适道矣。”(《春秋繁露·竹林》)这就是对《公羊传》解经路线的一个精练总结,即以“指”(大义)为先,突破文字表达的局限性,不拘泥于文字的表面意义,可以获得文字表面以外的深层义理。

三、选择问答体的诠释形式

《公羊传》对《春秋》的诠释是通过一千五百多个问答来实现的①,《春秋》的微言大义就在这一个个问答中一点点地被挖掘了出来。《公羊传》对《春秋》经

① 据笔者统计,《公羊传》全篇用了 1523 个问答(不计所记载的历史人物之间的问答对话)。

文的诠释，简单的如隐公五年“螟”，只以“何以书？记灾也”来解说，一问一答之间完成诠释；而像对庄公四年“纪侯大去其国”的解释，则一口气用了十三个问答：

大去者何？灭也。孰灭之？齐灭之。曷为不言齐灭之？为襄公讳也。《春秋》为贤者讳。何贤乎襄公？复仇也。何仇尔？远祖也。哀公亨乎周，纪侯谮之，以襄公之为于此焉者，事祖祢之心尽矣。尽者何？襄公将复仇乎纪，卜之曰：“师丧分焉。”“寡人死之，不为不吉也。”远祖者，几世乎？九世矣。九世犹可以复仇乎？虽百世可也。家亦可乎？曰：不可。国何以可？国君一体也：先君之耻，犹今君之耻也；今君之耻，犹先君之耻也。国君何以为一体？国君以国为体，诸侯世，故国君为一体也。今纪无罪，此非怒与？曰：非也。古者有明天子，则纪侯必诛，必无纪者。纪侯之不诛，至今有纪者，犹无明天子也。古者诸侯必有会聚之事，相朝聘之道，号辞必称先君以相接。然则齐、纪无说焉，不可以并立乎天下。故将去纪侯者，不得不去纪也。有明天子，则襄公得为若行乎？曰：不得也。不得，则襄公曷为为之？上无天子，下无方伯，缘恩疾者可也。

《公羊传》先由“大去”二字切入，连着提了七个问题，提出了百世复仇之说。在这七个问答中，《公羊传》解释了为什么齐襄公灭纪《春秋》却不书“灭”予以贬斥而用了“大去其国”，提出这是因为周夷王时纪侯进谗言而导致齐哀公受烹杀，齐襄公灭纪是为已隔九世的远祖齐哀公复仇，《春秋》以齐襄公复仇为贤而褒扬他。最后顺理成章地回答出了百世犹可以复仇的结论。《公羊传》还渲染了在占卜不利的情况下，齐襄公依然无所畏惧，即使牺牲自我也要坚持复仇的英勇形象。

接着《公羊传》又提了六个问题，将百世复仇的许可范围做了严格限制：复百世之仇只明确限制于国仇，排除了私仇；国仇可以绵延百世，是因为国君一体，世代相传，后君是先君的继承者，先君之仇等同后君之仇，先君之罪也等同后君之罪。《公羊传》还强调，只有在“上无天子，下无方伯”的失序状态下，才可以用这样极端的手段去讨回有序状态下应有的公道，而如果“有明天子”在，社会正常秩序有保障，则应当首先走正当、正常的途径去伸张正义，而不得实施这种复仇的行为。通过这十三个问答，《公羊传》构建了一个独特的百世复仇理论。

《公羊传》解释一条经文所用问答数的最高纪录当属对僖公三十一年“四卜郊不从，乃免牲，犹三望”的解释了，一共用了十五个问答。

《公羊传》是经过长期口耳相传之后才写定的，采用自问自答的形式展开对《春秋》的诠释，固然可能是对口传经义的原始形式的一种保留，但同时也很可能是其写定者在比较了多种行文方式以后所做出的一种有意识的选择。问答体在先秦典籍中并不鲜见，如《论语》《孟子》《易传》《韩非子》等都存在以一问一答的形式来深入阐发义理的现象，但通篇采用问答体行文，却是《公羊传》的首创。

《公羊传》选择问答体,首先可能由于问答体在转换文本性质方面具有其特殊作用。《春秋·桓公五年》中"蔡人、卫人、陈人从王伐郑",从字面上看完全是对诸侯同周王一起讨伐郑国这一事件的历史叙述,《左传》按照史书的诠释路线,解说道:"王夺郑伯政,郑伯不朝。秋,王以诸侯伐郑,郑伯御之。王为中军,虢公林父将右军,蔡人、卫人属焉;周公黑肩将左军,陈人属焉。……曼伯为右拒,祭仲足为左拒,原繁、高渠弥以中军奉公,为鱼丽之陈。先偏后伍,伍承弥缝。战于繻葛。命二拒曰:'旝动而鼓!'蔡、卫、陈皆奔,王卒乱,郑师合以攻之,王卒大败。祝聃射王中肩,王亦能军。祝聃请从之。公曰:'君子不欲多上人,况敢陵天子乎?苟自救也,社稷无陨,多矣。'夜,郑伯使祭足劳王,且问左右。"对事件展开了全面细致的描述,说明了事件的经过、前因后果及主要人物的言行。但《公羊传》的诠释则是:"其言从王伐郑何?从王,正也。"一个问题的提出就使诠释视域从历史事件中跳了出来,"其言从王伐郑何",也就是说这里必有深意,直接转向了文本背后,然后回答说"从王,正也",将深藏的《春秋》大义挖掘了出来。

问答体可以转换文本性质,是与问答形式所具有的极强的导向性相关的。伽达默尔指出:"问题的意义就是这样一种使答复唯一能被给出的方向,假如答复想是有意义的、意味深长的答复的话。问题使被问的东西转入某种特定的背景中。问题的出现好像开启了被问东西的存在。因此展开这种被开启的存在的逻各斯已经就是一种答复。"①《公羊传》满篇尽是"何以书""何以不书","何以言""何以不言","何以名""何以不名","何以称""何以不称","何以日""何以不日"及"曷为""其言……何"之类的提问。如《春秋·桓公十五年》"天王使家父来求车",《公羊传》:"何以书?讥。何讥尔?王者无求;求车,非礼也。"君举必书,史书天王求车并没有什么奇怪的地方。但当《公羊传》提出"何以书"的问题的时候,其实就设定了"天王使家父来求车"本是不该书的,使经文就转入了它设定好的这个"特定的背景中"。《春秋》既然书了不该书的经文,那必是要借此进行某种判断,这样就"开启了"经文背后某种大义的"存在",经文之外的深意就被问题带进了经文中来。

其次,问答体有利于诠释者最大限度地利用文本的资源。我们还是以《春秋·隐公元年》经文"元年春,王正月"的诠释为例,《公羊传》连着提出了"元年者何""春者何""王者孰谓""曷为先言王而后言正月""何言乎王正月"几个问题,对经文的每一个字甚至是字与字之间的顺序都提出了疑问,充分利用了经文提供的每一处线索,不放过一点蛛丝马迹。也正是用这种全面铺开、逐个突破的

① [德]伽达默尔著,洪汉鼎译:《真理与方法》,上海:上海译文出版社,1999年,第465—466页。

方法,《公羊传》从这区区六个字里,阐扬出了影响深远的“大一统”思想。

与此相对的还有一种层层剥茧、逐次递进的方法,也是巧妙利用文本的好方法。如《春秋·隐公二年》“无骇帅师入极”,《公羊传》:“无骇者何? 展无骇也。何以不氏? 贬。曷为贬? 疾始灭也。始灭,昉于此乎? 前此矣。前此,则曷为始乎此? 托始焉尔。曷为托始焉尔?《春秋》之始也。”第一个问题是从经文字面的角度提出的,但第二个问题就是根据前一问的回答而提出的,第三个问题又是根据第二问的回答继续追问,后一个问题是顺着前一个问题继续往前探索,逐渐将论域扩充至经文不能涵摄的范围。这样,在诠释者的不断追问下,诠释内容逐渐深化,使诠释者能充分地将自己欲表达的思想展现出来。这种方法大概就是董仲舒所说的“为《春秋》者,得一端而多连之,见一空而博贯之”的具体原型,只要找到经文中的一点线索,就可以层层深挖下去,直至获得所需要的义理。

四、结语

《公羊传》写定于汉初,但此前经历了数百年的口耳相传。在数百年的传授过程中,公羊先师沿着独特的解经路线,不断将深具时代内容的思想观念融入对《春秋》的解说中,创造性地诠释了《春秋》的微言大义。后世公羊学家,在《公羊传》的解经路线指引下,不断发展《公羊传》的基本观念,不断对《春秋》和《公羊传》做出适应现实政治和时代要求的新诠释,不断丰富和发展公羊学说,阐发出许多独树一帜、对后世影响深远的理论。

《公羊传》的解经路线赋予经典诠释以开阔的空间,使经典的诠释不会拘泥于经文而窒息。《公羊传》主张突破文字的限制,甚至有的时候似乎已经失去了对经典应有的尊重,实际上,这正是经典持续生命力之所在。经典能超脱时间的限制,可以不断地适应新时代的挑战,很大程度上就是得益于诠释者的这种创造性的诠释。也正是借助于此,公羊学的理论体系既可以在汉武帝时推动“罢黜百家,独尊儒术”的实现,又可以在晚清容纳西方思想,成为变法维新的理论依据,深刻影响了中国古代思想面貌和政治进程。

创造性的诠释虽然不受经典原有文字的限制,但并非意味着诠释者可以随意无度地任意说经。晋代王接指出:“《公羊》附经立传,经所不书,传不妄起,于文为俭,通经为长。”(《晋书·王接传》)《公羊传》虽然主张跳出经文来诠释,但诠释的起点皆由经而起,每条传文都明确针对着一条经文,无论其阐发出什么义理,都可以在经文中找到依据,哪怕是牵强附会的依据,至少在形式上维护了诠释的可信度。而在诠释的义理上,《公羊传》也有着贯穿始终的核心价值,任何诠释和论断都是其核心价值的合理伸展,这也有效地保证了诠释的效力。

尽管如此,由于诠释弹性太大,也很难避免穿凿附会、主观臆断的弊病。汉代的公羊家竞相抛开经文驰骋己意,诸多法家、黄老、阴阳家乃至谶纬的内容都被塞进了经文的缝隙之中，以至“说五字之文，至于二三万言”（《汉书·艺文志》），出现“倍（背）经、任意、反传违戾”（何休《公羊解诂》序）的现象。公羊学从东汉后期开始走向衰落，千余年来备受诟病，《公羊传》自身这条解经路线应该也是难逃其责的。

（作者：郑任钊，中国社会科学院历史研究所副研究员）

方东树《汉学商兑》平议

◇朱昌荣

方东树(1772—1851),字植之,号仪卫轩主人,桐城派著名学者。他所著的《汉学商兑》(以下简称《商兑》)一书在清世影响匪细。时人称其书出,“汉学之气焰始衰”,“嘉道间海内著述有功于圣道者,以此为第一”①。其论虽不无溢美之处,但亦足见该书在当时学界的影响之一斑。因此,有必要对《商兑》一书进行一番研究工作。本文拟从该书著作之缘起入手,分析全书之结构,总结其得失,兼论“汉学”在道、咸之际衰退的原因。

一

据植之《商兑》,作者自叙缘起有云,“近世有为汉学考证者,著书以辟宋儒、攻朱子为本,首以言心、言性、言理为厉禁。海内名卿巨公,高才硕学,数十家递相祖述,膏唇拭舌,造作飞条,竞欲咀嚼”②,而“程朱之门,独寂然不闻出一应变”,乃以“不得已而好辩”之心,著此书以“复辨诸妄者之失”③。植之生活之年代,正值“汉学”④“一统”学界的时期。而程朱学则成为“处庙堂之高,离江湖而远”的学术流派。大批知识分子出于不同的目的,转向专攻汉学,且多以门户之见行“辟宋儒”“攻朱子”之事。而程朱壁垒中人则鲜有起而为之辩护者。植之自明心迹乃是以“不得已”之心,行著书“卫道”之事。然而,深究之,植之的自白心迹就显得捉襟见肘了。

第一,植之身负为师长争意气之责。桐城派学者与汉学家交恶甚早。江藩《国朝汉学师承记》“江永”载:桐城派开山方苞,任职三礼馆总裁期间,甚“自负

---

① 方宗诚:《柏堂师友言行记》卷1,《续修四库全书·史部》第540册,据民国15年京华印书局铅印本影印,上海:上海古籍出版社,2002年,第552页。

② 钱锺书主编,朱维铮执行主编:《中国近代学术名著》,《汉学商兑·序例》,北京:生活·读书·新知三联书店,1998年,第235页。

③ 钱锺书主编,朱维铮执行主编:《中国近代学术名著》,《汉学商兑·重序》,北京:生活·读书·新知三联书店,1998年,第412页。

④ 笔者不同意简单地以“汉学”一词概括当时学界主流,详参拙著《皖派朴学述论》,《清史论丛》2005年号。这里是出于讨论话语的一致,暂取植之等人对当时学界主流的概括。

其学”,以所疑《士冠礼》《士昏礼》数事就质汉学家江永,江永从容答之。后方苞负气再问,终为永所哂①。此为有关桐城文士与汉学家交恶较早的记载。后方氏弟子姚鼐曾欲师事汉学大师戴东原,结果为之婉言谢绝。鼐后多撰文攻击汉学诸人,指其所治之学为残碎,且肆其谩骂,咒汉学家“身灭嗣绝”。枝蔓所及,迁延至同样对汉学诸儒持否定态度的袁随园,足见当时桐城与汉学壁垒之严密。植之自不免卷入其中。检郑福照所作《方植之先生年谱》知:植之的曾祖泽曾为姚鼐师,而己父展卿则后先执贽姚鼐。可见,植之与桐城开山渊源颇深。且植之本人又与梅曾亮、管同及姚莹三人,为时人目为“姚门四杰”。自然,由这出发,我们敢断言,植之《商兑》一书之作绝无以全脱为师长争意气之背景了。

第二,植之亦颇有泄一己之私愤的目的。考章炳麟《訄书》“清儒”篇有云:“东树本以文辞为宗,横欲自附宋儒,又奔走阮元、邓廷桢门,躬行佞谀,其行与言颇相反。”②细思此言,可见植之以一介擅治文辞之文士,自比于程朱之门,而行与言又颇不相合。此其人品可议者一。再者,既身负为师长争意气之责,本不应与为汉学护法之阮元辈过于亲昵,实则兢兢奔走其间,躬行佞谀之举。此其人品可议者二。再举一例来说,史载,江藩成《汉学师承记》,阮元代为出资刊刻。稍后植之亦以求出资刊刻《商兑》一书为请,为之所拒。植之由之大恚,后更以訾议汉学诸人为务。此其人反复无常之佐证。

综上,笔者认为植之作《商兑》一书,除其已自明心迹所言而外,尚有为师长争意气、为己泄私愤两端。这两点是我们分析《商兑》成书背景所不得不辨明者。

二

《商兑》全书分上、中、下三卷。其中,中卷又分为上、下,共四卷。该书之体例,据其所作“凡例”所云,乃是“仿朱子《杂学辨》例,摘录原文,各为辨正于下”③。换而言之,本书乃是他取朱子旧例,以论辩式的方法,就汉学家之言论,与之反复辩诘而成。具体说来,上卷辩《宋史》“道学”“儒林”分传引出的问题。首以辩诘毛奇龄之“道学本道学家”,“其为非圣学,断断如也”的论断为标的。中卷之上析宋学的一些基本范畴,首辩“人心惟危,道心惟微,危微精一,允执厥

---

① 钱锺书主编,朱维铮执行主编:《中国近代学术名著》,《汉学师承记》卷5,《江永》,北京:生活·读书·新知三联书店,1998年,第93页。

② 章太炎:《检论·清儒》,《章太炎全集(三)》,上海:上海人民出版社,1984年,第475页。

③ 钱锺书主编,朱维铮执行主编:《中国近代学术名著》,《汉学商兑·凡例》,北京:生活·读书·新知三联书店,1998年,第237页。

中”十六字心传；次辩“心”“性”“理”及“仁”等；中卷之下则辟专章指陈崇尚小学、章句及训诂的汉学家之失。下卷则依江藩《国朝汉学师承记》“国朝经师经义目录”所编目次，逐条辩诘。这里，尤其需要指出的是，该书的“凡例”十条，于读者理解此书颇有效。简单说来，不读“凡例”，则无从知晓植之著此书之体例（如何为引文，何为断以己意者；又低一格、低二格写题；全举一家、参举一两者，如何区分等）、全书之大要及写作之缘起。该书又有“重序”一篇，诸家“题辞”数文。由前者我们可从中一窥植之著作此书之心迹。同时作者在这篇“重序”中，对古今学术流变多有精辟之论断。至于后者，虽则题辞诸人或为宋学壁垒中人，如姚莹。其他如朱雅、陆继辂、沈钦韩、李兆洛及毛岳生辈，多为与之交往甚密者。故凡此诸人论《商兑》一书，未免有溢美之词，但亦足见《商兑》在当时学界中影响之大。余波所及，至民国时，新会梁任公作《清代学术概论》，称《商兑》为“清代一极有价值之书”，且许其为“一种革命事业”①。要之，梁氏处民清易代之际，乃以革命家之姿态鼓吹种族革命，故其言多有言过其实之处；但从一定程度上说来，该书之作对当时一统天下的汉学界的确是有力冲击。

就该书之具体内容而言，大致说来可分为三类：一是对宋学家基本范畴的阐释；二是为宋学所作的辩护；三是对汉学及汉学家的攻诘。分别来说，植之在第一类中所论仍未脱宋学家藩篱，无甚鲜活之见。唯需特别指出的是，植之对宋学的维护，基本上是局限于程朱一路的，而对陆王则颇多指责。该书“自序”有云：“（今诸人）寻汉人纷歧异说，复汩乱而晦蚀之，致使人失其是非之心，其有害于世教学术，百倍于禅与心学。”②足见，在他看来，当时之有害学术世教者有三，“汉学”“禅学”及“心学”，尤以汉学为罪魁祸首。因此，我们认为，植之所欲卫之“道”非陆王之道，而是专系程朱一路。植之对宋学的辩护，从三个方面展开：一是针对宋儒卑视章句训诂，空言说经的问题；二是针对宋儒不重考据，不辨儒经真伪乃至篡改儒经原典以就己说的问题；三是针对宋明理学家出入儒佛，言心言性的风尚的问题。当然以上几个方面是当时汉学家对宋儒的指责，植之所辨诸端是就以上方面展开的。总的来说，植之所作辩护有两个特点：

第一个特点，植之的立论颇多互相矛盾之处。其论当时为学之大害，以“汉学”“禅学”和“心学”三者并举，以此三者为有害学术世教。由此，他本人似乎纯然置佛禅并陆王于程朱之对立面。但细检其书，则字里行间往往又流露出对它们的欣赏。他说：“为学而能堕于禅，此虽为圣学之害，然大段已是上乘人物。”且说士人流入佛禅乃是“高明”之失。结果，他自己不得不在文中自我辩解道：“余此段议论，及西原瓶庵之说，皆似奖禅，恐贻误学术，学者要必两边究其实，

---

① 梁启超：《清代学术概论》，上海：上海古籍出版社，2011年，第69页。

② 钱锺书主编，朱维铮执行主编：《中国近代学术名著》，《汉学商兑·序例》，北京：生活·读书·新知三联书店，1998年，第236页。

方能辨其故，所望后贤，以意逆志也。”①足见，方氏一面排拒佛释，一面又与之暗通声息。无怪乎皮锡瑞作《经学历史》，评曰“方氏纯以私意肆其谩骂，诋及黄震与顾炎武，名为扬宋抑汉，实则归心禅学，与其所著《书林扬觯》，皆阳儒阴释，不可为训”②。

第二个特点，植之的立论也颇有几分客观色彩。概括来说，当时之学者若皮锡瑞及稍后之章炳麟，多以方氏拘囿于宋儒门户之见而深诟之。但我们却不可以为方氏之立论乃“纯为谩骂”之举。原因在于，对于汉学，他是站在对立面的，但也未全盘否定，甚而宣称“汉儒之功，万世不可没”。对于汉学家，他也将之分为三大类（且不论其分类恰当与否）：一类是以南宋末的黄震、明清之际的顾炎武等人为代表的学者；一类如明代的杨慎、焦竑和清初的毛奇龄等人；再一类是惠栋、臧琳辈。他说这三类学者各有一定之群体特征，进而，他将批判之锋芒分别轻重指向他们。其批判的焦点是第二类，认为他们是“出于浅肆矜名，深妒《宋史》创立‘道学传’，若加乎‘儒林’之上，缘隙奋笔，忿设诐辞”③。其论虽不无偏颇，但毛奇龄等人名节确实有亏，钱宾四先生所著《中国近三百年学术史》即举一公案，说毛奇龄曾作有一部《四书改错》以声讨朱子，后听闻朝廷升朱子配享孔庙，乃亟毁书版④。再如，侯外庐先生著《中国早期启蒙思想史》，引全祖望斥奇龄“忠臣不死节”语⑤。总而言之，植之评判汉学及汉学家，动机或可指其为门户之见，但毕竟不可以“纯以私意肆其谩骂”所可概括的。总之，《商兑》一书，的确是植之站在宋学壁垒中，为羽翼师道，创为“正说”而作。其中不乏出于义愤，言语过激之处。但我们也不能由此完全抹杀其合理成分。

三

本文开篇所引时人评断，足见植之言论在当时影响之大，甚而有学者许之为“吾道干城”，称之为“真朱子功臣”，仿佛道、咸之际汉学的衰颓，可以完全归功于《商兑》一书的出版。我们认为，这种认识是与当时的历史实际不相符合的。汉学在道、咸之际的衰颓，离不开当时的社会大背景和学术演进内在逻辑。

其一，从社会大背景来说。学术的发生发展，不能离开一定的社会背景而存

① 钱锺书主编，朱维铮执行主编：《中国近代学术名著》，《汉学商兑·卷中之上》《汉学商兑·卷下》，北京：生活·读书·新知三联书店，1998 年，第 301、389 页。

② 皮锡瑞：《经学历史》，北京：中华书局，2008 年，第 313—314 页。

③ 钱锺书主编，朱维铮执行主编：《中国近代学术名著》，《汉学商兑·序例》，北京：生活·读书·新知三联书店，1998 年，第 235 页。

④ 钱穆：《中国近三百年学术史》，北京：商务印书馆，1997 年，第 256 页。

⑤ 侯外庐：《中国思想通史》第 5 卷《中国早期启蒙思想史》，北京：人民出版社，2011 年，第 363 页。

在,这是其土壤所在。当时的中国社会,处内外危机交加之时。内部,自 18 世纪后期以来,隐藏着的各种社会矛盾日趋尖锐化。外部,西方资本主义国家更张了侵略方式。由此,急剧的社会大变化引起了学术思想的变动,先前那种一意到故纸堆中讨生活的汉学,显然无法适应社会变革的需要。这是汉学本身的局限。

其二,从学术演进内在逻辑来看。汉学及汉学家,面临着前所未有的冲击。一方面,汉学阵营内部分化趋势更加显明。更多的汉学家走向汉宋调和一路,或是滑入今文经学壁垒。尤其是今文经学由常州庄述祖开启,中经刘逢禄、宋翔凤等人的发扬光大,至魏源、龚自珍辈的大为倡导,已蔚为风气,几夺汉学主流。再一方面,则是来自宋学阵营的攻诘。

由此,我们认为,汉学在道、咸之际的衰颓绝非植之《商兑》一书独力可奏其效,它与当时社会背景的变动、学术潮流的转移都有密切关联。但从根本说来,还是由汉学自身的鄙陋引起的。而且,汉学在不同地区的衰颓,又有其一定的特殊因素存在。比如胡适将汉学在江南的消沉委罪于洪秀全、杨秀清等人领导的太平天国农民起义。

(作者:朱昌荣,中国社会科学院历史研究所副研究员)

《周易》的“居安思危”之道

——地天泰卦的人生启示

◇刘永霞

《周易》为儒家的六经之首，由六十四卦构成，每个卦都可以用代表阴阳爻的图形即卦象来表示。《周易》里的卦都寓意深刻，主旨都指向了中国古代的“帝王之道”。相传，伏羲氏创八卦，周文王演绎为六十四卦，之后周公又附以卦爻辞来加以完善，而孔子作《十翼》（即《易传》，是孔子及儒家学者对《周易》所做的解释，包括“十翼”，或者说是有十个部分，指《彖传》上、下，《象传》上、下，《文言》，《系辞》上、下，《说卦》，《序卦》，《杂卦》）则是《周易》义理化成熟的象征。可知，《周易》从产生到义理化的定型与成熟，都是古代圣王与贤人殚精竭虑而用以治世的智慧结晶。

可以说，孔子是《周易》义理派学说的倡导者与奠基者。在易学后来的几千年的传承与发展中，历代大儒们都做出了自己的诠释，直至宋代，易学的发展又走向了一个高峰，高水准的著作大量涌现，如程颐的《周易程氏传》、朱熹的《周易本义》等，又成为了新的经典，当然，这也跟两宋时期的理学兴盛息息相关。之后，晚明大儒王夫之继承了义理派易学的路线，并将易学的发展推到了从未有过的高度。

综观《周易》全文，其内容充满了忧患意识，孔子在《易传·系辞下》中写道：

> 《易》之兴也，其于中古乎？作《易》者，其有忧患乎？①

孔子认为《周易》的内容讲的都是周文王与商纣王时候的事，周文王身处商末的乱世，正是由于拥有忧国忧民的忧患意识，因而将伏羲氏所创的八卦演绎为六十四卦，从而构成了一个完整、庞大的“周易”整体。之后，儒家的创始人孔子，处身于春秋战国的大变革、大动乱的时代，“以道自任”，时时忧思鲁国的前景，遂在晚年撰写了解释《周易》经文的《易传》，他写道：

> 危者，安其位者也。亡者，保其存者也。乱者，有其治者也。是故君子

---

① 《周易正义》，李学勤主编：《十三经注疏》，北京：北京大学出版社，1999 年，第 312 页。

安而不忘危，存而不忘亡，治而不忘乱，是以身安而国家可保也。①

这里，孔子就明确提出“安而不忘危”的居安思危的易学思想。孔子是从社会政治治乱的角度立意的，但居安思危具有普遍的理论指导意义，可以说，这个原则放之四海而皆准。因而，《周易》的六十四卦，从这个意义上来说，就是用来解决社会与人生的六十四种危机局面的。忧患意识贯穿于《周易》的始终与所有的卦中，因而，孔子非常强调应对变化，保持忧患之心的重要性。他说：

《易》之为书也不可远，为道也屡迁，变动不居，周流六虚，上下无常，刚柔相易，不可为典要。唯变所适。其出入以度，外内使知惧，又明于忧患与故。无有师保，如临父母。初率其辞而揆其方，既有典常。苟非其人，道不虚行。②

既然这个世界变化无常，那我们就应该时时以谨慎的态度，忧患的意识来洞察变化、应对变化，这就是孔子从中领悟出的人生智慧。

忧患意识贯穿于《周易》，六十四卦立意于各自的时局来表达居安思危之道。而在这多种时局里，最能典型表现此道的莫过于“地天泰”卦。我们经常说“否极泰来”，“泰”含有“通达”“大通”的含义，那么，在一个人或一个国家处于“泰”卦之时，就真的一切都安好，并且可以高枕无忧了吗？我们可以通过理解“泰”卦来说明这个问题。

“地天泰”卦是《周易》的第十一卦，如下图所示，是“泰”卦的卦象。《周易》的每个卦都由上下卦构成，“泰”卦的下卦是“乾”卦，上卦是“坤”卦，那么，“泰”卦就由“乾”卦和“坤”卦构成。如图，每条线都称为“爻”，“爻”分阴爻和阳爻，阳爻用实线表现，阴爻用中虚的线段表现。凡是阳爻都称为“九”，阴爻都称为“六”，“九”和“六”为老阳和老阴，喻意阳数、阴数在最大之时，事物即将会发生变化的含义。“泰”卦的六爻从下至上可读为：初九、九二、九三、六四、六五和上六。每个卦及其六爻都有卦辞和爻辞，如下图：

① 《周易正义》，李学勤主编：《十三经注疏》，北京：北京大学出版社，1999 年，第 307 页。

② 《周易正义》，李学勤主编：《十三经注疏》，北京：北京大学出版社，1999 年，第 315—316 页。

卦辞：泰：小往大来，吉亨。

爻辞：上六：城复于隍，勿用师，自邑告命，贞吝。

六五：帝乙归妹，以祉元吉。

六四：翩翩，不富以其邻，不戒以孚。

九三：无平不陂，无往不复，艰贞无咎。勿恤其孚，于食有福。

九二：包荒，用冯河，不遐遗。朋亡，得尚于中行。

初九：拔茅茹，以其汇，征吉。（从下至上）①

我们首先来看看整体“泰”卦的含义。

卦辞：泰：小往大来，吉亨。

“泰”，指“大”“安”。明儒王船山将其解释为“施化甚大而相得以安”。② 地在上，天在下，是指“地气”与“天气”。居之安则“吉”，行之通则“亨”。天地二气交通，清宁不失，故“吉”。天地交通而施化于万物，则“亨”。

以我们对自然的常识来说，“天”在上而“地”在下，为什么在“泰”卦中“地”反而在上呢？“泰”卦里说的上下是指“地气”和“天气”，是气流的升降磨荡运动。“乾”卦象征着“天”和“刚健的阳气”，当“天气”（即温暖的阳刚之气）下降后，便会鼓动、托升凝滞且阴寒的“地气”上升。“坤”卦象征着“地”和“凝滞的阴气”。

“天气”下降，“地气”上升，是为了生育万物，所以是亨通之道，是生生不息的自然规律。“大”指阳，“小”指阴。“天气”居于下卦，因而会逐渐上升而驱走阴气，就如自然界中冬去春来一样，这就是“小往大来”的含义。

《彖》曰：“泰：小往大来，吉亨”，则是天地交而万物通也，上下交而其志同也。内阳而外阴，内健而外顺，内君子而外小人，君子道长，小人道消也。

《彖传》是孔子对《易经》内容的解释，属于《易传》的一部分，简称为《彖》。

应怎么理解这段话呢？明儒王船山认为，“天气下施，地气上应，君民志感之象，亨之道也。天以清刚之气，为生物之神，而妙其变化，下入地中，以鼓动地

① 〔明〕王夫之著：《船山全书》第一册，长沙：岳麓书社，第141页。

② 〔明〕王夫之著：《船山全书》第一册，长沙：岳麓书社，第141页。

之形质上蒸”，而其气贯穿于各物，使物无不畅通遂达。“君以其心下体愚贱之情，而奠其日用饮食之质，民且上体君心，而与同忧乐。”可见，“泰”卦因施化盛大而得亨。①

以阴阳爻所处时位而言，往者逝于外而消，来者归于内而长，为阴阳健顺、君子小人各得其所之象，是吉道。“内阳外阴”，如春气动于内，虽有寒气在上，而生物之功必成。“内健外顺”，则志气秉持刚正，有为而和顺于物。“内君子而外小人”，君子如道，便于坐正；小人如器，便于使用。“内君子”而道行则贤者汇集上进，善则日长。“外小人”而谗贼不行而以直化曲，恶则日消。综合天道人事而言，“泰”卦阴阳各安其所而“吉”。

简而言之，“泰”卦代表的是天地交畅、万物茂盛生长的时期。这样的时期在人类社会就是君臣互信、百姓殷繁的清明盛世。

《象》曰：天地交，泰，后以财成天地之道，辅相天地之宜，以左右民。

《象传》是《易传》里的一部分，是孔子用来解释《易经》“取象”特点的。

“泰”卦天在下、地在上的“取象”有什么含义呢？“天”裁成地，“地”辅相天。“天道下济，以用地之实，而成之以道。地气上升，以效用于天，而辅其所宜。”②教养民众，以德辅佐，以利福佑。

简要说，即在一个社会，在上位的统治者要修养德性，以道德教化民众。而得到各种滋养的民众则要辅佐、听从在上位者的治邦安家之道。

这就是整体“泰”卦的含义，看起来，似乎这个时局是一个上下孚信、各安其位的盛明世道。那就意味着天下太平而没有一丝隐患了吗？当然不是这样，我们接下来再来了解一下“泰”卦爻辞的含义。

每个卦都由六爻构成，六爻各有各的位置，在性质上有“阴”和“阳”的区分。“泰”卦由三个阳爻和三个阴爻构成。那么，每一爻都具有什么含义呢？

初九：拔茅茹，以其汇，征吉。（最下面一爻）

“茅”，也称为“白茅”。多年生草本植物，春季先开花，后生叶，花穗上密生白毛。根茎可食，亦可入药。叶可编蓑衣。白茅在古代是洁白、柔顺的象征。祭祀时常用来垫托或包裹祭品。《诗经·召南·野有死麇》记载，年轻的猎人用白茅包裹猎获的野鹿来讨好少女，表示爱慕之情。“茹”，即茹藘，也称为“茜草”，又称为“地血”，植株根部除供染色外，又能止血。“茜草”可做红色染料，称为“绛染”。“汇”，指植物的块根及块茎。

茅与茹藘的茎都很坚韧，拔起时其根部互相连缀。“泰”卦三阳聚集于下，固结在一起，而初九又处在地位之下，为根类相连之象。阳方兴而初九欲潜藏，不与六四相应。但九二、九三正在上升，因而拔起初九与其俱升，使初九前往而

① 〔明〕王夫之著：《船山全书》第一册，长沙：岳麓书社，第142页。
② 〔明〕王夫之著：《船山全书》第一册，长沙：岳麓书社，第143页。

交于阴。初九所处之时宜往而又有汲引者,故“吉”。

《象》曰:“拔茅”“征吉”,志在外也。

“外”,指六四。其时宜于往而交于阴。就如拔茅、茹会连根带起那样,喻示初九应改变其潜藏之志,出而与正应相合。

简而言之,初九为阳爻而处位最下,它应该联合与其志同道合的九二与九三,共同为君主做事而建功立业。

九二:包荒,用冯河,不遐遗,朋亡,得尚于中行。

“泰”卦下卦为“乾”卦,九二虽在下,但以德论,则为“君”。“荒”指荒远而不受王治之地,这里为“六五”。阴爻应该居下,但六五却据君位而远于君子。九二以中道包容六五而与其相应,只有勇于自任者才能做到这点,故为“冯河”。六五对九五虽有疏远之心,但九二并没有遗弃它。“朋”指初九与九三二阳。三阳相与为类,居内用事,但九二崇尚中道而不建朋党,则远收六五为己用。小人在外,君子仍然授之以位,达之以情,坦然大公,人皆自得其所而成交泰之盛。

《象》曰:“包荒”,“得尚于中行”,以光大也。

九二刚中,志向光大,不宜结交朋党而自夸自傲。

简而言之,九二是居心坦荡、行事正派、一心为公的君子。其联合同类的君子,但从不结党营私,而且还不遗弃在荒远之地的民众,总是以共同奉君事上为目标。

九三:无平不陂,无往不复,艰贞无咎。勿恤其孚,于食有福。

“平”,指阳道平坦简易。“陂”,指阴道倾斜险难。三阳居于内卦,至九三而阳已盛极。阳盛极则必生阴,所谓平必陂,往必复,乃自然之理事。九三得位,本无过,但它重刚而不中,容易处于阳盛之时而拒阴。但九三只要能考虑到阴道之“陂”与“复”,做到艰难守正,便能无过。“孚”指九二以刚中与九三合道而相互信任。但九二并不把九三当作朋党,九三唯有忘私怀远而与上相应,则合于九二“朋亡”之义。阳治阴养,所以“于食有福”即于阴有福。荒野之人可以养君子,君子不摈弃而与之相应,那么,小人则宣力报效,君子则受其福。

《象》曰:“无往不复”,天地际也。

九三处在天地交际之位,与六四相近而亲密。九三上进,六四退下,二者相交然后可以消除险阻。“泰”卦内阳外阴,而保泰之道,唯有大公无私,怀远招携,勿要恃贤绝物,就如天地互相融洽,而不损伤其清宁之气。内卦三阳,皆以外应为吉。

简而言之,九三处在上卦和下卦的交接之处,并且位于阳刚极盛的位子,所谓“由盛而衰”,意在警告九三收敛自己的行为。

六四:翩翩,不富以其邻,不戒以孚。(上卦的最下一爻)

“翩翩”,很快地飞,飞而欲去之象。阳为大,阴为小,小则“不富”。六四一阴初兴而当位,还不至于“贫”。但六四与六五、上六为邻,则被牵连而“不富”。

六四为退爻,与阳爻相近而亲密,飞去并非其本志,其下应于初九,不需要警戒而自觉与初相应。“孚”,指三阴皆与下三阳相应而无异志。

《象》曰:“翩翩”“不富”,皆失实也。“不戒以孚”,中心愿也。

阳实阴虚,失实故而“不富”。“中心愿”,指阴往消之势非其本志,其志在于从阳。

六五:帝乙归妹,以祉元吉。

“归妹”,指夫归于妇家。男在外,女在内,为正。“泰”卦阳居二,阴居五,男屈从女,而女为主于上,有“归妹”之象。但此妇柔顺中正,不在其夫前骄傲而宜家,最终则得到福祉,所谓变而不失其正。六五与九二阴阳易位,柔中而应九二之刚,则“吉”。

《象》曰:“以祉元吉”,中以行愿也。

九二、六五都得中,故二者皆可行其心愿而不必忧虑失正。一般来说,君主求士,士不谄媚君主而求之,但若两者志同道和,则士从君而合义。

上六:城复于隍,勿用师,自邑告命,贞吝。

“隍”,指没有水的护城壕。城墙倾倒,则土又归于“隍”。上六阴爻处高危之地,必将倾倒。但倾倒之后又会从下复兴。这时应当告诫邑人,须在城内防备必然要到来的祸患。但上六的倾倒与复兴是必成之势,已经不可挽回,虽告命而得正,但终获吝道。

《象》曰:“城复于隍”,其命乱也。

上六之疾已无法救治,虽然要警戒,但已经不是早图治理的时势了。

上六这一爻出现了大危机。这是“泰”卦的“上六爻”,为什么在这么一个上下通泰的盛世还会有危机呢?程颐这样解释:“今泰之将终,失泰之道,上下之情不通矣,民心离散,不从其上,岂可用也?”①“泰”卦的最上一爻,就是“泰”卦即将终了之时,所谓“泰极否来”,事物便向另外一面转化。这意味着,在安定和平了一段时间后,世道又开始乱了。朱熹直接解释为“泰极而否”②。

在太平盛世,要防止盛极而骄、由盛而奢的诸多弊端。为了便于理解,我们可以借用《易经故事》中大鱼王朝传奇故事的内容,将“泰”卦的六爻间的关系比作六个人之间的关系。如下图:

---

① 〔宋〕程颢、程颐:《二程集》(下),北京:中华书局,1981年,第758页。

② 〔宋〕朱熹:《周易本义》,北京:中华书局,2009年,第76页。

上六：城复于隍，勿用师，自邑告命，贞吝。（龙城邑明国公陆英）

六五：帝乙归妹，以祉元吉。（大王龙豆与九妹小梅）

六四：翩翩，不富以其邻，不戒以孚。（银池蓝蛙侯胆星）

九三：无平不陂，无往不复，艰贞无咎。勿恤其孚，于食有福。（萝州白龟侯木通）

九二：包荒，用冯河，不遐遗，朋亡，得尚于中行。（珍珠紫虎侯姜葵）

初九：拔茅茹，以其汇，征吉。（麻州红虾侯杜松）

六个爻从下至上依次代表麻州红虾侯杜松、珍珠紫虎侯姜葵、萝州白龟侯木通、银池蓝蛙侯胆星、大鱼王朝的大王龙豆与九妹小梅、龙城邑明国公陆英。

大鱼王朝传奇故事讲的是：在很久以前的东方大地，有一个地域辽阔的大鱼王朝。王朝的大王为龙豆，时值大鱼王朝的和平强盛时期。而这时，处于王都"香雪"北边的"龙城邑"的明国公，由于自己膨胀的欲望不能满足而发动了叛乱，被称为"龙城之乱"。此乱虽然被大王龙豆很快平息，但在王朝引起很大震动，从而也结束了大鱼王朝繁荣、和平的政局。这个故事旨在说明，就算是在一个最繁荣稳定的世道，也要时刻警惕、防范有些人的蜕变甚至反叛。

这就是"泰"卦的警世意义。可以说，《周易》的忧患、警世思想贯彻在所有的卦中，而"地天泰"卦只是最典型而已。

（作者：刘永霞，中国社会科学院历史研究所副研究员）

从《法言》看《四库全书》版本优劣
——认识《四库全书》价值之一例

◇李 申

《四库全书》作为我国古代最大的一套丛书,其版本质量问题向来引起学界颇多关注。笔者在工作中,曾发现就贾谊《新书》、杨万里《诚斋集》、真德秀《西山文集》来说,《四库全书》本(库本)文字的准确度均优于《四部丛刊》本(刊本)。在此基础上,笔者又将库本《法言》(载《扬子云集》)与中华书局所出、汪荣宝义疏、陈仲夫点校之本做了对照,发现库本《法言》甚至也胜出中华书局“新编诸子集成”本。

汪荣宝作《法言义疏》,历时多年,点校者在点校过程中,又校改了原文的一些错字,它被中华书局收入“新编诸子集成”丛书,当是个很优秀的本子。把库本《法言》与汪本比较,具有某种示范的意义。

下面是我们将二者比较的记录。

	篇名	汪本	库本	评注
1	学行	川有渎,山有岳,高而且大者,众人所能踰也。 疏:各本作“不能踰”。李、宋、吴本皆无“不”字。	所不能踰也。	李轨注:“言诸贤之有妙艺,犹百川之有四渎,众山之有五岳,而川可度,岳可登。高而且大者,惟圣人之道,如天不可升也。” 俞樾据李注,认为当有“不”字。汪据李注有“川可度,岳可登”,证无“不”字。 申按:川,大者;岳,高者。高、大不相兼,故可渡可登。高且大者,惟天为然,故不可升。李本当有“不”字。秦重刻治平本即李轨注本,亦有“不”字。俞说是。库本胜。

续表

	篇名	汪本	库本	评注
2	学行	师者,人之模范也。模不模,范不范,为不少矣。	为害不少矣。	两可。
3	学行	一卷之(师)书,必立之师。	一卷之书。	汪本误将“书”作“师”。点校者据治平本改正。库本胜汪本。
4	学行	吾未见斧藻其德若斧藻其楶者也。 疏:各本皆作“好斧藻其德”。“也”,世德堂本作“欤”。	好斧藻其德。	不必删。库本胜。 以后还可看出,库本多取清初王钺所刻之世德堂本(世本)。
5	学行	或曰:“颜徒易乎?”曰:“睎之则是。”	“易乎?”“睎之则是。”	两可。世本亦无“曰”。
6	学行	昔颜尝睎夫子矣。正考甫尝睎尹吉甫矣,公子奚斯尝睎尹吉甫矣。	公子奚斯尝睎正考甫矣。	库本胜。 李注:奚斯,鲁僖公之臣也。慕正考甫,作《鲁颂》。汪本错。
7	学行	大人之学也为道,小人之学也为利。	为道也,……为利也。	两可。库本同世本。
8	学行	迁善者,圣人之徒与。	迁善也者…	两可。
9	学行	丘陵学山,不至于山。	而不至于山。	两可。
10	学行	先生生无以养也,死无以葬也。	生无以养,死无以葬。	两可。库本同世本。
11	学行	使我纡朱怀金,其乐可量也。	其乐不可量也。	世本、治平本皆有“不”。库本胜。
12	学行	纡朱怀金者之乐。	怀金之乐。	两可。库本同世本。
13	学行	颜苦孔之卓之至也。	颜苦孔之卓也。	两可。库本同世本。
14	学行	无止仲尼……无止颜渊。 疏:“无止”,各本皆作“无心”。	无心……无心。	库本胜。汪改无据。
15	吾子	曰:“讽乎!讽则已。”	曰:“讽则已。”	两可。库本同世本。

续表

	篇名	汪本	库本	评注
16	吾子	或问:"君子尚辞乎?"	或曰。	两可。库本同世本。
17	吾子	有人焉,自云姓孔。疏:"自",治平本作"曰"。……各本作"自"而夺"云"。	有人焉,自姓孔。	两可。库本同诸本。
18	吾子	述正道而稍邪哆者有矣。	稍侈者有矣。	两可。义近。
19	修身	气也者,所以适善恶之马也与。	所适善恶。	库本不当改。汪本胜。
20	修身	仰天庭而知天下之居卑也哉!	仰天庭而不知……	库本不当改。汪本胜。
21	修身	实无华则野,华无实则贾。	华无实则史。	库本同世本。两可。
22	修身	上士之耳训乎德,下士之耳顺乎已。	……训乎已。	库本同世本。两可。
23	问道	大哉,圣人言之至也。	开发大哉。	"开发"是李注衍入。库本同世本。汪本胜。
24	问道	垂拱而视天下民……安坐而视天下民之死。	垂拱而视天民……安坐而视天民之死。	两可。库本同世本。
25	问道	敝则益损之。	敝则损益之。	两可。库本同世本。
26	问神	或问"神"。曰:"心"。"请问之。"疏:《音义》:"请问之",天复本作"请闻之"。问闻二字古书通用。	请闻之。	两可。库本同天复本。
27	问神	和同天人之际,使之无间也。	无间者也。	两可。库本同世本。
28	问神	而成于仲尼乎。	而成于仲尼。	两可。
29	问神	易损其一也。	易损其一。	两可。

续表

	篇名	汪本	库本	评注
30	问神	下周者,其书谯乎! 疏:宋、吴作“谁”,司马(光)从之。	其书谁乎!	库本同宋、吴、司马本。
31	问神	面相之。	面目之。	汪本胜。库本错。
32	问神	能别似者为无难。	能参似者。	世本作“参以似”。
33	问明	去之,抏也。	去之,阬也。	宋、吴、司马、世本均作“阬”。
34	问明	昔乎,皋陶……	昔皋陶……	两可。库本同世本。
35	问明	或者劣诸子贡。	或劣……	两可。库本同世本。
36	问明	弋人何慕焉?疏:宋衷本、司马本作篡。	弋人何篡焉。	两可。库本同李、司马本。
37	问明	龙何如可以……	龙何可以……	两可。库本同世本。
38	问明	时可而升。	可而升。	两可。库本同世本。
39	问明	不亦珍乎!	不亦宝乎!	两可。库本同治平本。
40	寡见	多闻见而识乎至道者。	正道者。	两可。
41	寡见	诎道而从人。	诎道以从人。	两可。库本同世本。
42	寡见	譊譊者天下皆说也。	皆讼也。	库本胜。宋、吴、司马、世本皆“讼”。
43	寡见	三年通一。	三年通一经。	库本同世本,胜。
44	五百	阳虎,所不欲敬也。	于阳虎……	两可。库本同世本。
45	五百	虽天下不为也。	不可为也。	库本同世本。
46	五百	众人重其禄而轻其道。	众人轻其道而重其禄。	两可。库本同世本。
47	五百	何如其大也。	如何其大也。	两可。库本同世本。
48	五百	曰:“知之。”“知之则曷为不用?”	曰:“知之。”曰:“知之则曷为不用?”	两可。库本同世本。
49	五百	非天下之至。	非天下之至德。	库本胜。天复、司马、世本均有“德”。
50	五百	谏而不用。	不用雉。	两可。宋、吴本有“雉”。
51	五百	赫赫乎日之光。	日出之光。	两可。库本同世本。

续表

	篇名	汪本	库本	评注
52	五百	或问："圣人占天乎？"曰："占天地。" 疏：（引俞樾"'地'疑'也'字之误"）俞说是也。	占天也。	库本胜。汪知"地"误而不改，库本改正，胜。
53	五百	无事从小为大人。 疏："无事于小为大人"者……	无事于小为大人。	汪疏为"于"。知其正文之"从"为错。库本胜。
54	先知	齐桓欲径陈。	齐桓公欲径陈。	两可。库本同世本。
55	先知	若汙人老。	若汙人老。	汪本胜。库本错。
56	先知	或人曰，敢问日新。	或人，敢问。	两可。
57	先知	钟鼓不抎。 疏：《说文》："抎，有所失也。"亦非本文之意。天复本、司马集注本均作"眃"。	钟鼓不眃。	眃，"疾貌"。两可。
58	先知	则吾无以见圣人矣。	吾则无以见圣人矣。	两可。库本同世本。
59	先知	命舜、禹……	命禹……	汪本胜。库本漏"舜"。
60	先知	则政不核。	则政事不核。	两可。
61	先知	鼓舞万物者，雷风乎！……号令乎！	其雷风乎！……其号令乎！	两可。库本同世本。
62	先知	圣人乐陶成天下之化。	圣人乐天，陶成天下之化。	两可。库本同世本。
63	先知	什一，天下之中正也。 疏：各本皆无"中"字，今依钱本补。	天下之正也。	两可。
64	重黎	或问"浑天"。曰："下闳营之。"	曰："落下闳……"	库本胜。
65	重黎	几乎！几乎！	几几乎！	两可。库本同宋、吴本。
66	重黎	赧独何以制秦乎？	而赧独……	两可。

续表

	篇名	汪本	库本	评注
67	重黎	五十载之际，而天下三擅。	而天下三嬗。	两可。
68	重黎	其者未辩与。	或者未辩与。	两可。库本同世本。
69	重黎	戊、良乎。	(甘)茂、(张)良乎。	两可。库本同世本等。
70	重黎	“霍?”曰:“始元之初……”	“霍光?”“始元……”	两可。
71	重黎	信亚夫之军。	以信亚夫。	两可。库本同世本。
72	重黎	季布忍焉,可为也?	忍,焉可为?	两可。库本同世本。
73	重黎	当布之急，虽明哲之如何?	虽明哲如之何?	库本胜。
74	重黎	明哲不终项仕,如终项仕,焉攸避?	如终,焉攸避?	两可。库本同世本。
75	重黎	或问“贤”。……韦玄。	韦玄成。	库本同天复本、司马本。
76	重黎	或问“臣自得”。	臣之自得。	两可。
77	重黎	张卫将军之慎。	之善慎。	两可。库本同世本。
78	重黎	请问“臣自失”。	臣之自失。	两可。
79	渊骞	曰:“寝。”	曰:“在寝。”	两可。库本同宋、吴本。
80	渊骞	不可及也。	不可及乎。	两可。库本同世本。
81	渊骞	使知国如葬。	使知国如知葬。	两可。库本同世本。
82	渊骞	力不足而死有余。	力不足而尸有余。	库本同宋、吴本。
83	渊骞	不韦之盗。	吕不韦之盗。	两可。
84	渊骞	以求反于庆忌。	以反于庆忌。	两可。库本同世本。
85	渊骞	政?……轲?	政也?……轲也?	两可。库本同世本。
86	渊骞	美行,园公、绮里季…… 疏:《史记·留侯世家》作“东园公”。盖今本《史记》多为人篡改。	东园公……	两可。库本之据当为《史记》。汪意“东”字似后人所加,无据。

续表

	篇名	汪本	库本	评注
87	渊骞	使捋疎。	使将疏。	两可。库本同宋、吴、司马、世本。
88	渊骞	没齿无愁也。	没齿然也。	两可。库本同宋、吴、司马、世本。
89	渊骞	斯近世名卿矣。……近世名将矣。	斯名卿矣。……名将矣。	两可。库本同世本。
90	渊骞	而不逢其时。	不逢其时。	两可。
91	渊骞	非夷尚容,依隐玩世,其滑稽之雄乎!	非夷、齐而是柳下惠,戒其子以尚容,首阳为拙,柱下为工,饱食安坐,以仕易农,依隐玩世,诡时不逢,其滑稽之雄乎!	两可。库本与各本同。
92	君子	吾于孙卿,与见……	吾与孙卿欤,见……	
93	君子	是以君子全其德。	全德。	两可。库本同世本。
94	君子	又以巫鼓。 疏:“又”各本皆作“人”。	人以巫鼓。	库本胜。
95	君子	颜渊、闵子骞得其行矣。	闵子得其行矣。	两可。库本同世本。
96	君子	君子好人之好,而忘己之好;小人好己之恶,而忘人之好。	小人好己之好,而忘人之好。	库本胜。库本同世本。
97	君子	不自知倦者也。……进进则闻命矣,……则何少于必退也?……必进易俪……	不知……进退……何小于……易俪也……	两可。库本同世本。
98	渊骞	而后人爱诸;……而后人敬诸。	然后……然后。	两可。库本同世本。

续表

	篇名	汪本	库本	评注
99	渊骞	“人言仙者,有诸乎?”“吁!……”	曰:“吁!……”	两可。库本同世本。
100	渊骞	惟器器为能使无为有。	器器能使无为有。	两可。
101	孝至	天地裕于万物乎?万物裕于天地乎?	于万物?……于天地?	两可。库本同世本。
102	孝至	或问“子”。曰:“……”	或曰。	两可。库本同世本。
103	孝至	有人则作,无人则辍之谓伪。	则作之,……则辍之……	两可。库本同世本。
104	孝至	其至矣乎!	其至矣!	两可。库本同世本。
105	孝至	天下通道五,所以行之一。	天下之通道五,所以行之者一。	库本胜。库本同世本。
106	孝至	可不享?	可不享乎?	两可。
107	孝至	服其井、刑。 疏:此莽复井田之事。(又有复肉刑之证)	复其井、刑。	库本胜。“复”对,汪错。

从以上对比看,库本胜出的约为17处,汪本胜出的约为6处。其中除去版本的差别外,汪本知错而不敢改,库本却改正了一些应该改正的文字错误。从这里可以看出两本校者对文献理解水平上的差异。也就是说,汪对《法言》的理解不如库本的整理者。其例如:汪本删去“高而且大者”下句之“不”字,显然不知“天”和山川对比中的特殊地位。第6项把“正考甫”误为“尹吉甫”,第11项“其乐不可量”作“其乐可量”,第43项“三年通一经”作“三年通一”,第52项“占天地”之“地”明是“也”字之误而没有改正,等等,这些都说明汪本的校者的理解水平不如库本的。

在进行对比的107项中,我们对二本优劣的评论或许不是都准确的,但或可从一个角度说明,库本《法言》是一个较好的本子。

附:《法言》版本状况

汉侯芭(扬雄弟子)本。亡。

吴宋衷注本。亡。

晋李轨注本(李本)。存。

唐柳宗元注本(柳本)。

音义本,无名氏。据考为五代、宋时作。

北宋宋咸《重广注》本(宋本)。

吴秘注本(吴本)。

司马光注本(司马本)。

清世本,王铽世德堂刻本。(合李轨、柳宗元、宋咸、吴秘、司马光五家注,又称"五臣注"本)

治平本,清嘉庆二十四年秦恩复重刻宋治平监本。

汪氏义疏,多从重刻治平监本。

(作者:李申,上海师范大学哲学系教授)

近些年以来中国思想史书写范式之反思①

◇汪学群

近些年来学术界研究中国思想史大体有两类学者,一类是学哲学出身,另一类是学史学出身,由于学科性质、知识结构差异等原因,形成了两种不同的中国思想史书写范式:其一,从哲学视角切入,可称之为中国思想史的哲学书写范式,重点在于阐释思想,所谓"接着讲",借古代的思想发挥自己(或当下)的思想,史成为附庸;其二,从史学角度出发,可称之为中国思想史的史学书写范式,所谓"照着讲",虽然忠实于原著客观地叙述古代的思想,但仍重在阐释思想的外在条件如社会等,以史为中心,思想及发挥被边缘化。下面仅就这两种书写范式做些反思,并试图提出中国思想史应有的书写范式。

一、中国思想史的哲学书写范式

目前中国思想史的主流书写方法是哲学书写范式,这一方法以思想为核心,至于其中的史居于次要地位,甚至是微不足道的。概括起来,这方面的书写范式有以下特色:

(一)书写之前一般有预设的理论框架。这些理论框架大都是一些舶来品,最明显的是以西方哲学理论与范式为主导,比较有代表性的是新康德主义、结构主义、现象学、解释学、分析哲学、直觉主义等及相关的概念与范畴。据此对中国古代的思想进行裁剪,裁剪之后分门别类地装进这些既定的"板块"学说之中,用俗话来说,理论是个筐,什么东西都可以往里装。随着理论的发展与更新,中国思想史预设的理论及范式也在跟进,预设理论的发展决定中国思想史书写范式的变化,反之,中国思想史的书写范式变化也折射出预设理论的发展。中国思想史原有的范畴概念总是在不断地被重新解读,诠释学不仅是一种思想史的方法论,而且其自身也成为历史即诠释历史范式。一言以蔽之,中国思想史的书写成为西方理论及话语的实验场。人类的思想固然有共同的特点,但也存在着差异,即便是在全球化的今天,西方的思想影响愈来愈大,可能具有某种一般性,但

① 本文讲的中国思想史仅指中国古代思想史,不涉及近现代的内容,另外主要指中国大陆哲学和史学书写范式中所出现的一些偏向,而非指哲学和史学的书写范式都如此。

毕竟与中国古代的思想在时空上还是有所不同。中国古代思想产生于中西交通之前，其独特的地理位置及社会类型所造就的思想特殊性是西方不具备的。这种书写范式重在以西方哲学为特色诠释中国古代思想，显然是以一般性替代特殊性，忽略了中国古代思想独特的发展道路。因此，从某种意义上说，这种书写范式是西方中心论在中国思想史领域中的表现，也在一定程度上反映了西方学术话语上的霸权。另外，中国古代思想的著述大都有自己的内在逻辑，乃至首尾一贯较为完善的体系，反映着著述者的宗旨与用心，而裁剪则把它们的内在线索肢解了，裁剪本身也把这些著述仅仅当成史料，降低了作为著述的水平。总之，以西方的理论及范畴裁剪中国古代思想史料是不能真实反映中国古代思想全貌的。

（二）书写所用的文本或资料主要是中国传统的经典，如儒家的经书经注和史子集等阐释义理方面的著述，也包括《道藏》《大藏经》等经典性的佛老方外之书，以及历代有代表性的思想家本人的著述，取材以经典思想尤其是精英的思想为主。以哲学为主导的书写范式重在所用的文本或资料代表中国传统思想的主流，如经史子集四部为传统思想的精华，有代表性思想家的名著，对相关文本的分析揭示其微言大义，阐扬传统思想中的优秀基因，建构精英思想谱系，也有助于突显其当代的价值，对增强民族文化认同及凝聚力有益。然而，这种书写范式偏向多少脱离当时的社会，忽视历史上民间的思想、信仰和观念，以及社会的影响。

（三）书写所运用的工具主要是分析、演绎，对中国思想史上的概念范畴进行哲学诠释，试图揭示古代精英思想的贡献及现代价值。这种分析、演绎的空间其实很大，其伸缩性或者说弹性比较强，不仅被研究者自己都意识不到的思想被书写者演绎出来，而且其本身不曾有的思想也被“挖掘”出来，不仅达到了“得意忘象，得象忘言”的水平，甚至是望文生义、无中生有。从某种意义上说，书写者是在借着古人的思想来书写自己的思想，或者说以自己的思想赋予古人，把古人的思想提升到当代的高度，与其来了一个时空零距离的对话。一句话，演绎的空间与书写者的想象力成正比。这种书写范式对概念范畴的解读找不到其逻辑起点，也看不出其在文本中的内在逻辑，随意搭建起各种演绎模式，而且还在不断地花样翻新。

（四）人物的书写，在书写过程中倒推放大其思想。因偏爱某家的思想，或者说某家的思想确实比同时代人要深刻，但由于某种原因，某家的思想在当时并没有引起人们的注意，当然更谈不上传播，因此就没有什么影响，而后代人在阅读他们的著述时发现其思想特别深刻且适应自己时代的需要，于是就在自己的著述中加以表彰，这本来是一种带有政治色彩的宣传，而书写者把这种政治宣传变成历史，即把后代人欣赏的某家思想置于本来没有影响却又是其生活的那时代，不仅与那个时代的其他思想家并提，而且还拔高其思想，突显某家在那个时代的贡献及历史地位。① 另外,某家的思想在中国思想史上地位确实很重要,其政治地位更加可观。但其思想有一个形成的过程,或者说早期不成熟,其间也可能走了许多弯路,甚至犯过错误,而书写者对此可以忽略不计,只写其贡献及价值,甚至倒推追述到早期也如此,给读者的印象似乎某家的思想一开始就深刻睿智,影响巨大。这都属于倒推放大思想,显然是脱离历史实际的。

(五)书写只重视点而非面,书写者在书写一个时代时,只选择几个有代表性的思想家,比较详细地阐述其思想,而对同时代的其他思想家置之不理,书写的往往是一流的思想家,用几个思想家概括一个时代,二流的思想家及民间的思想在书写者的视野之外。另外,即便是书写的几个思想家,也按其生卒年的先后顺序排列,书写出来的中国思想史成为思想家思想的编年史,与《辞海》《辞源》当中的词条区别不大。中国思想史与社会联系不够,史论结合的著述不多。另外,书写的目次往往以人物命名,问题意识不够,如果以问题作为标题,更容易反映一个面乃至一个时代。

思想史的哲学书写范式由于注重理论及概念的分析,有深度有水准,再现古代精英的智慧与思想,甚至挖掘其中的现代价值及意义,不仅总结过去,而且对现代人们的社会生活有指导意义。但这种书写范式多少脱离时代,容易出现拔高甚至望文生义的现象,尤其是与社会结合不够,使中国思想史成了概念或范畴逻辑演进的历史。

二、中国思想史的史学书写范式

鉴于中国思想史的书写范式以哲学为主,只重视思想及其发挥的偏向,学术界也出现了中国思想史的书写范式以史学为主的新趋势,即中国思想史的史学书写范式,这方面写作范式的特色是强调思想史中的史,以思想的客观陈述为主,而思想的发挥则居于次要地位。具体表现为以下几个方面:

(一)一般不预设理论框架,从史料出发做细致的搜集史料工作,甚至亲身去实地考察,掌握第一手资料。思想史的史学书写范式与思想史的哲学书写范式有所不同,前者所重的是史料,从史料中发现问题而非预设一个理论框架并以此为指导去剪裁史料,而预设理论框架容易产生主观之见,书写者的先入之见可能会影响其对书写对象做出比较客观且符合实际的判断。另外,预设的理论并

① 如王夫之的思想在清初的影响没有后来说的那么大,清末资产阶级为了反清革命的需要,发现作为明遗的王夫之思想中有许多反清复明的因素,并与自己的反清革命思想相契合,于是便极力加以褒扬,思想史的书写者则把这种政治宣传当成历史,倒推放大王夫之思想在明末清初的贡献,并与顾炎武、黄宗羲比肩,甚至更胜一筹。任意拔高王夫之在明清之际的影响就属于典型倒推放大的书写方法。

非完美无缺,其本身也存在着诸如是否适应所书写的对象等诸多问题,而且随着时代的发展、知识的不断更新,不存在一个一劳永逸或永久不变的理论框架。一位名人曾说过:理论是灰色的,而生活之树则是常青的。因此,应从客观的史实史料出发书写思想史。持这种范式的人甚至认为,中国思想史是思想资料的历史,没有新资料,中国思想史的书写很难有突破。

(二)因不设理论框架,其选材比较灵活自由,因此选择资料时会从比较全面地反映中国思想发展进程的角度出发。书写所用的文本或取材主要是一些非经典的史料,包括民间的文献,如一般人的著述、家谱、族谱、笔记,以及与考古和文物相关的文献,如简帛、墓志、碑刻、各种器物等。一般人的著述、家谱、族谱、笔记不是经典,因此没有得到广泛的传播,其影响十分有限,或深藏在民间,或躲在图书馆,无人问津,这些资料被挖掘出来,为中国思想史书写趋向于民间或大众提供资料上的支持。考古和文物原来不仅不属于中国思想史领域,甚至没有被纳入史学领域。近现代以来,考古的诸多发现,如甲骨文、敦煌文书、流沙坠简,以及一些新近出土的简帛,拓宽了史学研究的范围,其中所包括的思想观念也进入中国思想史的领域。这些考古发现不仅印证或佐证了传世文献的可靠性,同时也弥补了传世文献的不足与缺失,填补了中国思想史资料方面的空白。文物所显现的思想价值也开始被重视,它已经不纯粹是供人们观赏的器物,而是在其中蕴含着特定的思想,或者说折射出当时的生活观念及价值取向。这些原本在中国思想史视野之外的资料进入专家的视野,引起人们的兴趣和重视,说明中国思想史的史料范围扩大,书写的视野拓宽。

(三)书写所运用的具体方法以归纳为主。如果说演绎由一般原理推出关于特殊情况下的结论,那么归纳则由一系列具体的事实概括出一般原理,归纳运用于中国思想史的书写对纷繁复杂的材料进行辨伪别裁,用过硬的材料说话,以证明或支持所得出的观点及结论。以哲学为主的思想史书写范式是用有限的甚至非常少的资料演绎出许多富有哲理性的文字,而以史学为主的思想史书写范式则运用一大堆资料归纳出很少的文字,说明的仅仅是一个问题或观点。简而言之,归纳见功夫,演绎则见智慧,两种范式各有偏重。

(四)书写时注重对对象的生活环境包括思想家个人的成长、与他人的交往乃至整个时代的特征进行社会历史的分析。把个人的思想看成一个历史的过程,如一个有影响的思想家的思想并不是一开始就很成熟,其早期不仅不成熟,甚至还很幼稚,其间走了些弯路甚至歪路,表现为曲折或渐进的发展过程,史学的思想史书写范式往往注意到这一点,在书写中展现其思想从萌发或不成熟到成熟的进程。另外,个人的书写置于自己的时代,思想家的思想除有其思想源流之外,也是特定时代的反映,关注思想家生活的时代对认识其思想的产生及特色无疑是有所帮助的。

(五)书写重视面而非一点或几点。因史学的思想史书写范式取材十分广泛，因此，其书写形成一个面，也就是说同一个时代不局限一个或几个人，而是一群人或一个群体，只有一个群体才能支撑起那个时代的思想大厦，正是因为重视面，比较全面地反映一个时代的思想，史学的思想史书写给人以厚重的感觉。另外，在书写时强调思想史与社会包括政治、经济相结合，尤其从社会视角分析思想产生的条件或前提，以及其思想对当时社会的影响，使读者更好地了解思想的来龙去脉，再现思想的发展历程。

以史学为主导的思想史书写范式立足于历史的事实，重在反映历史上普罗大众的思想、观念、信仰，使思想史更贴近社会，拓展思想史的视野。史学的思想史书写范式虽然可以弥补哲学的思想史书写范式的形而上等不足，但对思想史上的概念范畴解读不够，缺乏深度分析而且过于零散，未能构建起思想史的诠释体系。

以上分别概述了思想史的哲学和史学两种书写范式。另外在书写时还会遇到一些难点，如思想是真的，而其史则是伪造的，换言之，思想是有价值的，而其承传的脉络则是假的。古代思想家有一个心理定式：思想本身有价值还不够，还要伪造出一个圣贤承传的系统，以确定其神圣合法性，这样既有利于被人们接受，也有利于传播，由此形成伪造的史中包含着真实而有价值的思想这一吊诡的书写范式，如道统说、朱熹改《大学》古本及增补格致章、托古改制等。这里仅以道统说为例，《尚书·大禹谟》所谓“人心惟危，道心惟微，惟精惟一，允执厥中”，其本身包含着有价值的思想，后来被宋儒视为尧、舜、禹、汤、文、武、周公、孔子、孟子心传心的十六字心传，也是所谓道统立说的基础，其思想的价值被蒙上了一层神秘主义的外衣。从实证史学来说，这句话出自伪《古文尚书》，道统的载体为伪书，道统的承传当然不可信，但不能因此而否认这十六字所表达的思想价值。如何去伪存真，对道统说予以扬弃，这就需要以哲学和史学相结合的思想史书写范式加以处理。

三、中国思想史应有的书写范式

由于哲学与史学属于不同学科，研究领域不同，双方的学者交集并不多，各说各话，因此形成了思想史的哲学书写范式和思想史的史学书写范式两种偏向。这两种书写范式各有侧重，就学科而言没有什么高低优劣之分，但就中国思想史书写而言还是有片面性的。那么中国思想史应有的书写范式是什么，或者说如何才能准确全面地书写中国思想史呢？这正是中国思想史发展的内在要求。

中国思想史的书写范式取决于对中国思想史的界定，在讨论中国思想史书写范式之前，简单地对中国思想史做出界定十分有必要。“中国”一词众所周知，就不用赘言了。“思想史”由“思想”和“史”两个名词或两部分组成，思想简单地说就是作为社会主体的人们的思维活动，也称观念；史即历史，表现为社会的发展过程，思想与史有机结合即思想史，它表征着作为社会主体的人们思维活动的历史发展过程，作为史学的一个学科，中国思想史就是研究作为社会主体的中国人思维活动的历史发展进程。这一界定恰恰反映了中国思想史的内在要求，揭示其本质。

毋庸置疑，中国思想史的主体是“思想”，此外“史”字也很重要，思想与史的结合，才是所谓的思想史。准此，中国思想史既不是按思想家生卒年先后顺序排列的编年史，也不是单纯范畴、概念及问题的历史，或者说不是解读分析概念、范畴的历史，一句话，不是纯粹思想逻辑演进的历史。这种思想史与哲学史相类似，或者说是哲学史的附庸，属于哲学的思想史。当然也不是忽略思想只讲外围（思想产生的外缘即社会），或者说与思想相脱离的思想史，不是主要讲民间思想而淡化经典的思想史。中国思想史应是以哲学与史学相结合为主导的思想史，哲学与史学是主轴，两者必须置于社会文化当中。因此，广义上说，中国思想史应属于社会文化的思想史。

其实当代思想史发展大趋势是从社会文化角度切入的。以美国思想史的研究为例，从 20 世纪思想史孕育于西方传统哲学，迄今只不过七八十年，思想史却已历经了社会的转向、语言的转向、叙事的转向，以及晚近文化的转向，尤其是近些年来新起的社会文化的思想史可视为思想史的浴火凤凰。① 与此前的思想史只重视概念和理性迥然不同，社会文化的思想史也关注常人的心态与感觉。由此出发，中国思想史的视域被拓宽，为我们从不同角度切入提供了更为广阔的空间，也为我们从多种学科综合研究奠定了思想基础。

中国思想史既然是社会文化的思想史，其具体的书写范式应该包括以下特点：

书写方法离不开理论分析，但这种理论不是预设而是来源于实践，即便有预设，也不是僵化的，重在灵活运用，并在书写中发展，更不是唯一而是多元的。书写范式应重在发现问题或人物思想的来龙去脉，包括思想的来源及承传关系、对后世的影响。考察人物或问题自身的逻辑演进包括范畴命题之间的逻辑关系，或者说思想的内在理路。在中西交通之前，中国思想史上的人物并不了解西方的哲学，如新康德主义、结构主义、现象学、解释学、分析哲学、直觉主义等相关概念与范畴，因此不可能按照这些范式去建构自己的思想。他们或依据经典或根据所遇到的问题各自阐释及发明思想，由此形成了不拘一格的思想模式，其使用的概念或范畴不同，即便是使用同一个概念或范畴，其理解也存在着差异，内在的理路是不同的。因此书写的关键是要把握概念范畴的真谛，寻找出其内在的逻辑，这需要下功夫详细阅读其著述后方能得出，而不是生搬一种理论及概念与

① 黄进兴：《蜕变中的“思想史”：一个史学观点的考察》，《从理学到伦理学——清末民初道德意识的转化》，台北：台湾允晨文化实业股份有限公司，2013 年。

范畴去硬套。当然也不能一味地反对西方哲学理论,但对其要有个逐渐理解消化的过程。这一过程恐怕是漫长的,如同佛教在中国扎根必须本土化,其间经历了千年,最后形成了自己的佛学即禅宗,后者又与中国传统中的儒道融合,最终形成具有中国思想特色的宋明理学。

更重要的是理论及范式并非唯一。马克思曾说过:“你们赞美大自然悦人心目的千变万化和无穷无尽的丰富宝藏,你们并不要求玫瑰花和紫罗兰散发出同样的芳香,但你们为什么却要求世界上最丰富的东西——精神只能有一种存在形式呢?”“每一滴露水在太阳的照耀下都闪耀着无穷无尽的色彩。但是精神的太阳,无论它照耀着多少个体,无论它照耀着什么事物,却只准产生一种色彩,就是官方的色彩!精神的最主要的表现形式是欢乐、光明,但你们却要使阴暗成为精神的唯一合法的表现形式;精神只准披着黑色的衣服,可是自然界却没有一枝黑色的花朵。”①人类的精神是自由的,表达精神的思想也应该是自由的,自由本身说明思想的表述是多元的,思想的这种多元反映了作为社会主体的人的精神世界的差异性及特殊性,中国思想史的书写也应该充分考虑到这一点。

在取材方面,既要广泛又要有深度,既有经典文献又有民间文献,既有传世文献也有出土文献,这样可以避免把中国思想史书写成精英的思想史或民间的思想史。另外,如何把握它们之间的关系十分重要,这就既需要分析经典文献如何在民间文献中贯彻,或者说民间文献如何体现经典文献,也要分析传世文献如何在出土文献中反映,或者出土文献如何印证或证伪传世文献。近些年来,出土文献的热度也波及中国思想史领域,思想史领域的专家大都开始研究简帛,思想史的会议甚至变成了简帛会。一些学者认为,出土文献不仅可以改写思想史,甚至可能重写思想史。应该肯定,一些出土文献确实为完善思想史的书写提供资料,但也要做具体分析,尤其要把它与传世文献进行对照。既然是传世文献,那么它在历代都有影响,思想史的意义重大,而出土文献是后来的发现,在其未被发现之前并没有影响,也就是说其对思想史意义的影响是有局限性的,其包括的思想内容可能很深刻,但也只能说其思想的意义有可能很大,而不能说其对思想史影响的意义很大。另外,传世文献大都是最好的版本,而且经过后代人不断诠释,其诠释本身就是思想史②,而出土文献因长期沉睡在地下,未被发现时代的人们无法得知,遑论研究,只是当代人对它诠释,其意义应该有所限定。

思想的社会或者说历史背景更不可忽视。思想与社会的关系互动具有复杂性,同一个社会背景其思想相同,不同的社会背景其思想不同,社会对思想有影

---

① 马克思:《评普鲁士最近的书报检查令》,《马克思恩格斯全集》第一卷,北京:人民出版社,1956年,第7页。

② 史华慈说:“中国是个诠释学的文明,是个传统和现代之间没有绝对断裂的文明。”史华慈:《思想的跨度与张力——中国思想史论集》,郑州:中州古籍出版社,2009年,第21页。

响;同一个社会背景其思想不同,不同的社会背景其思想相同,思想对社会也起作用。要充分考虑到思想与社会互动的复杂关系,具体把握社会性质,才能找到思想特色。一些书写者自称从社会出发,但检视其内容就会发现他们从社会出发的同时已有了既定的框架,这个框架就是某种预设的社会理论,也就是说他们所讲的从社会出发,实际上是从某种社会理论出发而不是真实的社会,这种方法是不能揭櫫当时的思想本质的。另外,就是对“客观”或“实事求是”的理解,理论上往往强调客观或实事求是,而下笔书写时却不客观或不实事求是,因为每个人在书写时都或多或少有自己的主观之见,自觉或不自觉对书写对象打上了主观的烙印,由此形成了书写的思想史与客观发生过的思想史之间的差异。如何缩小这种差异,使书写更加接近历史上真实的客观而非主观说出的客观,真正做到实事求是,确实值得认真思考。简而言之,与其嘴上讲实事求是,要从实际出发,遵循客观规律,不如首先反省自我,内心真诚而不欺,洗涤私心,抛弃主观偏见,先无我然后才能真正做到客观,对历史负责。当然,也许永远达不到这一点,但可以坚持不懈地接近它。

书写范式应是点面结合。中国思想史不仅是一个纵向的演进过程,也是一个横向的发散面,思想总是一个时代的思想,思想史的书写一定要反映一个面乃至一个时代。因此,最好以问题明目而非以个人展示,也就是说标题要体现出问题意识,反映一个时代人们关心的主题,不同思想家都趋向这一个问题并发表各自的见解。点与面、人物与问题相结合,这样的书写范式既有深度又厚重,既有重点又有衬托,所展现的是一部层次分明、脉络清晰的中国思想史。

最后要强调思想是思维活动,思想史是思维活动的历史,“活动”一词昭示了思想史的生命力,思想也是一种生命,是一种心生命,思想史是心生命的延续与发展。因此,书写中国思想史在于再现先辈们的思维活动,目的在于揭示他们的心生命、内在的精神世界,他们的身生命已经完结,而心生命、内在的精神世界通过文字等载体被保留下来,后人正是在这一内在精神世界的背影下成长的,也将通过书写延续先辈心生命、内在的精神世界,由此形成一个心生命、内在精神世界的链条,构成中华民族心生命、内在精神世界永不衰竭的历史。

有鉴于此,中国思想史的书写范式应是跨学科的,哲学、史学甚至是文学的书写范式都应该被广泛采纳,以历史上的社会文化为背景,构建社会文化的思想史。尤其是把思想史本身应有的侧重于思想内涵与思辨的哲学书写范式和强调外延社会的史学书写范式协调整合,使思想与观念及信仰、精英思想与普罗大众思想、演绎与归纳、社会与思想、点与面融为一体。在这里,哲学是灵魂,史学是基础,既有当代的思考,又有历史的积淀,两者有机结合,以社会文化为舞台,使书写的中国思想史成为一部客观地反映中国先民理性精神而且又活在当下的精神活动史。我想这应该是中国思想史应有的书写范式。

(作者:汪学群,中国社会科学院历史研究所研究员)

学术偶像与中朝文化交流

——以朴珪寿参与顾祠会祭为个案

◇林存阳

在中朝交流的历史长河中,燕行使不惟承担着例行的三大节(兼岁币)、谢恩、奏请、进贺、陈慰进香、问安等政治使命,①而且也肩负了一定的经济贸易责任,尤其是颇具成效的文化交流功能,而这一功能自清代中期以来愈益不可被忽视。正是基于长期的文化接触、交流和互动,燕行使成员与清朝官员、士人间不断地加深了解、增进友谊,并借此在各自的交往圈中进一步发挥了不小的影响,中朝人士间“异域想象”的成分遂在一定程度上得以降低。而值得注意的是,在双方的文化交流与互动中,不仅蕴含着因相遇相知、相惜相忆所体现出的深厚友情,而且更在笔谈唱和、书信往来、思想互动中,彰显出他们对学术、人生取向及世情政局所寄寓的强烈关怀。引发这一良性互动的因素固然是多方面的,而“学术偶像”(因治学、人格的魅力而被人服膺、崇敬的人)在其间所发挥的媒介和凝聚作用,则无疑是值得关注的。清初大儒顾炎武,就是这样一位典型;而燕行使朴珪寿(1807—1877)于咸丰十一年(1861)、同治十一年(1872)两度参加顾祠会祭,更清晰地体现出“学术偶像”在中朝文化交流中所具有的积极意义和非比寻常的意趣。

一

明清鼎革,不仅对最高统治权造成了巨大冲击,而且亦使整个社会处于巨大震荡之中。尤其是对读书人或知识人来说,面对这一艰难时势,究竟该做何选择和应对?学术、人生的出路在哪?凡此纠结,无不考验和煎熬着他们的身心。当此之际,为一己而委曲求全者有之,遁世而隐忍者有之,甚或不免降志以随世者亦有之;但更多的,还是那些为了文化传衍、学术赓续、世道秩序而刻苦自励、孜孜以求、勇于担当的坚毅者,顾炎武先生就是这类众多人物中的一位典型代表。顾炎武先生不惟亲身投入到抗清的洪流之中,更以学术为武器,在反思、批判理

① 详参刘为:《清代中朝使者往来研究》,哈尔滨:黑龙江教育出版社,2002年。

学弊端的基础上，开辟出一条新的以学经世之途径，从而谱写了一曲人生、时代新乐章。也正因此，他遂成为后世学者所景仰、崇敬的一位伟大学者和学术偶像。

梁启超先生曾评价顾炎武说："清儒的学问，若在学术史上还有相当价值，那么，经学就是他们惟一的生命。清儒的经学，和汉儒、宋儒都根本不同，是否算得一种好学问，另为一问题。他们这一学派学问，也离不了进化原则，经一百多年才渐渐完成。但讲到'筚路蓝缕'之功，不能不推顾亭林为第一。顾亭林说：'……'他这两段话，对于晚明学风，表出堂堂正正的革命态度，影响于此后二百年思想界者极大。所以论清学开山之祖，舍亭林没有第二个人。"①这一论定，尽管学术界有不同的看法，但确实在很大程度上揭示了顾炎武先生在清代学术史上的重要地位和对思想界的重大影响。

大要而言，顾炎武先生之深深影响于其所处时代及后世者，诚如陈祖武先生在《高尚之人格　不朽之学术——纪念顾炎武亭林先生四百年冥诞》一文中所揭示的，有如下诸大端：一、高举并深刻阐释了孔子所言"博学于文""行己有耻"八字，并"将二者合为一体，提升至圣人之道的高度而大声疾呼"。此一"以言耻为先，将为人为学合为一体"的取向，"不惟成为顾亭林先生的毕生追求，而且也为当时及尔后的中国学人，树立了可以风范千秋的楷模"。二、形成并实践了新的治学路径和方法。如明确揭示了"古之所谓理学，经学也""今之所谓理学，禅学也"之异趣，主张将理学纳入经学的范围；倡导开展经学史研究，应注重从源头上确立兴复经学的学理依据，把握其演进脉络中的异同离合；示范了"读《九经》自考文始，考文自知音始"的训诂治经方法。这一治学路径和方法，为康熙中叶以后学人所承继、开拓，"不惟使古音学研究由经学附庸而蔚为大国，而且还形成了主盟学坛的乾嘉学派，产生了全面总结、整理中国数千年学术的丰硕成果"。三、提出了富有高度社会责任意识的"保天下者，匹夫之贱与有责焉"的理念。此一理念，"经后世学人归纳，就成了掷地有声的八个字：天下兴亡，匹夫有责"。② 凡此，无不体现出顾炎武先生于《日知录》中所寄寓的欲纳经术、治道、博闻于一体的良苦用心之所在。也正因顾炎武先生在为人、为学、经世诸方面皆开

---

① 梁启超：《中国近三百年学术史》（新校本），夏晓虹、陆胤校，北京：商务印书馆，2011年，第68页。按：在该书出版之前，梁启超先生尝于《晨报副镌》1924年第43—47号（3月2日至6日）发表《清学开山祖师之顾亭林》之文。

② 陈祖武：《高尚之人格　不朽之学术——纪念顾炎武亭林先生四百年冥诞》，《文史哲》2014年第2期。

启了新路径、树立了新范型，所以很多继起学人以其为仪型，尊奉有加。①

道光二十三年（1843）十月顾炎武先生祠堂在北京广渠门外慈仁寺内的落成，和翌年二月二十五日首次会祭活动的举行，②可谓后世学人推崇顾炎武先生达到高潮的标志。据首倡此举的张穆祭文称："先生生当叔季，业贯汉、唐，学堪为王者师，志非以名山老。身甘荒遁，慰九原贞孝之心；时际云雷，洒六谒园陵之泪。北征初赋，策二马以来游；东道既通，馈十浆而恐后。咨民生之利病，邑乘必搜；究阨塞之险夷，边亭亲历。采山炼冶，喻半生尚论之精勤；订韵谐声，发万古同文之要眇。况乎志存淑世，娄构书堂；雅慕伏波，厉精田牧。皋比不拥，惩东林、复社之末流；墨突未黔，弃濂泾、桑庄如敝屣。惟慈仁之古寺，曾作寓公；计伟

① 何绍基《别顾先生祠》曰："亭林先生祠，小子始营缮。……落成奉遗像，览揆洁盥荐。肃然道义容，警我尘土贱。……溯惟明代末，世苦龙蛇战。气节诚乃隆，兵将多不练。小儒独何为？俗学争相煽。语录饰陋窳，词章斗轻蒨。先生（指顾炎武——引者注）任道坚，千古系后先。研穷经史通，旷朗天人见。……经心执圣权，首启熙朝彦。兵刑礼乐尊，九数六书衍。汉宋包群流，周孔接一线。……自非菰中人，孰开众目眩？……仪征（指阮元——引者注）实后至，草创《儒林传》。论学采源流，全编有冕弁。……先生冠儒林，狂澜植厓堰。君亲鉴吾身，学行须贯穿。愿从实践入，敢恃虚谈便。"（《何绍基诗文集》，龙震球、何书置校点，长沙：岳麓书社，1992 年，第 183—184 页）叶昌炽题顾祠会祭卷子曰："士大夫官于京朝祀其乡之先哲，以为瞽宗礼也，若夫亭林先生之有祠，自何子贞、苗仙麓诸公始，则非一乡之祀，而学先生之学者，尸而祝之，以付于私淑之徒者也。……先生之学，虽为海内所宗仰，而吾乡之人尤宜有先河之义。……先生博贯天人，讲求经世，遂开熙朝一代儒林之统。"（王仁俊辑：《正学堂杂著》之《顾亭林祠会祭题名》第二卷，清稿本，第 15—16 页）又陆心源《拟顾炎武从祀议》曰："圣人没而微言绝，七十子之徒各以所闻相授受。其弊也，沉溺章句，大义茫然。至五季而其弊极矣。宋儒出而圣人之道复明，……其弊也，空谈心性，不求实学，甚则以聚徒为市道，以讲学为利阶，至明季而其弊极矣。顾炎武出而圣人之道复明。……臣窃谓汉、唐以来儒者，或精训诂，或明性理，或工文章，各得圣人之一端。若夫经行并修，体用兼备，求之往昔，代不数人，国初诸儒惟炎武可以当之。皇上中兴以来，丰功伟烈，半出名儒，盖炎武有以开其先也。"（《仪顾堂集》卷 3，《续修四库全书》，上海：上海古籍出版社，2002 年，第 1560 册，第 406—407 页）

② 关于顾祠及会祭活动，不惟有专门文献记载，如《顾先生祠会祭题名弟一卷子》、《顾亭林祠会祭题名》（《正学堂杂著》之一种）、《顾祠小志》等，参与人员的诗文集、年谱中亦多有涉及，而学术界相关研究亦不断推出，可详参王汎森《清代儒者的全神堂——〈国史儒林传〉的编纂与道光年间顾祠祭的成立》（《中研院历史语言研究所集刊》第 79 本第 1 分）、魏泉《士林交游与风气变迁——19 世纪宣南的文人群体研究》（北京：北京大学出版社，2008 年）、段志强《顾祠——顾炎武与晚清士人政治人格的重塑》（上海：复旦大学出版社，2015 年）等。按：关于顾祠落成、首次会祭活动时间，乃据《顾先生祠会祭题名弟一卷子》所载；然张穆在所撰《顾亭林先生年谱》"康熙七年戊申、五十六岁"注中称"道光二十三年夏，何太史绍基匄赀为先生建祠堂于寺西偏，……岁春秋致飨祀焉。二十四年落成，二月十四日辛亥公祭"（《顾炎武全集》第 22 册，上海：上海古籍出版社，2011 年，第 53 页），与前者存在差异；吴昌绶编《顾祠小志》，则两存其说，兹姑从前说。

节之遄行，适在明日。诵孔德炊爨之句，下榻何频；缅无异筑室之谋，顾庐宛在。荆榛乍启，觞豆初蠲，规陋云台，典同石室。所觊云车风马，肸蠁来临；庶几学海儒林，精神不朽。”①由此不难看出，张穆、何绍基诸人之发为是举，不惟因基于对顾炎武先生人品学问的仰慕，而欲联合同志以伸钦仰之情，促进彼此交流切劘，若联系当时时势来看，实亦蕴含了这些有志之士对西方列强悍然发动鸦片战争所导致的危局的深深忧虑，以及力图有所作为、以学术经世之情怀。②

以道光二十四年(1844)二月为开端，顾祠会祭活动[光绪二十四年(1898)移祀于永定门外十里庄苏太义园，“义”又作“谊”]一直持续到清王朝退出历史舞台[其间个别年份未举行，如光绪元年(1875)、十五至十七年(1889—1891)、十九至二十三年(1893—1897)、二十六至二十七年(1900—1901)。1919、1920年又曾恢复)。也就是说，此一赓续了半个多世纪的活动，几乎与晚清历程相始

① 张穆：《顾亭林先生年谱》“康熙七年戊申、五十六岁”注，第53页。又其在是谱卷首案称：“本朝学业之盛，亭林先生实牖启之，而洞古今、明治要、学识赅贯，卒亦无能及先生之大者。……穆乃不自揆度，比而叙之，综两谱之异同，究大贤之本末，世之景行先生者，尚其有考于斯。道光二十三年五月朔日。”(第1页)又其《阎潜丘先生年谱》题识称：“癸卯夏，穆改订《亭林年谱》既卒业，念国朝儒学，亭林之大，潜丘之精，皆无伦比，而潜丘尤北方学者之大师。……为《潜丘年谱》，将以诒吾乡后进，兴起其向学之心。”(张穆：《阎若璩年谱》卷首，邓瑞点校，北京：中华书局，1994年，第1页)

② 孙衣言曰：“先生(指顾炎武——引者注)丁明之季，其时已无可为，然未尝一日忘天下，常欲有所兴革损益，以蕲复于三代、两汉之盛，其具于书者，往往而可行也。今国家多事，虽不能如二十年前之易于有为，然自顾祠之初成道光癸卯、甲辰之间，世事之变，固已萌枿其间矣。使上之人怵惕惟厉，以求贤才、修政事为心，下之人发愤为雄，以崇廉耻、知古今为务，至今二三十年，而谓中国之聪明材力必不足以得志于天下，谁其信之？……其事固非旷绝而不可几，我君我相，其恶可不及时振厉，而士之在下者，其亦恶可苟焉以自恕也。……而衣言幸得从二三子拜先生之祠，瞻仰先生之遗貌，其当思所以无愧于先生，岂徒以为相从饮酒修饰故事而已哉！”(《顾先生祠会祭题名弟一卷子》，光绪二十五年重装影印本，第37—38页；又见《逊学斋文抄》卷2《亭林先生生日会客记》，《续修四库全书》，上海：上海古籍出版社，2002年，第1544册，第277—278页)又邹福保于光绪三十年九月题顾祠会祭卷子曾强调：“经济不从学术而出者，其经济不真；学术不由品节而来者，学术亦讹。今天下之士抵掌谈时务，或援笔立言，听其议论娓娓然，览其所著书洋洋然，未尝不可振铄一时，而于世道人心之故，则日漓而日坏。呜呼！人事愈杂，世变愈奇，……将思所以挽救于万一，则莫如式之以真有品节、真有学术、真有经济之人！余于先生(指顾炎武——引者注)之书，服膺不倦，家藏《日知录》及亭林十种初印精本，每手加丹黄，时时展读，反复涵泳，慨然想见其为人，而恒以不及执鞭为恨。”(王仁俊辑：《顾亭林祠会祭题名》第二卷，《正学堂杂著》第17册，清稿本，第23页)

终。而综观参与此活动者,无论规模①,还是其身份(上至军机大臣、内阁侍读、部院堂官,下至举人、监生等),皆罕有其匹;至其学术宗尚,或赓续乾嘉学派,或主今文经学,或意在经世致用,或注重边疆史地,或擅长诗文、书艺等,可谓不一而足。更可注意的是,这些参与者中,很多人(如罗惇衍、祁寯藻、翁同书、翁同龢、陈宝琛、张之洞、魏源、徐松、张穆、冯桂芬等)与晚清时局、学术的变迁密切关联。因此,顾祠会祭虽然表面上看是一种民间自发的学术活动,其实,随着活动的不断展开,以及时局的变动,其中亦显然蕴含了很强的政治意涵。尽管不同时段内参与者的倾向或有侧重,未必与发起时的初衷相契合,但总的来看,亦学亦政的诉求,应该说是贯穿其间的。而这不惟在一定程度上体现了晚清有志之士的蕲向之所在,更彰显出顾炎武先生为人、为学、经世精神之深远影响和魅力。②

二

顾祠会祭活动不惟吸引、凝聚和影响了晚清诸多学人和官员,更可注意的是,它还对国外学人产生了一定的影响。朝鲜燕行使朴珪寿两度参加会祭活动,就是一个表征。

---

① 按:一般一年举行三次,即春祭(二、三、四月,以三月举行居多)、生日祭[五月二十八日,个别展期至六月六日;光绪六年(1880)后中断,1919、1920 年复举,日期为五月二十六日]、秋祭(九月中上旬,重阳日为多),也有因特殊情况,仅举行一两次,或者另设特祭的[如道光二十四年(1844)、道光三十年(1850)、咸丰十一年(1861)]。参与人数,一般有一二十人,最多一次为 35 人,最少一次为 4 人,应约而因事未至、参加但因有服在身不与祭者不计。

② 王堃于同治六年(1867)生日祭后曾作诗志感曰:"亭林先生古博学,招提祠祀岁遍三。慈仁高会此第一,巡襟怀旧参伽蓝。前辈鲍叔熟掌故,胸期渊奥师庄聃。冠缨角逐万人海,谁其嗜古能高谈。经学于今少研究,马郑遗义畴孳含。拜公祠下钦公学,文章经术成名堪。展披画卷识遗像,枕葄书史情沉酣。大儒巾裾气浩浩,神仙眉鬓风毵毵。卷中题名类贤俊,吮毫嗫嚅心怀惭。同人觞咏各有托,我耽岩壑情尤甘。追寻古欢联雅会,词坛控纵谁为骖。此卷皮藏不轻见,情驰翰墨能忘贪。经时记忆复赋此,蘸笔长愿随禅庵。"(《顾先生祠会祭题名第一卷子》,第 35—36 页)又王轩于咸丰十一年(1861)作诗曰:"顾老王者师,著书参天地。惜哉垂坐言,落寞未历试。旁博形声秘,上窥苞符字。日知毕生力,绝学肇髫稚。切切江海防,殷忧三致意。……百年文教揆,重泽月窟致。……方欲偕大道,岂徒矜小智。学齐寄私淑,姑念将奚自。踽踽忧无闻,茫茫悸绪坠。"(董文涣著,李豫、李雪梅等点校:《砚樵山房诗稿》,太原:山西古籍出版社,2007 年,第 173 页)

朴珪寿,字桓卿,号桓斋,①生于纯祖七年九月二十七日(1807 年 10 月 27 日),卒于高宗十三年十二月二十七日(1877 年 2 月 9 日),享年 71 岁。其祖趾源,“经济文章,行己大方,炳耀当世”,“世称燕岩先生”;父宗采,“敬慎笃实,掌故多闻,官止庆山县令”。正是得益于家庭之熏陶,故其自幼即“端方聪颖,风采峻整”,十四五岁已文词大进。其后,得师友之丽泽,更以书史为务,致力于经术事业。② 而自宪宗十四年(1848)增广试中第,遂步入仕宦生涯,几十年间,他不仅勤于所职,尽心民生,情系国事,而且不忘初志,依然孜孜于治学求道,精进不已,终老不倦。③

尹士渊在为朴珪寿所撰祭文中,曾如此评价道:“公之佐王之才,本之于学术之精深,济之以识量之包恢,平生不欲为无益之空言,必可以措诸实。……惟民彝物则之是讲、制度谟猷之是究、风坏俗败之是恤,故其文章,皎然为经世之巨工,不喜藻饰,耻为矜夸之容。……盖其贯穿三礼,博综子史,透关解綮,得其神韵之所在。渊源乎家庭闻见,而归之醇正;斟酌乎中州名儒,而务为平实。”④金允植更详论其师朴珪寿先生之学行曰:“本朝人文之盛,莫如明宣之际,垂三百年而得朴瓛斋先生!先生膺名世之期,挺有为之才,其学自子臣弟友所当行之义分,达之于天德王道,经经纬史,元元本本。其蓄积素养之具,既厚且深,然未尝以文人自命。如有所作,则必有为而发,非汗漫无实之言也。……其论治乱兴亡

---

① 朴瑄寿撰、金允植删补《节录瓛斋先生行状草》曰:“桓圭之桓,古文从玉从献,故中岁字号以瓛行。……庚寅五月,鹤驾上宾,公哀毁屡日,如不欲生,……遂改字以桓为瓛,盖寓‘自靖人自献于先王’之意也。”(朴珪寿:《瓛斋先生集》卷首,1913 年铅活字印本,第 3、5 页。以下凡引自该书,皆为此版,不再一一注明)

② 朴珪寿《述怀呈斗阳赵公》曰:“粤自辟咡时,先辈多提挈。醇溪经史学,芝山诗礼说。执烛许隅坐,糟粕任哺啜。吾生亦幸耳,师友得一室。……古人弱冠业,原委贵洞彻。年来坐荏苒,大惧趋琐屑。所以苏氏子,上书韩、富杰。愿尽三大观,立论颇激烈。嗟余独何者,坐获顾蓬荜。文章千古事,勖我以前哲。仰惭国士遇,俯愧菲薄质。从今就矩矱,永言受磋切。”(《瓛斋先生集》卷 1,第 31 页)又《经台宅拜韦庵公遗像仍瞻明道晦庵二先生小真》曰:“我昔志气如初阳,夜梦多在周孔旁。伊来好观古图像,每逢佳本喜欲狂。……经师易获人师难,文字糟粕不可详。目击道存斯为大,素丝朱蓝语难忘。……先生无语弟子侍,夫岂寥悄守空堂。乡党篇出门人笔,宣父在座垂帷裳。甚矣嗜学二三子,曲意摸写追遗光。恨无妙墨绘百幅,下自洙泗溯羲黄。”(《瓛斋先生集》卷 3,第 6 页)朴瑄寿撰、金允植删补《节录瓛斋先生行状草》亦曰:“其学术渊源乎家庭,又得师友丽泽之益为多。外戚则醇溪李公、芝山柳公、念斋李公也;先辈则北海赵公、渊泉洪公、沆瀣洪公、台山金公、茶山丁公、枫石徐公、梣溪尹公也;知友则渊斋尹公、桂田申公、圭斋南公、邵亭金公、海庄申公、韦史申公、经台金公、圭庭徐公、汕北申公也,皆以经术文章冠冕当世,极一时之盛云。”(朴珪寿:《瓛斋先生集》卷首,第 9 页)此可见朴珪寿为学立身之取向及旨趣矣。

③ 详参朴瑄寿撰、金允植删补:《节录瓛斋先生行状草》,朴珪寿:《瓛斋先生集》卷首,第 3—9 页。

④ 金允植:《瓛斋先生集·序》引,朴珪寿:《瓛斋先生集》卷首,第 2 页。

之道、生民利病之源，必反复剀切，明白痛快，警破时人之昏聩；论典礼，则根据精详，体裁谨严；语交际，则诚信相与，而不失自主之体。大而体国经野之制，小而金石考古、仪器杂服等事，无不研究精确，实事求是，规模宏大，综理微密，皆可以羽翼经传、阐明先王之道者也，……盖不忍置斯时于乱世而自洁其身也。此忠厚之至也。"①此可见朴珪寿先生之为学立身之大体矣。无怪乎尹士渊非常痛惜地称："盖近世以来，其有用之才，学识如瓛斋者，未知为谁？而瓛斋既殁之后，如瓛斋者，又未知为谁？此所以为高欤！"②并感慨道："士有邃学可以尊主而庇民，才识可以坐言而起行，名位可以参赞而弥纶，竟不得展素蕴、流闿泽，而徒使后人想像咨嗟于寂寥之遗编，盖自古惜其不遇、叹其有命者何限焉，亦夫何恨乎公哉？"③

尽管朴珪寿一生未得大展怀抱，但观其行迹，实于当时政局之变迁、思想之转型，皆具有程度不同的关切和影响。而尤为值得关注的是，在朴珪寿的仕宦生涯中，他曾作为燕行使两度至北京，结交了一些中国官员和学者，更有幸参与了顾祠会祭活动。这一机缘，不仅丰富了其人生经历，开阔了其视野，而且对其思想、治学甚至人生观，也别具不容小觑之意义。

三

朴珪寿第一次出使中国，是作为热河问安使的副使，与正使赵徽林（原定人选为李源命）、书状官申辙求等一起，于咸丰十一年（1861）二月到达北京的。然而，由于上年英法联军攻陷北京，威逼清政府签订《中英北京条约》《中法北京条约》，局势十分凶险，因此，朝鲜方面欲派使慰问，人皆畏难，避之唯恐不及。朴珪寿被选定为出使人员，显然也面临这一问题，那么，他是如何看待此事的呢？

当亲戚知旧闻知朴珪寿被任命为副使，很是为他担忧，并为他鸣不平曰："被自拘难，于我何有？肉食者安居，乃反令公劳苦为？"然与此想法不同，朴珪寿的门人金允植则认为："此非小事也！朝廷之处分得矣，且得其人，不可以一人之私而遽戚之也。"他还从五个方面强调了"遣使之便宜"，又从三个方面指出"遣朴公之宜"。总之，在他看来，"今所陈八宜，皆国之大事也，岂可以一人之私，废国之大事乎？夫白刃可蹈，爵禄可辞，居今之世，行乎其素，而始终不渝者，其惟公一人而已。公既行其难，其于易也何有！吾故曰得其人，朝廷之处分得

---

① 金允植：《瓛斋先生集·序》，朴珪寿：《瓛斋先生集》卷首，第1—2页。金明昊先生所撰《19世纪朝鲜实学的发展和瓛斋朴珪寿》一文，对朴珪寿之实学成就有详细探讨，见中国实学研究会编：《中韩实学史研究》，北京：中国人民大学出版社，1998年，第241—248页。

② 《尹公题瓛斋简牍后》，朴珪寿：《瓛斋先生集》卷9《与尹士渊》附，第18页。

③ 金允植：《瓛斋先生集·序》，朴珪寿：《瓛斋先生集》卷首，第2页。

矣。北门贫窭之愁，北山独贤之叹，此当世风人之责，非朴公之心也。至于前途颠沛，公所不计。吾见拜表之日，公将怡然而启行矣。”①

正如金允植所预料和祈盼的，其师朴珪寿确实与常人不同，他毅然接受了出使任命，在临行别诸友诗中，表白心迹道：“故人留我开小宴，尊酒便作都门饯。都门西出四千里，使盖遥遥指赤县。平生梦想帝王州，蹩薛中堂空流羡。三辅黄图眼森森，意中轫辘车轮转。今朝出门真快活，舞骖周道平如辗。诸公端合为我贺，胡为离愁眉头现。豺虎纵横鲸鲵出，风尘鸿洞陆海遍。兵强马壮岂足恃，纲纪一失此可见。况复西域贾胡说，矫诬人天来相煽。皆言斯文厄阳九，天下胥溺谁能援？端门痛苦虽未必，蜀江溯峡谅不便。吾曹尽是磊落人，非为小别生睠恋。呜呼圣人岂欺我，请君且莫忧思煎。六经中天如日月，穷阴复阳争一线。……异端剽窃古来有，任他文饰恣夸眩。久后生出魁杰人，惭愧晚觉私智穿。环瀛匝地血气伦，归我同文夷一变。从知消息往来际，不无风雨杂震电。书生岂曾识时务，此日荣被专对选。……归来重论天下事，浓阴迟日莺百啭。”②又其出使返回后于同治七年(1868)致友人董文涣(董文涣初名文焕，后改为文涣，朴珪寿与其唱和诗作中皆作文焕——编者注)函中感慨道：“如何一种流俗，每云书生不能吏治，儒家不知兵事，总归之腐头巾。此堪痛恨！吏事且无论，即取兵事论之，从古大功之出于书生，亦复何限？……记咸丰辛酉弟之赴热河，人皆以为涉险冒危，甚畏之，弟之被选，以是故也。大笑勇往，何思何虑。”③由此不难看出，朴珪寿不仅具有无畏的担当精神，而且对中国遭受英法联军蹂躏深表同情，并满怀希望地认定中国能凭借深厚的文化底蕴走出困厄。而观其所言“平生梦想帝王州”，可见他对中国深怀仰慕之情。也正因此，当他接受到在别人看来甚是涉险冒危的出使任务，故能坦然“大笑勇往”，且有“今朝出门真快活”之感。

其实，他之所以欣然接受出使使命，并非偶然。早在道光十二年(1832)，他在《赠人入燕序》中，曾提出这样一种认识：“观乎大都市之中，众人之行，遇丹漆胶角而顾之，必良弓氏也；顾鉴燧五金之齐者，必良冶氏也；顾珠玑锦罽羽翠文屏者，必饰诡服以自喜者也。非他也，业之习、志之专、性之嗜好不一故耳。百工之居货者如是，为文章取材于群书之府者如是，博观远游、为山川人物之论者，亦如是。类聚群分，其趣万殊，声气之感同者是求。子将行矣，观其色有跃然不自胜之喜，吾未知是将求医巫闾之珣玗者乎？幽并之利刀弓车者乎？是以不能言也。

---

① 金允植：《云养续集·奉送瓛斋朴先生赴热河序》，杜宏刚等主编：《韩国文集中的清代史料》第17册，桂林：广西师范大学出版社，2008年，第218—220页。

② 朴珪寿：《辛酉孟春之六日集鹤樵书室分韵幽赏未已高谈转清余得转字时余奉使热河将出疆聊以长句留别诸公》，《瓛斋先生集》卷3，第13—14页。

③ 朴珪寿：《与董研秋文焕》，《瓛斋先生集》卷10，第32—33页。

君子居室出言，应在千里之外，况子游历帝王之都、天下士大夫之渊薮？吾未知子之寓目骋怀者何如也？邂逅结识者何如也？将俟其归而细叩之，姑未可以虚辞相赠。"①也就是说，在他看来，有机会到帝王之都——北京，关键要看你寻求的是什么。其所言"况子游历帝王之都、天下士大夫之渊薮"之反问，显然明确表明了自己的取向。若再考虑到其祖朴趾源于乾隆四十五年（1780）随行出使北京之经历及与中国士大夫的交往感受，朴珪寿有机会担任副使，可谓于政治使命之外，心中尚有寄望所在，所以他于出使途中发出"江外群山，眼界壮阔，已觉非域中曾见，从此心目日新，以是为快"②之感慨。

到达北京之后，朴珪寿的期待得到了实现。在好友申锡愚（谢恩兼冬至使正使）的介绍下，他不仅得交沈秉成、王轩、王拯（原名王锡振）、冯志沂、黄云鹤、许宗衡诸人，诗酒酬应，互抒倾慕之情，③而且更有幸参加顾祠会祭活动，一展对

---

① 朴珪寿：《赠人入燕序》，《瓛斋先生集》卷11，第18页。

② 朴珪寿：《与尹士渊》，《瓛斋先生集》卷9，第2—3页。

③ 朴珪寿在为申锡愚所撰谥状中曰："记岁辛酉，公奉使而还，珪寿有热河之役，与公遇于辽左途中，为说燕邸交游之乐。及珪寿到燕，逢中州诸名士，咸推服申琴泉为巨儒伟人，称道惓惓。"（《礼曹判书申公谥状》，《瓛斋先生集》卷5，第29页）王豫《董砚樵先生年谱长编》咸丰十一年、二十九岁曰："二月……是月下旬，朝鲜赴热河问安使正使赵徽林尚书、副使朴珪寿侍郎、书状官申辙求侍郎、进士宋源奎进士至京，他们在进京途中遇申锡愚一行，赵云周将信并诗交赵徽林托转交先生，先生得以认识赵徽林诸人。"（董寿平、李豫主编：《清季洪洞董氏日记六种》第6册，北京：北京图书馆出版社，1997年，第38页）按：董文涣诗集中，存有与申锡愚（正使）、徐衡淳（副使）、赵云周（书状官）的交游唱和诗作，如《赠朝鲜使申琴泉判枢徐汉山尚书赵兰西编修》（附申锡愚、徐衡淳、赵兰西和诗；王轩和赠申锡愚、徐衡淳、赵云周诗）、《鲁川翔云顾斋招同琴泉汉山兰西并海秋前辈定甫丈小集余兄弟斋中会者十人以顾斋雅集为题海内存知己天涯若比邻分韵得己字》（附诸人分韵得字诗；黄云鹤答申锡愚、徐衡淳得字诗，赵云周和董麟诗）、《题赵兰西雅集图册后即次原作内字韵》（附王轩诗）、《题琴泉亭》（附王轩和诗）、《题汉山无喧亭》（附王轩和诗）、《送琴泉归朝鲜》（附冯志沂诗）、《送汉山》（附徐衡淳答诗）、《送兰西》（附赵云周答诗）等，详见李豫、李雪梅等点校《砚樵山房诗稿》，第158—179页。而观董文涣"岂意萍踪合，遂深胶漆投。共球陪日下，珠玉吐风流。海国三韩彦，东阳八咏楼。何当同剪烛，别雨话绸缪"（第158页）、申锡愚"感激中华士，琼琚互赠投。东阳留胜约，元宰果名流。使役从鳀域，文章见凤楼。苔岑无远近，托契永绸缪"（第159页）、徐衡淳"友道诩知己，所贵参五常。可喜同气味，那计异疆场。拍肩相随地，一楼近九閒。词翰靡不列，杯盘亦免张。与君从燕乐，好我示周行。……何忍遽分手，怅怀先断肠。……珍重时自爱，嗣音是所望"（第178页）等诗句，及诸人以"海内存知己，天涯若比邻"为诗题，在在皆彰显出诸人相交相知之乐矣。又董文涣记与冯志沂等人的交游称："近以诗名盛京师者，余交游中鲁川先生其一也。……最早及见上元梅先生伯言，复与吴子序、朱伯韩、余小坡、陈懿叔、王少鹤诸君子从之游，以文字相切劘。嗣又从吾乡张石州先生研究实学，及商抑之、何愿船、王顾斋为友，一时交游最盛。……余丙辰通籍后，因顾斋得识先生，兼与许海秋、林颖叔、黄翔云、赵沅青诸君子诗酒往来无虚日。"（《微尚斋诗集序》，冯志沂：《微尚斋诗集》卷首，《清代诗文集汇编》第639册，上海：上海古籍出版社，2010年，第579页）

大儒顾炎武其人其学的景仰之忱。据《顾先生祠会祭题名第一卷子》是年王轩记:“三月廿八日,以朝鲜使臣朴珪寿求谒祠,特设一祭。珪寿字瓛卿,官其国礼部侍郎,充行在问安副使。雅慕先生(指顾炎武——引者注)之学,及读石州所撰年谱,尤切景仰。入都,与沈仲复、董研秋游,同来扫展。同人至者,王拯定甫、黄云鹄翔云;王轩霞举以期服不与祭。期未至者,许宗衡、董麟、冯志沂。冯时外转庐州守,赴行在未还也。”①可见,与以往会祭活动不同,朴珪寿等人的参与,为该活动增添了新的内涵,实属特例中的特例[道光二十四年(1844)曾因许瀚至京考试,特设一祭,道光三十年(1850)又因为张穆设主于顾祠之右夹室,特设一祭;而此次朴珪寿等以国外人参与,更是首例]。

在与沈秉成、董文涣诸人的唱和诗中,朴珪寿尝表达此行缘由、感受,尤其是对顾炎武先生的崇敬之情:“穹天覆大地,岱渊限青邱。声教本无外,封疆自殊区。击磬思襄师,乘桴望鲁叟。父师税白马,鸿蒙事悠悠。而余生其间,足迹阻沟娄。半世方册里,梦想帝王州。及此奉使年,迟暮已白头。揽辔登周道,历览寓谘诹。浩荡心目开,曾无行迈愁。……怀哉先哲人,日下多朋俦。契托苔同岑,声应鼓响桴。尚论顾子学,轨道示我由。坐言起便行,实事是惟求。经学即理学,一言足千秋。先生古逸民,当时少等侔。绪论在家庭,我生袭箕裘。曩得张氏书,本末勤纂修。始知俎豆地,群贤划良筹。遗像肃清高,峨冠衣带褒。欲下瓣香拜,殷勤谁与谋? 邂逅数君子,私淑学而优。天缘巧凑合,期我禅房幽。相揖谒先生,升堂衣便抠。……福酒置中堂,引满更献酬。求友鸟嘤嘤,食苹鹿呦呦。此日得清宴,灵贶若潜周。嗟哉二三子,为我拭青眸。《广师》篇中人,不如吾堪羞。名行相砥砺,德业共绸缪。壮游穷海岳,美俗观鲁邹。……经济根经术,二者岂盾矛。礼乐配兵刑,曾非悬赘疣。高谈忽名数,陋儒徒欢咻。训诂与义理,交须如匹述。一扫门户见,致远深可钩。总是顾氏徒,端绪细寻抽。总是瓛卿友,判非薰与莸。……充养自深厚,临事得优游。我车载脂膏,我马策骅骝。取次别诸君,东驰扶桑洲。余情耿未已,那得不怅惆。睠兹畿甸内,夷氛尚未收。莫谓技止此,三辅异闽瓯。……努力崇明德,卫道去螟蟊。……斯文若有人,余事不足忧。辽海不足远,少别不足愁。由来百炼钢,终不绕指柔。两地看明月,肝胆可相求。”②又称:“昔亭林先生北游至都下,尝栖止于城西之慈仁寺。后之学者,想慕遗躅,道光癸卯建祠于寺之西南隅,以祀先生。道州何君子贞实始经营云。珪寿夙尚先生之学,岁咸丰辛酉,奉使入都,幸从诸君子祗谒先生,特设一

① 《顾先生祠会祭题名第一卷子》,第25—26页。

② 朴珪寿:《辛酉暮春二十有八日与沈仲复董研秋两翰林王定甫农部黄翔云王霞举两库部同谒亭林先生祠会饮慈仁寺时冯鲁川将赴庐州知府之行自热河未还后数日追至又饮仲复书楼聊以一诗呈诸君求和篇中有数三字叠韵敢据亭林先生语不以为拘云》,《瓛斋先生集》卷3,第14—16页。

祭；退而饮福于禅房，相与论古音之正讹、经学之兴衰，盖俯仰感慨，而乐亦不可胜也。”①而董文涣、王轩等人，也表达了与朴珪寿相同的意趣。董文涣曰：“古寺集冠裳，暮春骈组玠。几宴缅昔贤，樽酒筑高会。朴君沧海客，眉宇尘壒外。新交既邂逅，旧学获商兑。……言瞻顾老祠，更下张侯操。儒林素仰止，年谱久心佩。饮福答神庥，昨临娑目快。……抚今怆先德，望古寄遥慨。当时游帝都，元气充宇内。茫茫岁月阻，忽忽世宙隘。同时失亲奕，绪论从谁丐。君来嗟更晚，中夜泪霧霈。人事纷变更，天道日茫昧。复此城南游，欢娱亦无奈。”②王轩曰：“异时仪征修史传，首重儒林黜文苑。百六十年谁褒然，菰中一老言无间。载籍辛勤出真是，宗风海寓今为变。张、何晚起力仔肩，独抱微言耿深眷。出处车、徐探讨详，交游王、李搜辑遍。因寻古寺考遗迹，更拓新祠俯郊甸。……坐惜君来十载迟，祔祠恍接初虞练。悠悠私淑知我同，古井寒泉洁清荐。酒半登高怆先德，中朝旧事征文献。……顾师堂室幸同升，岂以闻知异由撰。不待乘桴方道东，愔愔鼓瑟独点叹。因君续我广师篇，多识共期闻一贯。”③冯志沂曰：“故人招我坐小阁，坐有海客衣翩跹。诗书充腹发奇秀，疏髯飘拂疑神仙。亭林绝学世谁继？海外乃肯珍遗编。……剧谈果胜十年读，此会欲溯兰亭前。……浮云聚散那足道，愧无长策弭风烟。”④由诸人所抒所慨，可见顾炎武乃他们共同的“学术偶像”，因缘于此，所以他们借由顾祠会祭这一载体，谱写出一首中朝文化交流、互动的交响曲。

值得指出的是，朴珪寿之于顾炎武先生之学，早在出使北京之前就有接触，其于哲宗六年（1855）所撰《录顾亭林先生日知录论画跋》即一明证。在该跋中，他指出：“夫画图亦艺术中一事也，实有大关于学者，而今人甚忽之，何也？良由写意之法兴，而指事象物之画废耳！”在他看来，空写半幅山水图、远山一角、老树数株、草屋半面，虽可陶冶性情，但不足以像时下画者所认为的能代表画图之法，好比“文字之道，有经学、史学，考证家、经济家、著述家、词翰家门户，亦未易论定，矧其得失同异，讵可轻易言之”？有鉴于此，他认为“学画固小技也，然其羽翼于为学、为治之道甚大”。这是因为，“大凡上下千载之间、纵横四海之外，见闻之所未逮，足迹之所未及，言语之所未通，而未能详悉者，唯画图能传之、能记之、能形容之，其用岂下于文字之妙哉”？所以，他强调：“无论山水人物、楼台

---

① 朴珪寿：《题顾祠饮福图》，《瓛斋先生集》卷 11，第 21 页。

② 董文涣著，李豫、李雪梅等点校：《砚樵山房诗稿》，太原：山西古籍出版社，2007 年，第 196 页。

③ 王轩：《三月二十八日朝鲜副使朴瓛斋侍郎珪寿展谒顾祠并拜石州先生栗主沈仲复编修秉成研秋招集同人置饮赋赠》，沈秉成编：《咏楼盍戠集》卷 8，同治十年刻本，第 24a—24b 页。

④ 冯志沂：《沈仲复编修招陪朝鲜朴瓛卿小饮寓楼即席赋赠》，沈秉成编：《咏楼盍戠集》卷 6，同治十年刻本，第 21b—22a 页。

城市、草木虫鱼,唯是真境实事,究竟归于实用,然后始可谓之画学矣。”不惟如此,他更推而论之曰:“凡所谓学者,皆实事也,天下安有无实而谓之学也者乎?”苟能如此运思,以图《周礼》,那么应路五门之制、庙社市朝之位等看似繁难者就会“森然在目”,而“朝会、燕饮、冠婚之礼,车马、田猎之容,兼施并列于《豳风·七月》之图矣”。这“自非胸中有三礼全帙者不能也”,而求之时下所谓的画学家,“甚不易耳”。① 此一认识,可谓既认同、吸纳了顾炎武先生的思想,②又能有所推阐。而其“学皆实事”的体认,更彰显出思想旨趣之所在,无怪乎被视为“实学家”了。

四

朴珪寿此次出使北京,不仅实现了“平生梦想帝王州”的夙愿,而且通过与沈秉成、董文涣诸人的交游,参加顾祠会祭活动等,收获良多。而在接下来的一段岁月里,他们之间更是书函往复,忆往事,诉衷肠,谈学术,论人生,凡此互动,无不显示出天涯友朋之乐、之益。

在致沈秉成函中,朴珪寿曾感慨道:“吾东之士,生老病死,不离邦域,局局然守一先生之言,虽然一乡善士未必无之,相与盍簪讲习,固亦有文会友而友辅仁者,叔季以来此道亦鲜,竟不过声誉相推诩、势利相慕悦,窃恐中原士夫亦不能无此弊耳。名利论交,君子所耻,去此数者,友道乃见。此所以弟之平生感慨、孤立无群者也。今乃与吾兄辈会合于梦寐之所未及、睽阻于山海之所限隔,而为之倾倒披露,缱绻依黯。惟是应求者,声气之与同也;期望者,言行之相顾也,于彼数事,毫无可涉。然则弟之真正朋友,在于中州,而诸君之真正朋友,在于海左也。不审尊兄以为如何?”③也就是说,通过北京之行,朴珪寿不仅意识到中朝学人间某些风气的不同,而且对友道的真正内涵有了更深入的体悟。在他看来,所谓君子论交,要在声应气求、言行相顾,不在于彼此声誉推诩、势利慕悦,而这显

---

① 朴珪寿:《录顾亭林先生日知录论画跋》,《瓛斋先生集》卷4,第24—26页。

② 顾炎武《画》曰:“古人图画皆指事为之,使观者可法可戒,……自实体难工,空摹易善,于是白描山水之画兴,而古人之意亡矣。”(顾炎武著、黄汝成集释:《日知录集释》卷21,栾保群、吕宗力点校,上海:上海古籍出版社,2014年,下册,第482—483页)

③ 朴珪寿:《与沈仲复秉成》,《瓛斋先生集》卷10,第2页。

然与地域的差异没有必然的关联①。

既然“真正朋友”意在此而不在彼，朴珪寿与沈秉成等人往复所谈所论，自然别有寄托和期待者。在复沈秉成函中，朴珪寿尝言：“吾侪皆书生也，平生耳目心口，不过几卷经史残帙，痴情妄想，每在许大学问、许大事业，一一于吾身亲见之，及到头童齿豁，薄有阅历，自应知其不可，而消磨退沮，独怪结习胶固，迷不知返，发言处事，到底不合时宜，又不自悼，而聊以自喜。窃幸心性之交，同此病根，可谓吾道不孤，好笑好笑！”②此番感慨虽说有些无奈和伤感，但也体现出了其很强的自信和坚毅。又其在另一函中曰：“吾侪只以情好系恋，泛泛寄平安语，亦复何补于朋友之乐？”基于此，他强调：“去岁呈谈草，其果蒙诸君子肯赐回答，是为天涯如面之资，不比循常平安字往复耳。一开此式，其于经史道艺，质问叩辨，为益不少。”③至于“君子之遇不遇，非富贵贫贱之谓也，道而已矣。官尊而禄厚，乃或学未试而志未展，泽不及物，斯可谓之遇乎？朝闻道，夕死可，无乃圣人伤天下无道不遇之叹欤”④！正是秉持此一理念，所以他能“每念日下从游之乐，梦想依然，悉出行箧中书牍墨迹，对之如面，摩挲百回，不知厌倦，人或嘲我，而亦不恤也”⑤。

朴珪寿与沈秉成等人还就具体学问进行了交流。如朴珪寿对王轩之治学著述甚为关注，几次致函询问其《贡范通解》、三礼之学着手与否，进展到什么程度，希望能一睹为快，即使“抄写之稿不合出手远投，盍拈出几页好议论相示耶，亦一开发切劘之益，绝胜述怀记事诗文之类耳”⑥，且勉励道：“吾辈力能为之者，惟著书一事，此亦大有数存焉，有其才、有其时者，不可因循虚徐以度光阴。”⑦“大凡儒者事业，其能于吾身亲见之者，历数千古，果有几人？慥慥言行，毕竟极致。乃曰世为天下法、世为天下则，‘世为’二字，是圣贤苦心，而学士大夫没奈

① 朴珪寿《题顾祠饮福图》曰：“聚散离合，理所固有，若心性，则无间于山海之间矣，笃于友朋者皆自知之。”(《瓛斋先生集》卷11，第21页)又其致沈秉成函曰：“仍念吾东之士有日下交游，归时两相援据者，辄曰：‘人臣无外交，以不敢频频往复为义理。’此最可笑。所谓外交者，岂人臣相交之谓耶？礼经本文无有是说。若如彼说，则是仲尼不当与遽瑗通使也，叔向、子产、晏平仲皆不当与季札交也，岂有是哉！设或列国大夫有是说也，岂可比援于天下一家、四海会同之世哉？愿兄无或为是说所惑，每因风便，惠我德音，如何如何？”(《与沈仲复秉成》，《瓛斋先生集》卷10，第4页)

② 朴珪寿：《与沈仲复秉成》，《瓛斋先生集》卷10，第8页。

③ 朴珪寿：《与沈仲复秉成》，《瓛斋先生集》卷10，第13页。

④ 朴珪寿：《与王霞举轩》，《瓛斋先生集》卷10，第20页。

⑤ 朴珪寿：《与董研秋文焕》，《瓛斋先生集》卷10，第27页。

⑥ 朴珪寿：《与王霞举轩》，《瓛斋先生集》卷10，第19—20页。

⑦ 朴珪寿：《与王霞举轩》，《瓛斋先生集》卷10，第17页。

何著书垂后之宗旨耳。惟兄勉之勉之。”①又其致王轩函中谈道:“弟有友曰南圭斋尚书,名秉哲,想兄曾从琴泉闻知也,博通经籍,留心经济,兼精《周髀》家说。偶阅元和顾千里涧蘋所著《思适斋集》,见有《开方补记后序》,知《开方补记》者,即阳城张古余先生所撰。此友甚欲得见此书,未知吾兄曾阅过否? 南君从弟而闻兄留意此学,要弟奉叩,苟可不难于求致,则为之副其望,幸甚!”②而当南秉哲去世后,朴珪寿为表彰其学术,乃致函沈秉成,托其将南氏所著《海镜细草》《解推步续解》《仪器辑说》转交王轩审定,以便知其用力浅深、精诣何如。朴珪寿还为其弟瑄寿所为《尚书》《说文》之学,向友人征求意见。其致王轩函曰:“研秋书以为兄近颇力学古篆,虽鲁川(冯志沂——引者注)亦当让与一头,回忆松筠雅谑如昨日也。家弟亦为此学,甚有根据,欲悉取钟鼎彝器铭款,以写《尚书》几篇,若字有未满,虽辏合偏旁,未为不可,其说如何? 且欲著为一书,羽翼《说文》。渠亦奔走公干,迄未能就也。”③又曰:“家弟温卿近嗜《说文》小学,著有《说文解字翼征》。其书以《说文》字见于钟鼎彝器者,比较异同,辨证正讹,足以羽翼经传,多有前人未发之解。书成,姑未脱稿,早晚可奉质大方,仍乞一篇弁卷文也。”④当然,在他们论学的交流中,也有轻松的话题。如朴珪寿致董文涣函中,讲了一件有趣味的事:“顾斋(王轩——引者注)《说文》之学,近复何如? 向于一友人处见有画障,许叔重须发皓白,伛偻而行,自李阳冰、徐铉、徐锴以下,凡有功于《说文》者,皆扶拥许老人,左翊右护,前导后殿而去,形容令人绝倒。今顾斋兄当复去扶许君一臂,但恐被鲁川先着,须大踏步忙走一遭为可耶,好呵好呵。”⑤

尤可注意者,朴珪寿在致沈秉成函中,多次谈到了顾炎武先生之学。其一函曰:“向于谈席霞举兄问:‘君之尊慕顾师,为其合汉宋学而一之耶?’于斯时也,酒次忽忽,未及整怀,弟应之曰:‘然耳。’然弟之仰止高山,非直为是故耳。读《音学五书》《金石文字记》等,而谓先生之道于汉儒;读《下学指南》,而谓先生之宗仰宋贤,此正是王不庵所云‘后起少年推以博学多闻’者也。先生所以为百世师,却不在此。而如弟眇末后学,蚤夜拳拳,最宜服膺勿失,惟是论学书中‘士

---

① 朴珪寿:《与王霞举轩》,《瓛斋先生集》卷10,第23页。在致董文涣函中,他亦表达了类似的勉励,其言曰:“传世之学,非卑官浮湛者不能有,若天为之位置,诚如兄教。此事今古一辙。只是有蕴抱者每不见展施,终又不能自阏,载之空言,垂世故耳。郑渔仲、马贵与得著书之暇最多,杜君卿、王伯厚虽非卑官浮湛,迹其平生,亦与浮湛何异,所以有许大著作,其功利及人不少。顾斋倘得继昔贤之为,今日浮湛庸何伤乎!”(《与董研秋文焕》,《瓛斋先生集》卷10,第30—31页)

② 朴珪寿:《与王霞举轩》,《瓛斋先生集》卷10,第17页。

③ 朴珪寿:《与王霞举轩》,《瓛斋先生集》卷10,第18页。

④ 朴珪寿:《与王霞举轩》,《瓛斋先生集》卷10,第22页。

⑤ 朴珪寿:《与董研秋文焕》,《瓛斋先生集》卷10,第30页。

而不先言耻，则为无本之人’一语耳。子臣弟友、出入往来、辞受取与之间，皆有耻之事也，而终焉允蹈斯言，竟无亏阙，惟先生是耳！此所云‘经师易得，人师难遇’者也。”①又在另一函中曰：“亭林先生《下学指南》，不在于十种书等刊行之中耶？此系先生为学正轨，而未曾读过，殊以为恨！想非卷帙浩汗之书，如有副本蒙寄示，何感如之！人之好我，示我周行，为一方学者之幸也。”“《日知录集释》，向亦携归细阅，黄汝成氏诚顾门功臣，然其注释处，往往有蔓及太多之意，未知论者以为何如？”并论及汉宋之争问题曰：“有人示一函，签题‘传经堂丛书’，匣中四册，乃凌鸣喈《论语解义》也，……阅其书，盖非阐明经术而作也，立心专为诟骂程朱，而曲解圣训，以就己说，猖狂恣肆，无忌惮甚矣。汉宋门户之争，固非一朝，而呵叱丑詈，未有如此之甚者。未审诸君曾见彼书，以为如何？其门户似是萧山流派，彼所传袭必有所自来。而其所推重，乃以亭林、西河并举而称之，此又大可骇异。亭林之于宋贤，补阙拾遗、匡其不逮则有之，探原竟委、实事求是、以救讲学家末流之弊则有之，何尝诋背攻斥，如彼所称西河先生，而乃为彼所推重乎？此在私淑顾师者所不可不辨，未审诸君子以为如何？”②由此可见，随着越来越多地接触顾炎武先生的著述和思想，朴珪寿在认识上也愈益形成自己的宗尚：既推崇顾炎武作为“经师”的学问，更服膺其作为“人师”的魅力。以此为基准，他遂对所谓的汉宋之争不以为然，也认为很有必要对某些评论顾炎武先生的言论加以辨正。姑且不论朴氏之体认、议论允当与否，其受顾炎武思想影响、人格感召之深，则是显然的。③ 这或许就是其不枉出使之行的最大收获吧。

五

时隔 11 年后，即同治十一年（1872），朴珪寿再度获膺出使任务来到北京。与第一次出使情形略有不同，此行乃为觐贺同治皇帝大婚，而且朴珪寿被任命为进贺兼谢恩使正使。更为罕见的是，朴珪寿于此行再度参加了顾祠会祭活动。

朴珪寿再至北京，且第二次参加会祭活动，显然受到了京师顾祠会祭同人们的特别关注。《顾先生祠会祭题名弟一卷子》是年陈文田所撰记，即专门对此做

---

① 朴珪寿：《与沈仲复秉成》，《瓛斋先生集》卷 10，第 2—3 页。

② 朴珪寿：《与沈仲复秉成》，《瓛斋先生集》卷 10，第 11—12 页。

③ 朴珪寿序友人南秉哲《圭斋集》曰：“亭林先生曰：‘文不关于经术政理之大，不足为也。’公与余盖尝深服斯言！顾余鲁钝汗漫，其于文字之业无所成就。若公，则以绝异之姿、通明之识，经纬经史，贯穿百家，其发为文章，必有至足而不能自闷者。……自唐宋以来为史传者，有文苑、儒林之别，诚以文章名家、著述传世，其致有不同也。夫沉潜义理，缕分毫析，有以羽翼经传、启发后学，又或讲求治理、修明礼乐，有以尊王黜霸、为法后人，以至诘戎课农、测天括地之类，非学有根柢、专心为经世之大业者，不能也。夫君子之于学也，其游艺择术，亦各因其志之所存、才之所长而已。”（《圭斋集序》，《瓛斋先生集》卷 4，第 39—40 页）

了记载，其言曰："九月初一日，秋祭……是日与祭者……外臣与祭者，朝鲜判中枢府事朴珪寿瓛卿、户部侍郎成彝镐叙斋、宏文馆校理姜文馨兰圃。瓛卿于咸丰辛酉谒祠，星一终矣。复来与祭，亦盛事也。"戴燮元亦特做说明曰："皇帝御极之十有一年秋九月，大婚礼成，颁恩诏于天下，朝鲜陪臣判中枢府事朴珪寿、户部侍郎成彝镐充进贺正副使，暨书状官宏文馆校理姜文馨，来朝京师。是月晦，适举行顾亭林先生祠秋祭，宋雪帆学士主祭事，与者十有八人。先是，朴瓛卿中枢于咸丰十一年充先皇帝行在问安副使至京，曾求谒祠，同人为特设一祭。兹复来请，遂偕成叙斋侍郎、姜兰卿校理与祭。祀毕，胙饮笔谈不倦。"并作诗以志感道："维太岁壬申九月之晦日，秋高天气清，顾祠修展谒。……朝鲜二三子，学古久心折。趋跄俎豆间，执礼罔或先。饮福洽孔皆，酒酣逸兴发。娓娓资笔谈，朴子动追忆。言昔辛酉春，奉使扈天跸。曾一拜公祠，道貌快良觌。忽忽星一终，再来慰饥渴。中间与祀人，或远官或卒。抚卷念旧游，怆怀感今昔。而我矍然思，请为话颠末。往在咸丰朝，四方多盗贼。今皇践阼初，周召勤夹弼。……阅今十一载，中原息兵革。……亭林一代儒，天人学贯绝。闻者奋然兴，顽廉懦志立。吾徒与古稽，砥砺在学术。匪仅备盍簪，故事资修饰。归告尔贤藩，礼让以为国。"视朴珪寿"复来与祭"为"盛事"，可见京师诸同人对朴珪寿再度参与祭事的重视程度和热烈反应。而值得特别指出的是，本次活动后，朴珪寿还在题名卷子上留下了珍贵的墨宝。他如此写道："同治壬申九月，朝鲜进贺正使朴珪寿再到京师，与副使成彝镐、书状官姜文馨，同来谒祠。时值秋祭，得与会祭诸君子订交，信可乐也。然念辛酉同拜诸友，或在远仕，或墓草已宿，今昔之感，不能已也。朴珪寿识。"①显然，他对再次参加顾祠会祭是满怀感慨的。

不过，较之第一次来北京的所获所感，朴珪寿此次之行，尽管"不无新知作宴会为乐"②，然心中实甚感落寞，甚至有些失望。之所以会如此，盖有如下几方面原因：

一是上次在京结交的诸友，或远仕他方，或已不在人世，重逢故友的期待落空。在致王轩函中，朴珪寿不无遗憾地说："弟今老矣，不当远游，惟生平以友朋为命。念吾兄或复到都门，以是求奉使来，为复续禅房文宴地也，乃此计不遂。虽不无新契为欢，终不免怅怅然也。"③致沈秉成函亦曰："弟再到而不逢旧识，抚念感慨，当雅量烛之。……吾今发尽秃、牙半脱，然犹驰三千里者，专欲得逢一二故人，乃无聊如此。"④又致董文涣函曰："弟再到都门，旧契无一人相对，其踽踽可知。令弟云龛（董文灿——引者注）虽初面，便是宿交，追随往还，赖不寂寞。

---

① 《顾先生祠会祭题名弟一卷子》，第46—49页。

② 朴珪寿：《与黄缃芸云鹄》，《瓛斋先生集》卷10，第27页。

③ 朴珪寿：《与王霞举轩》，《瓛斋先生集》卷10，第23页。

④ 朴珪寿：《与沈仲复秉成》，《瓛斋先生集》卷10，第14页。

共拜顾祠，又展慈寿佛像。……顾斋有太华之游，尚未见所述。此君占彼优闲，使海上故人不得一饮于燕市，不能不埋怨。若兄则不逢，其势固也。醉里作此，欲兄置壁上如面耳。"①在致弟瑄寿函中亦提及："今行不以游览为事，只欲结识中原名士，而旧交诸人皆不在京，惟研樵之弟文灿在矣。"②期望再晤知交、把酒畅叙论学而不得，对"生平以友朋为命"的朴珪寿来说，落寞自在情理中了。

二是他对当时京师的士风颇感不满。其曾对弟瑄寿抱怨说："或有闻名先来馆中相访者，或于他座证交者，自一面以上，统计可八十余人，亦云广交游也。然而，观近日风气，又比曩昔不及。老成者皆无甚兴况，且其有志者多如王顾斋之归里家食也；年少新进，皆不过词翰笔墨，而亦无甚超群者。所交虽多，而只是酒食相招邀、诙笑相乐而已，有何可意耶！以使事未竣，淹留至十一月初，而左右酬应，杂沓不暇，亦一困事也。"③又其在致万青藜函中，亦曾委婉地表达失望心情，曰："向在都下，不过一再私觌，半是商量使事。若夫学术经济，久欲质诸大雅者，却不及倾倒囷廪。归卧海隅，弥增悒悒。"④如此氛围，与朴珪寿所期待者，实相去悬远，又怎么不令他感到落寞寡欢、失望呢？

三是他本打算借此行携弟瑄寿所著《说文翼征》请教在京诸友，并谋付梓，然未果。在致弟函中，朴珪寿曾谈及《说文翼征》事及自己的打算。在他看来，《说文翼征》乃"海内纵横上下所未有"之作，尽管自己"十余年无一篇文字可夸中州士夫，纵有之，亦有何奇文耶"，然能携此书到北京，可谓冥冥中"有物默相"，也称得上"第一奇事"了。因此，为慎重起见，他觉得"不可不亲手交付可意人一见也，不可遥书相托于顾斋辈也"⑤。而且，他还满怀信心地认为，"此书若剞劂，则书贾当获大利"；自己"虽无刻此之赀，而可与有心人谋此事，庶几成得"。若然，"君虽受一时孤寄之愁，我虽有一时之劳攘、思虑之恼，皆在所不恤也"。虽说此行"本非为此，而有物默相，必欲传此宝于天下，自然使我起兴勇往"⑥，然而，事情并未像朴珪寿预期的那样。到达北京后，朴珪寿得识董文涣之弟文灿，因其"力学六书"，遂以《说文翼征》示之。文灿"片时披览，已悉其凡例，且言此书采阮氏《积古款识》、薛氏《款识》，阮则考据详而颇有误字，薛则笔画多误"。朴珪寿认为文灿"敏妙"，便将是书"付之求评骘"。然而，一则王轩不在京城，不能向其当面请教；二则当时"百物翔腾"，刊刻所需费用昂贵，所以付梓之事遂搁置。这对信心满满且以为不成问题的朴珪寿来说，自不免既感无奈，又恨

---

① 朴珪寿：《与董研秋文焕》，《瓛斋先生集》卷10，第33—34页。

② 朴珪寿：《与温卿》，《瓛斋先生集》卷8，第37页。

③ 朴珪寿：《与温卿》，《瓛斋先生集》卷8，第37页。

④ 朴珪寿：《与万庸叟青藜》，《瓛斋先生集》卷10，第38页。

⑤ 朴珪寿：《与温卿》，《瓛斋先生集》卷8，第33页。

⑥ 朴珪寿：《与温卿》，《瓛斋先生集》卷8，第35页。

恨不已了。①

尽管如此，朴珪寿仍未放弃。返回朝鲜后，他又屡向中国友人论及此事。其致王轩函曰："家弟用力六书，著有《说文翼征》十四卷，愿质诸高明。既未对订，稿是孤本，又不得远寄，此又可恨。容他日复写呈，不审那时复入春明？"②又致函董文灿强调："家弟《说文翼征》，尚有追补未了。且敝处刻书极难，元无书坊刊书为业之人，以是早晚必欲烦都下良工，而又苦费赀未易，奈何奈何！此书虽未知识者有取，而若属之覆瓿而止，则亦可惜。若书贾得而刻之，亦不害为新面目，而同此嗜好者必争求之，未知以为何如？待其净写完本，欲以奉质于顾斋老友，而此番未及耳。"③致吴大澂函亦强调："温卿《说文翼征》，尚在追补未完，然敝处本无刊书之局，未知何时当付之梨枣。若竟至覆瓿，则亦云可惜恨。不如都下朝有述作，夕已登梓也。"④而在致万青藜函中，更详细表达迫切心情和无奈，曰："愚兄久废笔墨，胞弟其名瑄寿，字温卿，仍号温斋，官经吏部右侍郎，年今五十有四。夙耽坟典，著有《说文翼征》十有余卷。其书以钟鼎古文，证《说文》小篆，多所发明疑讹，甚有根据，必传无虑。但东方少为六书小学者，如非中州之士具眼者，恐终归覆瓿。必欲谋梨枣于厂肆，而既不识工费多少，且此等事非有有心人主张，那能如意精良耶？原书尚未脱稿，今未及奉质诸大雅君子。虽然，幸商量示其可否遂愿，如何如何。"且愤然感叹道："六书之学，亦穷格第一事，而向来专门家未免琐细玩丧，此为可恨，未审阁下以为何如，亦愿闻高明之论耳。"⑤但非常遗憾的是，朴珪寿虽然做了这么多努力，终未能觅得"可意人""有心人"，遂成一大遗恨。直至 1912 年，该书才经金晚植校阅后，由汉城光文社出版，而此时已距朴瑄寿去世 13 年了。⑥

朴珪寿第二次至北京，虽说所遇所交与其期望的大有差距，因而颇感落寞、失望，甚或对一些情况觉得"可恨"，然其在与京师官员、士人尤其是参加顾祠会

---

① 朴珪寿：《与温卿》，《瓛斋先生集》卷 8，第 35—36 页。董文灿《赠朴桓卿珪寿判枢》诗曰："十载知名久，重来驻使车。论文从感激，报国在迂疏。坐对今人古，谈深俗事除。酣红劳饷饮，琼报定何如？高士来韩国，前尘接咏楼。同临金粟境，况值菊花秋。坛坫瞻先哲，琴尊纪胜游。他时相忆处，还作画图留。"（《芸香书屋诗草》卷下，转引自李豫：《董砚樵先生年谱长编》，董海平、李豫主编：《清季洪洞董氏日记六种》第 6 册，北京：北京图书馆出版社，1996 年，第 167 页）

② 朴珪寿：《与王霞举轩》，《瓛斋先生集》卷 10，第 23 页。

③ 朴珪寿：《与董云龛文灿》，《瓛斋先生集》卷 10，第 34—35 页。

④ 朴珪寿：《与吴清卿大澂》，《瓛斋先生集》卷 10，第 36 页。

⑤ 朴珪寿：《与万庸叟青藜》，《瓛斋先生集》卷 10，第 40—41 页。

⑥ 详参[韩]金玲敬：《〈说文解字翼征〉研究》，华东师范大学博士学位论文，2004 年；黄卓明：《韩国朝鲜时代的〈说文〉研究》，《励耘学刊》2010 年第 1 期；[韩]河永三：《韩国历代〈说文〉研究综述》，《中国文字研究》2013 年第 2 期等。

祭者的交往中，无疑也有一定的收获。如吴大澂赠其曾国藩的文抄，他回国阅读后，很是“景仰钦服”，而有“恨不得及门于在世之日，以尽天下之观也”“恨生并一世，拘于疆域，不能亲炙此杰巨人”之慨。之所以有此感慨，是因为在他看来，曾国藩的“文章勋业，学术经济，兼全备具，求之前代，未有盛焉。盖天于圣代，生此伟人，为儒者吐气耳”！并因此而欲得曾国藩全集，一睹为快。① 若联系其与万青藜函中所论中朝面临日本入侵威胁之隐患，②不难看出，朴珪寿此行固然有欲进一步与中国士大夫交往等意愿，然亦寄寓了强烈的政治诉求和期待，③但结果令他很不满意。正因两次出使中国的蕲向和情形发生了变化，朴珪寿心中出现落差，也就并非无因了。然而，世事沧桑，宦途诡谲，对书生本色的官员来说，要想成就一番“许大学问、许大事业”，又谈何容易！沈秉成等人如此，朴珪寿又何尝没有如此煎熬！④

六

朴珪寿以热河问安副使、进贺兼谢恩正使两度出使北京，皆在清廷处于外患内忧、险象环生之时。面对如此局势，他之所以不畏艰难、毅然膺命出使，显然并非出于偶然的决定，而实有寄望所在。如上所揭，其所寄望者，一则是为实现其“平生梦想帝王州”的夙愿，以继祖父朴趾源先生之后，亲身接触、感受中华文化；二则，也是更为重要的，想借此机会结交士大夫，谈学论道，质疑辨难，尤其是欲寻觅立身立品之知己、怀才经世之友朋。大儒顾炎武恰为朴珪寿实现此一愿望提供了难得的机缘。这是因为，朴珪寿出使北京前，已对顾炎武先生的学问有所接触，且对其人品甚为钦仰。至北京之后，因燕行使好友申锡愚介绍，得交沈秉成、王轩、王拯、黄云鹄、冯志沂诸人，是以有机会参加顾祠会祭。此一契机，不仅实现了朴珪寿一展对顾炎武先生的仰慕之情，进一步加深了对其著述和人生取向的了解和体认，而且也在与沈秉成诸人交往及此后返回朝鲜后彼此函札往复中，寻得了祈盼已久的人生天涯知己。而从朴珪寿与沈秉成诸友人的言谈互动中，使人感受到的，不惟是他们之间交游的一己之乐，更展现了中朝学人对学术的挚爱、文化的担当、两国危难与命运的忧患意识，以及不为一己得失而牵怀以成就一番大学问、大事业的人生追求。而这也正是大儒顾炎武先生所倡导的

① 朴珪寿：《与吴清卿大澂》，《瓛斋先生集》卷10，第35—36页。

② 详参朴珪寿：《与万庸叟青藜》，《瓛斋先生集》卷10，第38—39页。

③ 详参王元周：《朴珪寿的燕行经历与开化思想的起源》，《韩国研究》第10辑。

④ 金允植曾感慨其师朴珪寿之志不得伸，曰：“呜呼！先生不幸而处君子道消、小人道长之时，虽位居鼎鼐，而无用贤之实。进而不能展匡济之策，退而不能遂丘园之志，郁悒无聊，常掩袁安之涕。”（《瓛斋先生集·序》，朴珪寿：《瓛斋先生集》卷首，第1—2页）

"经术""治道""博闻"相结合的为学为治之大关键、大精神、大情怀。可以说，正是在顾炎武先生学问、精神的感召下，朴珪寿、沈秉成等人方得以相识、相交、相知；而通过他们的推扬、阐发和传播，顾炎武先生之学问、精神更加得到突显，并名扬域外。因此，从某种意义上来说，顾炎武先生之所以能成为中朝学人的"学术偶像"，而为其所钦仰、所祭拜，已非个人之荣誉，实具有鲜明的文化象征意义。①

中朝两国之所以能保持悠久而密切的联系，休戚与共，不仅缘于天然的地理毗邻，而且基于不同时期形成的宗藩政治框架，更与彼此间的文化交流、互动密不可分。尽管其间不免发生一些误读、摩擦或隔阂，但就大的潮流和趋向来看，中原文化或中华文化传统无疑成为了两者相交相与的纽带，因此也孕育出彼此士大夫之间长久而积极的交流、认知与回应。② 朴珪寿之参加顾祠会祭，就是这一文化现象的典型个案，值得关注。

（作者：林存阳，中国社会科学院历史研究所研究员）

---

① 金允植在《瓛斋先生集·序》开篇即强调道："昔顾亭林先生有言：'文不关于经术政理之大，不足为也。'夫经术者，修己之本也；政理者，安民之本也。君子之道，修己、安民而已。舍是二者而论文，岂足谓贯道之器乎？故文从道出，道以文见。譬如草木之有华者必有实，无实之华，君子耻之。"（朴珪寿：《瓛斋先生集》卷首，第1页）又董文涣《七月初五日郑康成先生生日顾斋子颖玉森招集谏草堂展祀饯饮朝鲜徐茶史洪眉轩沈绫史分韵得石字》诗（同治五年作）曰："竹径交翠阴，松窗启虚白。……遥称前贤寿，再访名臣宅。绝学仰司农，悬弧溯通德。撰述千载心，典型百代式。先生昔豪饮，一日能三百。我辈复此会，中外天不隔。……时物自多感，况当送行役。风尘后会少，聚散浮生易。关门杨柳疏，努力尽一石。"（董文涣著，李豫、李雪梅等点校：《砚樵山房诗稿》，太原：山西古籍出版社，2007年，第467页。按：徐茶史即徐堂辅，进贺谢恩兼奏请使副使，洪醇学为书状官）

② 相关研究可参见：[日]夫马进著，伍跃译，《朝鲜燕行使与朝鲜通信使——使节视野中的中国·日本》，上海：上海古籍出版社，2010年；徐东日：《朝鲜朝使臣眼中的中国形象》，北京：中华书局，2010年；杨雨蕾：《燕行与中朝文化》，上海：上海辞书出版社，2011年；韩荣奎、韩梅：《18—19世纪朝鲜使臣与清朝文人的交流》，青岛：中国海洋大学出版社，2014年。

青铜器纹饰丛论

◇张 翀

先秦时期,又被称为青铜时代,自然是以铜器蔚为大观,而中国古代铜器较之世界其他文明的铜制品,有着极为特殊之处。首先是多为铜容器,因为器以藏礼,这些铜质容器大多数情况下都蕴藏着某种礼仪。在礼仪文明或美术的大背景下,中国古代铜器具有两个特点,即铸刻文字、装饰花纹。在构建礼仪文化方面,纹饰与文字具有同等的作用。故此我们简单探讨一下青铜器上的纹饰。

一、为何称兽面纹

谈起青铜器纹饰,大多都会想到"饕餮纹"。这一种称之模仿神兽面部的图案纹饰,完整的形式有角、有眉、有眼、有鼻、有耳、有嘴,甚至在面部还有多余的衍化附件图案(图1)。当然兽面的鼻常常借用铜器的凸棱,稍有加工,而附件也多简省。称它为"饕餮"的多是文献,最早见于《左传 · 文公十一年》,而阐释其形象意义的则是《吕氏春秋》上的记载:"周鼎著饕餮,有首无身,食人未厌,害及其身,以言报更也。"这个阐释转念一想,好像有些问题。

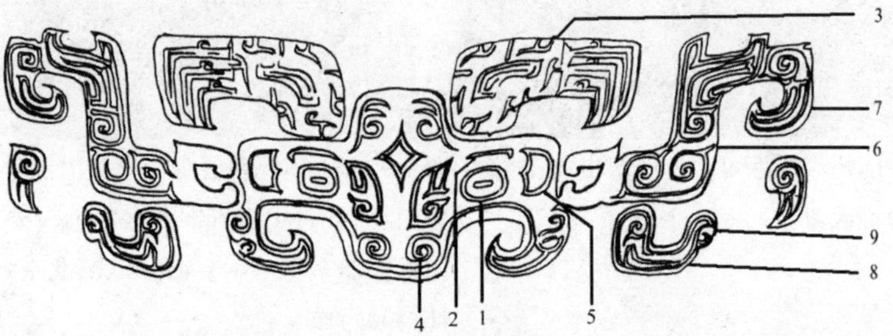

图1 饕餮纹构成示意图(《中国青铜器综论》,上海:上海古籍出版社,2009年,第540页)
1.目 2.眉 3.角 4.鼻 5.耳 6.躯干 7.尾 8.腿 9.足

首先,《吕氏春秋》是一部成书较晚的杂家著作,用来证商周铜器,其可信效力是需要再讨论的。再者,在我们现在观察到的西周铜器上固然有这样的纹饰,但已经简化、分解,所谓的教化的意义很弱。所以有些学者也称之为想象动物纹饰。

这样的兽面纹源于位于浙江的良渚文化的玉器上(图2),可能也有更早的形式,但良渚兽面纹与商周铜器的关系,已被学术界认为是极为深厚。当然从良渚玉器多用以祭天之用的功能看,这种怪异兽面也多与“天”有关。而最早出现兽面的铜器应该是偃师二里头出土的几件铜牌饰,时代大约在夏代。这些铜牌,用绿松石镶嵌出带有兽面的纹饰(图3),但如果仔细观察的话,其兽面只在主体部分,其余部分也并不能用角、眉等部件加以介绍,唯一可能的是神兽的身躯。至于为什么会这样,其中有着复杂的图像细读的工作。但是如果这个说法能够成立的话,那《吕氏春秋》中的“有首无身,食人未厌,害及其身”的饕餮用于铜器上面的纹饰就不那么合适了。所以,将铜器上面的兽面纹称为饕餮,不能完全说是穿凿附会,但也是有穿凿附会的嫌疑了。从这个层面上来说,对于青铜器上的纹饰,还是普通地称为兽面纹较为妥帖。就纹饰而言,尽管它们没那么多的故事,但也并非如贝格力所力主的“纹饰无意义”。

图2　杭州余杭反山12号墓出土玉琮上的兽面纹细节

图3　1981年河南偃师二里头出土绿松石镶嵌兽面纹牌饰(中国青铜器全集编辑委员会:《中国青铜器全集一·夏商》二〇,北京:文物出版社,1997年)

商代前期在铜鼎、铜爵上已经出现了兽面纹饰,不过不是商代后期的三层满花纹饰,只不过是兽面、乳钉、云纹等的单层纹饰,且用单线形式(图4)。商人之所以选取古代的图像因素并加以改造,这是因为商人重鬼神,就连祖先死后都能成为神,如《礼记·表记》篇说:“殷人尊神,率民以事神,先鬼而后礼。”殷人有“尊神”“先鬼”的性情,故此在殷商时期大量出现兽面纹也就不难理解了(图5)。不过在商代前期,铜器上面的兽面纹饰多为图案化的风格,为简化的兽面纹。这种情况与铸铜技术处于低级阶段有关(图6),但是这种不得已的抽象,有利于将内涵抽空,添加为其服务的新式的上层建筑,“抽象的手法可能是一种最有效的方式,以糅合吸收不同文化的动物题材,再提炼出一种能够反映宗教、政治和社会变化的新模式——兽面图像。兽面图像迎合了政治野心和新时代的需求,并很快成为一种得力的政治工具”①。到了商代晚期,以殷墟铜器为代表,在广为使用兽面的风气之下,其装饰的手法也趋于成熟,基本上是三层满花。地纹为云雷文,甚至能铺满整器,位于第二层的兽面主纹,常有鼻梁、双目、双角,有些还要细致到嘴的刻画(图7)。

图4　商早期兽面纹爵(中国青铜器全集编辑委员会:《中国青铜器全集一·夏商》六三,北京:文物出版社,1997年,第70页)

图5　宁方彝器身及盖上的兽面纹(中国青铜器全集编辑委员会:《中国青铜器全集三·商(三)》六九,北京:文物出版社,1997年)

兽面纹在西周时期仍然存在,但已经式微,这是因为商周沿革的重大变化。西周初年,还有一部分殷商移民继续存在在西周的政体当中,周人也采取一些笼络政策。在西周前期的铜器中,就出现了殷人、周人两种系统的铜器。这些殷遗民制作铜器时变得小心翼翼,在保留许多旧有的元素如兽面纹的同时,制作手法变得隐晦起来,兽面纹变得疏朗,降低了其神性。这种神性的消减,恰恰是对青铜器权力代言的放弃。兽面纹之下的云雷地纹的消失,更加促进了兽面的分解,甚至转化为其他纹饰。

① 杨晓能:《商周青铜器纹饰和图形文字的含义及功能》,《文物》2005年第6期。

铜器上的纹饰有其自身的演进方式，之前的古史研究者对其研究不够，甚至见有“纹饰”冠名就自动忽视。而将兽面纹以饕餮命名似乎又是异曲同工，因为一旦以“饕餮”为名后，就无法再归结回“图像”本身，而是走向另一套叙述文本，不免歧路亡羊，很难触及这一纹饰的真正含义。

图6　安阳武官村北地 M229 出土鼎带有极简兽面纹（中国青铜器全集编辑委员会：《中国青铜器全集二·商（二）》六二，北京：文物出版社，1997 年，第 63 页）

图7　兽面纹鼎（陈佩芬：《夏商周青铜器研究》西周上册二一四，上海：上海古籍出版社，2005 年，第 48 页）

二、人虎之争

说到青铜器，多半都会想起“虎食人”卣来。“虎食人”卣共有两件，分别藏在日本泉屋博物馆（图 8）和法国巴黎市立东方美术馆（图 9）。这两件鼎鼎大名的铜卣器形奇特，造型惊心，让人过目不忘。

图8　日本泉屋博物馆藏虎食人卣（中国青铜器全集编辑委员会：《中国青铜器全集四·商（四）》一五一，北京：文物出版社，1997 年，第 148 页）

图9　法国巴黎市立东方美术馆的虎食人卣正侧面（李学勤、艾兰编著：《欧洲所藏中国青铜器遗珠》40-D，北京：文物出版社，1995 年）

虎食人的题材还有其他不同的样式,通常也将其称为“母题”。母题是纹饰变化的源泉,可以形成以母题为核心的模件体系,正如德国艺术史学者雷德侯先生所言“利用总数有限的装饰母题和装饰单元进行无穷无尽的组合”。所以,要了解人虎组合的纹饰,首先要了解单独纹饰,例如虎纹,在江西新干县大洋洲商代大墓中的大方鼎上就有两个虎形的装饰。在时代相近的安徽阜南县朱砦润河出土的龙虎尊上也可以看到虎食人的纹饰,器腹上部的虎纹为一首双身(图10),虎头突起呈牺首状,下含噬一人形,人首半进虎口。这种动物题材后来成为了商周铜器装饰的主题纹饰。安阳殷墟妇好墓出土的一件双虎人首铜钺,虽是两虎形的纹饰,但两虎均为侧向剪影状,绝似一虎分割而成,也可看作虎食人的母题纹饰。

图 10　安徽阜南县朱砦润河出土龙虎尊(中国青铜器全集编辑委员会:《中国青铜器全集一·夏商》一一七、一一八,北京:文物出版社,1997 年)

“虎食人”作为先秦器物及纹饰中最著名的母题,练春海兄曾经做过整理工作,发现除铜容器外,还有 7 件兵器(图 11)、17 件车器及 5 件饰器与 1 件乐器上也有类似的纹饰。其纹饰可能在最主要的纹饰上发生一定的图像变动,但也大概可知,“虎食人”并非只是在日本、法国所藏的铜卣上存在。关于人虎母题的含义,学者有过很详细的论述,并提出种种假说,其中以张光直的原始巫术的解释影响较大,甚至也有人提出并非是虎食人,而是人虎交媾。这种说法虽然看似比较惊世,但也关注了虎食人形象中最关键的问题,即人的面部表情,并试图解决这个问题,“在这个主题中,人们毫无与虎敌对的表情、动作以及恐怖的表情。

为什么在张着大口的老虎面前，人的表情却泰然自若。不懂这个‘泰然自若’就没有研究这个主题的资格了”①。实际上，虎的形象正如之前所说，被广泛地装饰于礼器、兵器、杂器和艺术品之上，其造型当与自然地理生存状态息息相关，虎作为并非常见的猛兽，应多分布在中原以外的边缘山区（图12）。从内蒙古地区出土的草原铜器上看，羊、马、鹿等食草动物形象要早于虎等猛兽类，说明人类对虎等猛兽的认识是一个逐渐深入的过程。从另外一个角度来看，也可以看成人类征服自然与猛兽的历程。

图11　妇好虎食人钺（中国青铜器全集编辑委员会：《中国青铜器全集三 · 商（三）》一八八，北京：文物出版社，1997年，第189页）

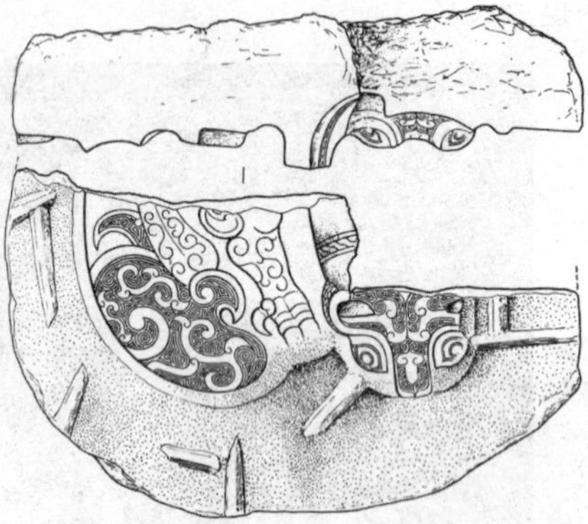

图12　侯马铸铜遗址出土虎形陶范（李夏廷、李劭轩编著：《晋国青铜艺术图鉴》，北京：文物出版社，2009年，第235页）

具体到“虎食人”卣上的纹饰，笔者更倾向于中国社科院考古研究所陈星灿先生的说法，虎的形象源于人为了狩猎而披着虎皮以企望具有一种超人的能力的习俗。从目前的出土情况看，人虎母题的青铜器主要分布于我国西南和中原地区，如湖南、湖北、河南、陕西、四川等地，当时的这些地域，人类多半都有驱赶猛兽的行为。有学者对人虎母题的出现地域也做过整理：“当人虎母题在南方已消失后，却在北方地区一直流传到西周末期，说明这一来自南方的影响亦有很强的延续性。从人虎母题青铜器的出土地点来看，该母题向北首先到达河南浚县和安阳一带，随后向西传播，直至陕西宝鸡。”②人虎母题有着图像接受与传播的关系，也不只在铜器上（图13），这隐然反映着人类进军的步伐，与人之象的关

① ［日］林巳奈夫著，常耀华、王平、刘晓燕、李环译：《神与兽的纹样学——中国古代诸神》，北京：生活 · 读书 · 新知三联书店，2009年，第22页。

② 卢昉：《商代青铜神秘纹样——“人虎母题”新论》，《文物世界》2010年第5期。

系近似，可参看《大象的退却：一部中国环境史》一书。走笔至此，我突然想到《世说新语》中的一条故事，不妨引录如下：“魏明帝于宣武场上断虎爪牙，纵百姓观之。王戎七岁，亦往看。虎承间攀栏而吼，其声震地，观者无不辟易颠仆。戎湛然不动，了无恐色。”①

图 13　虎首跽坐人形玉饰（《中国美术全集·玉器一》，合肥：黄山书社，2012 年，第 146 页）

图 14　人面兽纹弓形器上的人面图像（中国青铜器全集编辑委员会：《中国青铜器全集三·商（三）》二一三，北京：文物出版社，1997 年，第 215 页）

① 余嘉锡撰，周祖谟、余淑宜整理：《世说新语笺疏》，北京：中华书局，1983 年，第 350 页。

图 15　法国巴黎市立东方美术馆的虎食人卣背面(李学勤、艾兰编著:《欧洲所藏中国青铜器遗珠》40-C,北京:文物出版社,1995 年)

早期先民赋予老虎很多神性,多半是缘于对虎的恐惧,这种心理颇为矛盾。《山海经》中,带有人虎组合的神人形象也较为多见,其中有人面虎身、人身虎首、人身虎尾、人面虎爪等,不一而足,所提取的老虎形体部位,有的取虎身、虎首,有的取虎尾、虎爪和虎齿,有的兼而取之。而具备虎身的神奇动物则见于《西山经》:"西南四百里,曰昆仑之丘,是实惟帝之下都,神陆吾司之。其神状虎身而九尾,人面而虎爪;是神也,司天之九部及帝之囿时。"①从上下文本叙述来看,神陆吾已然是神了,乃为黄帝属官。是故作为虎形也多具备升天入地的神力,而作为神人之属,所蕴含的神力也多源自虎。(图 14)《大荒东经》称:"有神人,八首人面,虎身十尾,名曰天吴。"②或可认为是人面虎身的结合形态,《海内西经》另载:"昆仑南渊深三百仞。开明兽身大类虎而九首,皆人面,东向立昆仑上。"③袁珂认为开明兽即是神陆吾,这里我们不去讨论是否如此,我们只关注其确为人面与虎身结合的形象。而"食人"亦见于《中山经》:"有兽焉,其名曰马腹,其状如人面虎身,其音如婴儿,是食人。"此兽神力较弱,不及开明兽或神陆吾,但恐怕是"虎食人卣"最初文献的张本。用《山海经》等文献证明青铜器是有一定的危险的,该书成书较晚不说,且各篇章形成的先后时间也大不一致,图像与文本之间已经发生相当程度的错位。不过从另一角度也反映虎的形象,或者

① 袁珂:《山海经校注》,上海:上海古籍出版社,1980 年,第 47 页。
② 袁珂:《山海经校注》,上海:上海古籍出版社,1980 年,第 348 页。
③ 袁珂:《山海经校注》,上海:上海古籍出版社,1980 年,第 298 页。

“食人”的行为并不鲜见，也许能给我们另外一种解释，即两件“虎食人”卣的图像并不是在叙述虎吃人，而是在塑造食人的人面虎身的异兽(图 15)，其用意在于作为本族的保护神，所噬食之人，也应是异族。① 但不管如何，人虎母题都不同程度地反映了人虎相争的史影。

(作者：张翀，中国社会科学院历史研究所助理研究员)

① 参见陈星灿：《“虎食人卣”及相关图像的史影蠡测》，北京大学考古文博学院、中国国家博物馆编：《俞伟超先生纪念文集·学术卷》，北京：文物出版社，2009 年，第 232—240 页。

“直道而行”“求真明善”的张岱年先生

◇杜运辉

张岱年先生,字季同,曾用名宇同、亦同,1909 年 5 月 23 日(夏历四月初五)生于北京市,祖籍河北省献县杜生镇小垛庄(1954 年划归沧县)。其父张濂,字中卿,一字众清,1905 年(光绪三十一年)中进士,改庶吉士,入进士馆肄司法政,1907 年(光绪三十三年)受职翰林院编修,1918 年(民国 7 年)被选为众议会议员,后任沙河县知事及枣强县知事,晚年居北京,与尚秉和、陈云诰、刘春霖等交往。张岱年先生的长兄是张崧年(字申甫,一字申府),大姊张敬,二姊张敏,二兄崇年。

三岁时,张岱年先生随母回乡居住,过田园生活。五六岁时,入私塾读《三字经》《百家姓》及“四书”。1920 年,他随父返京,入读北京师范学校附属小学(1949 年后改称宏庙小学)。1924 年,就读北京师范大学附中初中二年级,开始有志于史学和哲学,“常常独自沉思:思天地万物之本原,思人生理想之归趋”。1927 年,张先生考入高中班,跟随班主任汪震(伯烈)先生开始正式学习中国哲学课程,并初步了解当时学术界的情况,该年作《评韩》一文,由汪师推荐发表于《师大附中》月刊,可惜的是该文至今尚未找到。1928 年,19 岁的张先生在高中毕业前于《晨报》副刊发表《关于列子》,暑假后考入清华大学,开学后因厌烦国民党的军事训练课程而退学,遂即考入北平师范大学教育系,曾在王重民、孙楷第等组织的《努力学报》发表《古书疑义举例再补》。从 1931 年(22 岁)到 1933 年(24 岁),张先生连续发表《关于老子年代的一假定》《先秦哲学中的辩证法》《高中师范科教本:人生哲学》《唯我论》《关于“新唯物论”》《世界文化与中国文化》等三十余篇文章,并与同学傅继良合译杜威的《看作一种科学的教育》《教育科学之源泉》。这些著作,从中国哲学史、哲学理论和文化哲学三方面奠定了他会通马克思主义、中国文化与西方文化的学术规模,此知识结构与理论视野在当时的时代条件下是极为罕见而可贵的,这充分表明了张岱年先生作为哲学天才的睿智卓识。

1933 年夏,在冯友兰、金岳霖两位先生推荐和梅贻琦校长批准下,甫出大学校门的张岱年先生便被聘为清华大学哲学系助教。他以 D.S.Robinson 的《当代哲学导论》(*An Introduction to living Philosophy*)作为教材讲解“哲学概论”课程,并增加西方古代及近代哲学,特别是较详细地讲述辩证唯物论哲学,称之为“当代最伟大的哲学”。1934 年，张先生发表《中国思想源流》，明确宣称：

> 中国民族现值生死存亡之机。应付此种危难，必要有一种勇猛安毅能应付危机的哲学。此哲学必不是西洋哲学之追随摹仿，而是中国固有的刚毅宏大的积极思想之复活，然又必不采新孔学或新墨学的形态，而是一种新的创造。

该年，他还发表《辩证唯物论的人生哲学》，第一次比较详细地总结、介绍了马克思、恩格斯、列宁等马克思主义经典作家人生哲学之要义，这在马克思主义哲学史上具有重大而深远的意义；发表《中国知论大要》，对中国古代知识论做出初步梳理；发表《〈莫斯科对话：关于赤色哲学之讨论〉一书的评介》，介绍苏俄哲学的最新进展。不幸的是，这年夏天张濂先生去世，张先生因忧痛而影响健康，于暑假中辞去清华教职，进城暂住在当时的北平图书馆宿舍，边静养边读书。1935 年 1 月，26 岁的张岱年先生与冯友兰先生之堂妹冯镶兰女士结婚，他同时开始撰写《中国哲学大纲》，并在该年发表《关于中国本位的文化建设》《论现在中国所需要的哲学》《冯著〈中国哲学史〉的内容和读法》《生活理想之四原则》《西化与创造——答沈昌晔先生》等文章。青年张岱年的杰出成就受到学术界瞩目，被孙道昇誉为“解析法的新唯物论”之重要代表。1936 年 5 月，27 岁的张先生发表《哲学上一个可能的综合》，明确提出：

> 今后哲学之一个新路，当是将唯物、理想、解析，综合于一。
>
> 我们所需要的新哲学，不只是从西洋的最新潮流发出的，更须是从中国本来的传统中生出的。
>
> 现代中国治哲学者，应继续王、颜、戴未竟之绪而更加扩展。

这是张先生中、西哲学综合创新思想的明确宣示。此外，他还发表《评叶青〈哲学问题〉及〈哲学到何处去〉》《老子补笺》《中国哲学中之活的与死的》等文章，并于 7 月完成《中国哲学大纲》初稿，副题为《中国哲学问题史》。全书分宇宙论、人生论、致知论三部分，使用中国哲学的固有概念范畴，叙述其源流发展，显示其条理系统，着重论述中国古代的唯物论、辩证法及人生哲学。此书力图显示中国传统哲学的理论体系，对于传统哲学固有的概念、范畴的内涵与歧义进行了比较明确的分析，可以说是逻辑分析法的运用；对于概念范畴的发展演变及各学派之间的相反相成、交光互映进行了比较详细的说明，可以说是唯物辩证法的运用。书中首次指出，自宋至清的哲学思想有三个主要潮流：以程朱之学为代表的理本论或客观唯心论的潮流，以陆王之学为代表的心本论或主观唯心论的潮流，以张载、王廷相、王夫之及颜元、戴震等为代表的气本论或唯物论的潮流。该书与冯友兰先生的《中国哲学史》（上、下册）堪称中国现代哲学史研究之“双璧”，对此后特别是 20 世纪 80 年代以后的中国哲学史研究产生了重大而深远的影响。该年，张先生由冯友兰先生推荐，回到清华大学哲学系继续任助教，以新著《中国哲学大纲》作为“中国哲学问题”课程的讲授内容，听讲的有冯宝麟（冯契)、赵甡(赵俪生)等。

冯友兰与张荫麟二位先生审读《中国哲学大纲》书稿并提出一些修改意见，张岱年先生遂继续修改，于1937年年初完成全书，并由冯先生介绍给商务印书馆。商务印书馆当即决定付印，但值抗日战争突然爆发而未果。当时张先生偕妻避居城内，清华大学奉命南迁时，他因其助教身份且与学校失去联系而被迫滞留故都。他誓不与敌伪合作，置生死穷达于度外，参加由张恒寿、翁独健、王森、韩镜清、成庆华等组成的"三立学会"(即立德、立言、立功)，在艰苦生活中"勤力攻读，专心撰述，以期有补于来日"。1942年，经友人王锦第先生介绍，张先生会晤私立中国大学校长何其巩先生及哲教系主任童德禧先生，何先生恐《中国哲学大纲》在战乱中丢失，建议张先生到中国大学讲课，借此印为讲义。张先生遂于1943年秋到中国大学讲"中国哲学概论"课程，《中国哲学大纲》亦得以油印本方式第一次付印。

对中、西典籍的广泛阅读和深湛思考使张先生的哲思臻于成熟，他从1942年到1944年先后撰著《哲学思惟论》《事理论》《知实论》《品德论》及《文化通诠》等，当时的设想是将历年致思札记整理写成一部大书《天人新论》，意在"穷究天人之故，畅发体用之蕴，以继往哲，以开新风"，但因"百物昂腾，生活日窘"而"疏而不详，略而未备，大纲仅具，论证未晰"。《哲学思惟论》《事理论》《知实论》《品德论》与1948年撰著的《天人简论》，后来被陈来先生称为"天人五论"。这是中国现代哲学史上为数不多的具有独创性的理论成果，是马克思主义哲学中国化与中国哲学现代转型的最重要、最杰出的代表作之一。

1945年8月15日，日本宣布无条件投降，深爱着祖国和人民的张岱年先生"第一次感到最大的快乐""第一次感到最大快乐的深切意义"。1946年，冯友兰先生向梅贻琦校长再次推荐张先生回清华大学任教，张先生遂回校担任哲学系副教授。该年他发表《孔学平议》，主张：

> 今日对于传统思想，应持批判的态度。今日谈思想，应整理并批判过去传统思想，应介绍并抉择西洋近代思想，更应面对现实，提出新问题，拟议新答案。
>
> 对于曾经对中国文化有深远影响的孔子，实应根据历史的事实作比较正确的分析。

这是他终生对待孔子和儒学的一贯态度。1947年，张先生发表《评〈十批判书〉》《中国哲学中之名与辩》《评〈新知言〉》，修订《哲学思惟论》《事理论》《知实论》和《品德论》。1947年至1948年间，商务印书馆决定正式付印《中国哲学大纲》，张先生遂以其十年潜心研读之新悟，写了近2万字共19则补遗，分别插入原书的有关章节。但可惜的是，这次仍然未能出版。

从20世纪20年代到1948年，张岱年先生完成巨著《中国哲学大纲》和"天人五论"，发表文章70余篇，这些著作的纯字数约100万字。可以说，40岁时，张先生的学术思想已经基本成熟,他晚期对中国哲学史、哲学理论和文化思想的探讨,在基本观点和致思理路上与前期是高度一致的,这充分表明其早期思想的精深博大和真确朴实。

1949 年后,张岱年先生曾讲授"辩证唯物论与历史唯物论""新哲学概论""马列主义基础"等课程,1951 年升任清华大学教授,1952 年在全国院校调整期间调任北京大学哲学系教授并被安排从事中国哲学史教学工作。1954 年,他开始讲授新观点的中国哲学史课程的汉唐至明清部分,1957 年至 1958 年在《新建设》上发表《宋元明清哲学史提纲》,这是中华人民共和国成立后第一部关于宋明哲学史的论著。1956 年,他发表《孔子》一文,认为:"孔子对于中国文化的发展作出了巨大的贡献。……我们在批判他的学说中的那些显著的缺陷的同时,也应该肯定他在历史上的伟大功绩。"在《道德的继承性与阶级性》中,他强调"古今或新旧道德之间,有其一定的继承关系"。该年,商务印书馆发现《中国哲学大纲》的旧纸型而决定付印,张先生为此作副题为《对于过去中国哲学研究的自我批判》的"新序"。1957 年,他连续发表《荀子的唯物主义思想》《如何对待唯心主义》《关于中国唯物主义思想的几个问题》《中国古典哲学中若干基本概念的起源与演变》《关于哲学思想的阶级性与继承性》《中国古典哲学的几个特点》等文章,出版《中国唯物主义思想简史》《中国伦理思想发展规律的初步研究》两部专著。应该说,这段时间,时值盛年的张先生投身教学工作和学术研究,生活忙碌而充实,心情也较为舒畅。不料,该年 9 月他因言获罪,被错误地划为右派,"遭受了平生第一次严重的厄运",被剥夺教学和发表文章的权利。值得庆幸的是,商务印书馆负责同志慎重研究后,仍决定出版《中国哲学大纲》,并建议使用笔名出版。这样,署名"宇同"的《中国哲学大纲》上、下册于 1957 年 4 月正式出版。该书出版后产生深远影响,如曹聚仁先生虽不知"宇同"为何人,却认为"宇同先生的中国哲学研究,其成就不在冯友兰之下"。

在经过最初的迷茫、痛苦之后,张先生仍坚持中国哲学史和马克思主义哲学的研究,1962 年成为"摘帽右派"后曾讲授"张子正蒙注"课程,发表《〈物理论〉和〈傅子〉是否"一家之言"?》《朱熹写过〈正蒙解〉么?》等文章,并作《研思札记》进行哲学理论问题的探讨,体现了他所倡导的"自强不息""厚德载物"的崇高境界。"文革"结束后,时已 67 岁的张先生重新焕发学术青春,在中国哲学史、文化问题和哲学理论等诸多方面都取得丰硕成果。1978 年,他担任北京大学哲学系中国哲学教研室主任,开始讲授"中国哲学史史料学"和"中国哲学史方法论"课程;该年北京大学哲学系重新招收硕士研究生,他任中国哲学导师组组长和主考,录取程宜山、王德有、陈来、刘笑敢、李中华、陈战国、吴琼、鲁军、袁德金、陈小于十人。1979 年,他当选为新成立的中国哲学史学会首任会长,此后连任三届(到 1989 年被选为名誉会长)。

张先生于 1981 年出版《中国哲学发微》,1982 年出版《中国哲学史史料学》

及《中国哲学大纲》修订版，并招收陈来、刘笑敢两位博士生。《中国哲学大纲》再版后迅速引起学界广泛注意和高度评价。1983 年，张先生应邀担任《中国大百科全书 · 哲学卷》中国哲学史编写组主编，出版《中国哲学史方法论发凡》，并以 74 岁高龄加入中国共产党，实现了“多年的愿望”。1984 年，他担任新成立的中国孔子基金会副会长。1985 年 9 月，他出版《求真集》，这是其早期文章的第一次比较集中的面世。1988 年 6 月，他出版《真与善的探索》，收入《天人五论》及《人与世界——宇宙观与人生观》《认识 · 实在 · 理想》两篇札记等文章，这是其早期哲学理论的第一次公开发表。人们第一次惊讶地发现：中国现代哲学史上竟然还有这样自成一家之言的中国化马克思主义哲学体系！20 世纪 80 年代后期，刘鄂培先生等主编《张岱年文集》六卷本，在极为艰苦的条件下收集张先生散见于民国报刊的著作，其中 1989 年 4 月出版的第一卷收入 1949 年以前的文章。这些著作的出版，为学界学习、研究张岱年先生的学术思想提供了弥足珍贵的第一手资料。

特别值得注意的是，张岱年先生从 1982 年开始连续发表《论中国文化的基本精神》《谈孔子评价问题》《关于孔子哲学的批判继承》《〈易传〉与中国文化的优良传统》《中国文化与中国哲学》《中国文化的思想基础与基本精神》《中国文化与辩证思维》《试谈文化的体用问题》等一系列专论，开始其文化哲学的重新思考。1985 年 3 月，他第一次提出“创造具有中国特色的社会主义物质文明和精神文明”必须“坚持并发扬马克思主义的普遍原则”“学习并赶上近代西方的科学技术”“考察、分析、选择、继承中国固有文化的优秀传统”，继续了其早期“文化创造主义”的基本思路，是新时期文化综合思想之先声。1987 年 6 月 12 日，他正式提出“文化综合创新论”，坚持中国特色社会主义新文化的发展道路，严肃批判新时期的“全盘西化”论和“儒学复兴”论，成为新时期马克思主义文化综合创新学派的光辉旗帜，代表着中国文化发展的正确方向和现实道路。

1996 年 12 月，《张岱年全集》出版；2002 年，《晚思集》出版。这两部书涵盖了张岱年先生的绝大部分著作。晚年，他还与程宜山先生合著了《中国文化与文化论争》(1990)，与方克立先生共同主编了《中国文化概论》(1994)、《中国哲学与辩证唯物主义》(1998)，与刘鄂培、衷尔钜、葛荣晋等先生共同主编了《中国唯物论史》(1994)，指导刘鄂培先生等写作了《综合创新——张岱年先生学记》(2002)，肯定了刘鄂培先生以“兼和”思想作为其哲学思想之精髓和文化综合创新论之理论基础。

2004 年 4 月，张岱年先生以 95 岁高龄辞世，“作为当代中国哲学界的学术泰斗、一代宗师”，得到了党和国家领导人及社会各界的高度评价。

张岱年先生“为创成中国‘新的伟大的哲学’和社会主义新文化而不停息地奋斗的一生”，可以分为幼年和青少年时期(1909—1931)、第一个学术高峰时期(1932—1949)、学术低谷时期(1950—1979)、第二个学术高峰时期(1980—

1997）和晚年时期（1998—2004）。李存山先生认为，张岱年先生的主要贡献是：在中国哲学史研究领域，“系统地梳理、阐释了中国哲学的主要理论问题和概念范畴，突出地标识了气本论在宋明道学中、唯物论在中国哲学发展中的存在和地位，并且对中国哲学的辩证法、伦理观和价值观进行了深入的研究”；在哲学理论领域，“在（20 世纪）30 年代提出了将中西哲学之精华熔为一炉的‘唯物、理想、解析’三结合的哲学体系，这一体系就是要将马克思主义哲学同中国传统哲学的精华相结合，将马克思主义哲学、中国传统哲学的辩证法同西方哲学中的逻辑分析方法相结合，他在 40 年代撰写的《天人五论》是对这一体系雏形的充实和论证”；在文化领域，“将唯物辩证法用于文化研究，较早地提出并且一贯地坚持对中国传统文化的批判继承、对中西文化之优长的综合创新，他所强调的‘自强不息’‘厚德载物’体现了中国文化自鸦片战争以来衰而复兴，自我更新，容纳世界文化之精华，综合创造，具有光明发展前途的内在民族精神”。陈来先生认为张岱年先生的学术贡献是：中国哲学体系问题研究的典范；系统地开创了对中国哲学中唯气论和辩证法思想的研究；创立了宋明理学史理、气、心三派说；以逻辑分析方法厘清与界说中国哲学概念范畴的确切含义；中国哲学价值观研究的奠基人，“冯友兰先生和张岱年先生是 20 世纪我国中国哲学史研究最有威望与成就的两位大师”。方克立先生从“中国哲学优秀传统之继承与发扬”“马克思主义哲学中国化之独辟蹊径的探索”“‘解析的辩证唯物论’学派的主要理论代表”“中国哲学‘三流合一’、综合创新之路的艰辛开拓”的高度概括了张岱年先生在中国现代哲学史上的卓越地位，指出：“张岱年先生在半个多世纪以前所倡导的以辩证唯物论为基础和主导的中、西、马‘三流合一’、综合创新之路，仍然是新世纪中国哲学发展的正确方向和现实道路。他的后继者们一定会沿着这条道路把中国化马克思主义哲学的创建事业继续推向前进。”

（作者：杜运辉，河北师范大学副教授）

出入政治与学术、倡导“三流合一”的张申府先生

◇杜运辉

张申府先生，原名张崧年，字申府，曾用名深伏、申甫、束疑、算史氏、老侯等，1893年6月15日（夏历五月初二）生于河北省献县杜生镇小垛庄（1954年划归沧县）。其父张濂，字中卿，一字众清，1905年（光绪三十一年）中进士，改庶吉士，入进士馆肄司法政，1907年（光绪三十三年）授职翰林院编修，1918年（民国7年）被选为众议会议员，后任沙河县知事及枣强县知事，晚年居北京，与尚秉和、陈云诰、刘春霖等交往。张申府先生的二弟张崇年，大妹张敬，二妹张敏，三弟张岱年。

1899年时，先生开始随父亲识字，因是长子，众清公“展望甚高，执教颇严”。1902年时，先生随陈姓表叔、家中的记账先生读书。1904年时，随聘请的私塾先生读《礼记》《易读》等书。

1906年正月十四，先生随在京师大学堂读书的七叔进京，因众清公尚在进士馆进修，遂住在时为工部主事的四伯父家中。先入名为“识一”的旗人女子开办的学堂学习半年，暑假后转入崇实学堂读高等小学。次年，先生考入公立宛平高等小学（今北京四中前身）。

1908年，先生以第一名的成绩考入“最先结合中西学术”的顺天高等学堂（今河北师范大学前身）中学班乙班，学习日文、英文、科学、数学、中国历史和文学等，“当时对《老子》虽不真懂，而甚喜读”。先生年龄虽最小而担任班长，与朱羲胄、李广宇、刘同度等相契，当时同学还有梁漱溟、汤用彤等人。在顺天高等学堂三年学习期间，受朱羲胄、郭仁林（字晓峰，原名人麟，河北乐亭人）等影响，先生开始有革命的思想。1909年，先生开始“自觉的学哲学”，最初阅读《哲学要领》《一年有半》和相当于西洋哲学史的《泰西学案》及《天演论》《新民丛报》等。1911年，先生受辛亥革命影响，决心投身于民族革命的大潮，做一个新时代的弄潮儿。革命军武昌首义之后，老师出作文题目《拟官军谕武昌城内叛兵缴械免罪檄》，先生即借题发挥，指出：“欲图天下太平，其唯人人为天子乎！”虽老师认为“言不得体”，而先生心中颇为自得。不久学校停课，先生随父亲住在其所办的农协会中，年底遵父命回家乡与朱德依完婚，夫妇感情甚笃。当时，先生受于

右任在《民立报》发表的短小精悍、生动活泼的文字之影响,曾以“赤子”为笔名,在同学甄元熙(字亮甫)和梁漱溟等主办、孙炳文为总编辑的天津《民国报》上投稿,总题目为《零金碎玉》,先生“一生中常喜欢写短文,实肇端于此”。

1912年年初,先生先后到天津、保定、北京等地求学,因时局动荡,不久即重返家乡。暑期,先生再到天津投考南开中学,因未开学而转入保定育德中学插班,又因该校教学质量甚差而旋即退学。于是再到北京,考入高等师范学堂附属中学班,班主任是留日回国的韩诵商先生。约在此时,先生始读《说文解字》,喜欢“小学”。1913年秋,先生即以优异成绩跳班,考入北京大学偏重于数学教学的第二类预科,其间经常到藏书楼借书,如德文与法文的数理科学百科全书等,由此受到数学系主任兼代理学长冯祖荀先生之青睐。1914年暑期,先生化名以同等学历考入北京大学文科哲学门,两个月后在冯祖荀先生支持下转入数学门。在哲学门的学习使其对哲学产生浓厚兴趣,虽身在数学门,却又主要研究哲学及有关科目,“最重视、最集中学的只是数理逻辑,也就是数学样的逻辑,或数学里的逻辑,或数学所用的逻辑”,这对他的思想发展产生了深刻影响。同年,先生“很贤惠的原配的妻子”朱德依因难产而不幸去世,他深为震恸。1915年,先生在父母安排下再婚,但这次不幸的婚姻对他打击极大。约在此时,他在北大藏书楼发现罗素的《我们的外界知识》《哲学问题》等书,由此开始“正式学哲学”,对罗素哲学产生终生的兴趣。先生之所以深受罗素思想的吸引,既有二人性情的相近、研治数理逻辑的共同志趣,也有他个人生活的特殊遭际的影响。他从1916年至1919年“读尽罗素的所有著作——书籍、杂志,任何的东西”,“推论出中国传统的婚姻制度正是这样一个错误的假设。像罗素一样,我爱上了逻辑,并向婚姻制度宣战”。罗素等所倡导的“能在内里主宰世界的力量”“既得知识的超脱又不与世隔绝”“解放创造冲动,消灭占据冲动”“一体多方,恒久不灭,自由超脱的精神”,以及基于外在关系论的“使群合生活一贯,不牺牲个性”等思想,使先生得以摆脱精神危机而找到一条符合自己个性的人生之路。作为“第一个把罗素大部分的主要著作译成中文的人”,先生在20世纪30年代即被誉为“代表这个时代(的)思想人物”之一,“是中国研究罗素学说最有成绩的人,可说是中国罗素哲学专家”。

1916年7月,李大钊到北京开展革命活动。不久,先生由同学郭晓峰介绍而与李大钊相识,从此结下深厚的革命情谊,开始受李大钊的影响而关注唯物史观。1917年,先生毕业并留校在预科任教。李大钊任北京大学图书馆主任后,先生遂在登录室协助其工作,成为其从事革命活动的得力助手。李大钊两次暑假回乡休假,都由先生代理图书馆主任。由于工作之便,先生经常与李大钊聚谈,两人的思想日趋一致。1918年6月,先生参加李大钊、王光祈等发起成立的少年中国学会,后从《少年中国》第八期开始担任编辑。继陈独秀创办《新青年》之后,1918年冬,李大钊、陈独秀和先生在李大钊办公室商谈当前的政治斗争形势,决定创办《每周评论》,以便更好地进行宣传。11 月 27 日,李大钊、陈独秀、高一涵、高承元、周作人等与先生在陈独秀的文科学长办公室召开创刊会,创刊伊始由李大钊和先生共同承担集稿、校印等所有的繁重工作。12 月 21 日夜,两人到印刷所校对第一期样刊,一直工作到凌晨 4 点钟,亲自看到《每周评论》创刊号的诞生。很快,《每周评论》就与《新青年》一起成为“五四”运动前指导新文化运动的主要刊物,为宣传革命思想发挥了重要作用。

1919 年到 1920 年间,先生最重要的活动就是协助李大钊、陈独秀筹建中国共产党。1920 年 4 月,共产国际远东局局长维经斯基和翻译杨明斋等人来华考察中国革命运动,经北京大学俄籍教师柏烈伟等介绍,首先与李大钊和先生商谈建党问题。随后,李大钊介绍维经斯基到上海去见陈独秀。不久,先生亦到上海与陈独秀商谈建党事宜。约在 8 月,陈独秀致信先生说“建党的事在北京只有李大钊和你两个人可以谈”;并就党的名称是“社会党”还是“共产党”与二人商议。接信后,李大钊和先生等在北京大学西斋学生宿舍“亢慕义斋”(即“共产主义室”,“亢慕义”是德文“共产主义”的音译)讨论;后与维经斯基商议,最后确定党的名称为“中国共产党”。李大钊与先生吸收张国焘为中共北京支部的第三名党员,此后又吸收罗章龙、刘仁静、张太雷、邓中夏、高君宇、何孟雄、缪伯英、范鸿劼、李骏等入党。

1920 年暑假,周恩来、邓颖超、刘清扬率天津觉悟社成员到北京,邀请少年中国学会、曙光社、人道社等团体举行座谈,希望各进步团体联合起来,采取共同行动,改造旧中国。8 月 16 日,各团体代表在陶然亭聚会,李大钊、陈愚生和先生代表少年中国学会出席会议,先生从此与周恩来结下终生友谊。8 月 18 日,各团体代表在北京大学图书馆继续开会,议决定名为“改造联合”,并公推先生起草《改造联合宣言》和《改造联合约章》,后经各团体讨论而正式通过。随着革命形势的发展,少年中国学会的内部斗争日益激烈,以致发展到不可调和的地步,最后终于公开分裂。先生在 1921 年 9 月公开宣布退会,在退会书中自抒其志云:

> 对于社会主义自然要绝对的信奉。共产主义是社会主义的精华,对于共产主义自然要更绝对的信奉。……社会主义、资本主义之间,更没有第三者。更进一层的切实言之,现在摆在眼前的,已只是共产主义与资本帝国主义两条路。今日的问题,只是共产主义与资本帝国主义之争。一个人不是自觉的或不自觉的党了这边,便自觉的或不自觉的党了那边。无所谓温和派,无所谓超然派。……吾绝对相信救治今日的病恶,必须实行社会主义(共产主义)。吾绝信如把现状改换,只有改换一个社会主义(共产主义)的社会。

1920 年,先生升任讲师,继续教授数学和逻辑。9 月,先生到上海迎接英国学者伯特兰·罗素(Bertrand Russell,当时译作伯纳德·罗素)来华讲学,在此期间与陈独秀就党的组织建设多次交换意见,一致认为能入党的人最好都吸收到党内来;并会见了上海的早期党员周佛海、田汉、沈雁冰等人。时李石曾、吴稚晖等人在法国筹办中法大学,聘请先生讲授逻辑。恰好蔡元培赴欧美考察教育及学术研究机关状况,先生遂以"蔡先生秘书"的名义办理出国手续。11 月 22 日,先生与蔡元培、汤尔和、陈大齐、刘清扬等一行到达上海。在上海期间,先生到陈独秀家中商谈党组织的发展问题。陈独秀与李大钊都希望先生到法国后继续发展党员,建立党组织,还请他与先期赴法的赵世炎联系。24 日,陈独秀亲自送先生等人登上法国"高尔基号"海轮。年底,先生抵达法国马赛,租住巴黎大学对面的学校街 50 号,常去巴黎大学听数学、哲学、逻辑学等课程。约在此时,先生与刘清扬结婚。

1921 年年初,先生首先发展刘清扬加入中国共产党。二三月间,夫妇两人又共同介绍周恩来加入中国共产党,并把周恩来入党一事写信告诉陈独秀,陈独秀回信表示同意。2 月,陈独秀致函赵世炎,嘱其与先生联系,在巴黎组织共产党支部。此后,先生与周恩来、刘清扬、赵世炎、陈公培在巴黎成立共产党小组,积极在留学生中开展活动,筹备出版具有党刊性质的内部刊物《少年》,发起成立"共产主义少年团"(后来改名"共青团")。中共一大召开前,先生收到国内寄来的开会通知,并在党小组内进行讨论,但因时间紧、路途远而未能回国出席。先生即给陈独秀写信,做了答复。

在中国留法勤工俭学学生反抗中、法当局联合迫害的斗争失败后,先生愤然辞职,于 1922 年 3 月与周恩来、刘清扬转到德国柏林,与张伯简四人组成党小组,后又有高语罕、郑太朴、章伯钧等加入,大约每周都要聚会学习、讨论和研究工作。1922 年 8 月 1 日,《少年》在法国巴黎正式创刊,先生与周恩来负责编辑工作并经常为《少年》写稿,陈延年、陈乔年兄弟负责刻写蜡版和油印等工作。当时写文章都用笔名,先生的笔名是"R",即"Russia"(俄国)、"Red"(红)、"Russell"(罗素)三个英文单词的第一个字母。值得注意的是,电影《我的法兰西岁月》中有张申府自述"R"含义的一个片段,但并不准确。《少年》大力阐扬马克思主义和无产阶级专政的理论,并与勤工俭学运动中的无政府主义及各种错误思潮作坚决斗争,在广大学生中有着巨大的影响力。旅欧党小组彼此互相配合,保持着相当紧密的联系,充分发挥了党组织的领导核心作用。如赵世炎 1922 年 4 月 30 日致吴明信中说:"申府现在德,应该常有信来。他给我信最密。我在法国方面事事审慎,故进行很迟,因此常遭他的责备与催促。"1922 年 10 月底,先生和周恩来一起介绍朱德加入中国共产党。年底,中共旅欧支部在法国巴黎成立,先生与周恩来、赵世炎等负主要责任。

旅欧期间,先生不仅投入巨大精力于党的组织建设和理论宣传工作,而且非常重视党的思想建设和纪律建设。他与李大钊、陈独秀等人常有书信往来,如 1921 年 6 月 12 日致信陈独秀,介绍英、法共产党的情况并提出:

留法勤工俭学学生中相信马克思的很多，但未必是真懂得，真感着非革命不可，真肯以生命来换。

生于东方的人，不能不仍希望东方。……吾觉着中国改造的程序应是：革命，开明专制（美其名曰劳农专政。……世界趋势固要晓得，但勉强趋势而忘了自己实况，必无好结果。能认事实是列宁一大好处），实行极端的强迫教育，以岁入之半办教育；其次重要的为改良农业，整顿森林河渠，兴发工业交通，尤以旧有的工业为要。

他大约从 1922 年开始阅读列宁的《国家与革命》等经典著作，9 月 1 日在《少年》第二号上发表《胡适等之政治主张与我们》《中国共产党与其目前政策》和《今日共产党之真谛何在》等文，明确提出：

我们主张即刻要有的只是一个共产党，公开的共产党，强有力的共产党，极有训练的共产党，万众一心的共产党。……共产党的人必须是劳动阶级或同化于劳动阶级的。必须有死也不改的信仰，必须了然于同阶级人彼此利害的共同，且以除此共同的利害，别无利害。……必须由这样的人，当仁不让，造成强固的共产党，中国事乃有可为。

自己（即共产党）的正手段乃是劳动会议式的无产阶级专政；自己的本目的乃是生产共有，分配共管，无阶级，无国，无家，无政府的共产社会。更要不忘为一种行动与终极目的不同的党派，结成统一前敌时，必须保持住自己组织的独立！必须得机即把自己的终极目的向大众标示！

纪律是共产党之魂，失此，共产党是不能活的。

有纪律，有共产党；无纪律，无共产党。共产党之所以强在此，共产党之能成功在此，共产党与其他政党之不同，此其重要点之一。

这些观点鲜明的有力论述，至今仍有重要的启发意义。

1923 年，先生较早地率先提出“中国革命中农民的角色”问题。年底，因生活困难，先生与刘清扬、孙炳文经莫斯科回国。李大钊介绍其去北京大学工作，陈独秀介绍其去商务印书馆工作，都因胡适反对而未果；李大钊遂又介绍先生到广东参加革命活动。1924 年 2 月初，先生到广州，随即参加筹建黄埔军校，成为在黄埔军校工作的第一位中国共产党人，同时又受聘为广东大学（中山大学前身）教授兼图书馆馆长。这期间，先生与孙中山、邓演达结识。负责实际军校筹备工作的廖仲恺、戴季陶等人希望先生推荐一些在国外学习的优秀学生，先生遂开了一个 15 人的名单，第一名就是周恩来。四五月间，先生致信周恩来，周恩来很快回信表示同意。5 月，先生被任命为军校政治部副主任。9 月，周恩来从法国回到广州。因难以与蒋介石共事等原因，在推荐周恩来接任后，先生很快离开了军校，专门在广东大学任教。暑假后，国民党右派邹鲁借故不再给其发聘书，先生遂离开广州去上海。

在此时，共产国际要求中国共产党加入国民党。先生对此持反对意见，认为这会削弱党的独立性。1925年1月11日,中共中央在上海召开中共四大,先生坚持自己的意见,与彭述之、瞿秋白、张太雷等人发生激烈争执。不久,他不顾李大钊、周恩来、赵世炎等人的劝阻而离开党组织,但说定“以后在党外仍当与党配合工作,一定永远同党保持友谊关系”。先生以后曾多次反省,认为这是他一生中最大的两个失误之一。

中共四大后,先生居北京,但生活无着。1925年初夏,章士钊任段祺瑞执政政府的教育总长,遂请先生与沈步洲在教育部筹备编审委员会,后任专门审查教科书的编审委员。暑假后,先生应编审委员会陈映璜之邀,到私立中国大学专教西洋哲学,一直到1927年初离京。“五卅”惨案后,先生反思中国和人类文明(文化)的发展道路,批评将东西文化“一脚踢与一兜包的办法”如“保守东方旧化说”“移植西洋旧化说”“机械地融合东西两化说”,指出中国文化的可能出路是“成立一种可以产生所谓第三文化的新经济制度”,“顺‘物质’之可能,先就物质的基础,而引之趋合于理想”,运用“活的、切实的”对戡法(即唯物辩证法)对“东西所有旧有的东西,都加以估重,评衡,及别择”,即对中西文化“取一种革命的相对的反对态度”,在融合双方优势的基础上创造“第三文化”。这可以说是先生中、西、马“三流合一”文化思想之萌蘖初生。1926年暑假,先生进一步提出文化之综合有“简掇各大家之说,以成一系统”的“混合的综”“外表之综”,与以“最首要之业务,固在逻辑的解析,而以逻辑的综合继之”的“纯客观法”为要义的“化合的综”“内里之综”,初步奠定了这种新文化观的方法论基础。在中国现代史上,先生是最早自觉运用唯物辩证法研究文化问题的哲学家。

1927年年初,党决定派刘清扬到武汉工作。约在2月末,先生与刘清扬先到上海,陈独秀嘱先生亦可留武汉工作。不久,陈独秀、周恩来等亦到武汉,时邓演达任总政治部主任,遂安排先生任总政治部下设的编审委员会委员。后应唐生智之邀,先生曾短暂担任《武汉民报》总编辑。“七一五”反革命政变后,先生与刘清扬被迫在8月中化装离开武汉到上海,以卖文为生,翻译维特根斯坦《名理论》,撰写《所思》等。1928年,先生仍在上海暨南大学、大陆大学、大夏大学等教授西洋哲学史和逻辑,翻译罗素的文章。1929年暑假后,先生应聘私立中国大学专任教员,同时兼任北京大学讲师,遂定居北平,时其故友陈大齐为北京大学代理校长。1930年,先生继续在中国大学和北京大学教书,同时兼任北京师范大学、清华大学、燕京大学三校的讲师,主教罗素哲学、逻辑等课程。1931年暑假后,先生应聘为清华大学哲学系专任教授,移居清华园南院九号宿舍;同时在北京大学、中国大学短时授课。

1932年秋初,天津《大公报》总编辑张季鸾邀请先生主编《世界思潮》副刊。在9月3日创刊号中,先生明确提出:“本刊的旨趣只在新的、正的的介绍,旧的、歪的的批判”;“未来的世界思潮一定是辩证法的。辩证法这个方法兼理论,实在与近年最新的科学进步趋势完全合辙而一致,颇如列宁所预言者”。该刊至

1934年12月27日被国民党当局“诋为一意宣传马克思主义,危害国民政府”而被迫停刊为止,共出88期,广泛评介中、西、马哲学思想和西方数学、自然科学等领域的最新成就,这表现出先生是“他那一辈最有国际视野的知识分子之一”,且与他后来倡导的新启蒙运动亦有密切关联。这期间,先生在1932年10月提出:“我的理想:我愿意,百提,伊里奇(我本曾译伊里赤),仲尼,三流合一。”从而最先从中、西、马三“学”角度标举“三流合一”思想旗帜,明确表达了新的时代精神,这标志着“三流合一”文化思想的正式诞生。虽然先生当时没有做出进一步阐释,但在20世纪30年代的政治、文化背景下,这种会通马克思主义、中国传统文化和西方文化之优长的文化主张表现出了难能可贵的理论勇气和创新精神,昭示着中国文化发展的正确方向和现实道路。

1933年至1934年,先生继续在清华大学、北京大学教一般逻辑、西洋哲学史及数理逻辑、罗素哲学,数理逻辑以罗素的*Principle Mathematical*为蓝本,并翻译罗素《哲学大纲》作为讲义。1935年秋,先生联合北京大学、中国大学、北平师范大学、法商学院等同人成立“文化劳动者同盟”;12月9日,参与组织、领导“一二·九”爱国运动,与姚克广(姚依林)、孙荪荃担任总指挥;1936年1月27日,与马叙伦等成立“北平文化界救国会”;2月29日,与刘清扬被国民党反动派逮捕,直到5月10日才被释放。这期间,先生在狱中组织创办《监狱生活》手写报,撰写《人生的哲学》,倡导“遂生、大生、美生”的乐观人生观,对爱国学生产生深刻影响。7月初,清华大学当局无理取消尚有一年的聘约,闻一多、陈寅恪等教授深表同情,广大学生亦深为愤慨。此后,先生继续推动抗日救亡运动,把“北平文化界救国会”扩大为“北平各界救国联合会”,成立“平津文化职业者协会”。1937年2月1日,“华北各界救国联合会”成立,由先生负总责。其时,党派彭真来北平,杨秀峰、徐冰介绍他与先生结识,先生继续积极支持党的工作。5月,先生正式发文支持和倡导新启蒙运动,认为启蒙运动必有“理性的主宰”“思想的解放”“新知识、新思想的普及”三个特性,并针对新文化运动时期的“打倒孔家店”“德赛二先生”口号而提出:“‘打倒孔家店’,‘救出孔夫子’;‘科学与民主’,‘第一要自主’。”显然,先生不仅试图以新启蒙运动达到对新文化运动的科学总结,而且要为全面抗战、团结救亡、民族解放和民主政治提供一种理论基础,推动以辩证唯物论为指导的中、西、马文化的综合创新,实现中华民族的思想独立和文化复兴。

8月10日,先生到天津,8月下旬又到南京接洽南北呼应以配合抗战,被任命为国民党政府大本营第六部下设的民众动员委员会委员。此后,先生因左肩生疽而在医院治疗两个月,未及痊愈即搭乘冯玉祥专车,与沈钧儒、孙晓村、刘清扬等经徐州、郑州赴武汉。

1938年2月,原大本营第六部等改组为政治部,陈诚为部长,周恩来、黄琪翔为副部长,先生担任其下设的设计委员会委员。3月,先生被选为国民参政会参政员。5 月 25 日，先生创刊《战时文化》，希望把它发展成为“扩大的《世界思潮》”。约在 10 月，先生赴重庆，此后继续在参政会和政治部设计委员会工作。因与蒋介石当面冲突，先生于 1940 年国民参政会改选时被除名，遂专力于民主运动，负责宪政座谈会的例行事务。1941 年，先生的政治部设计委员会委员亦被解除，在完全失业的窘境中，他得到中国共产党驻渝办事处的接济，约在 1941 年年底、1942 年年初，与沈钧儒代表救国会正式加入中国民主政团同盟。

先生的“三流合一”文化观在这一时期得到进一步发展，他在 1941—1942 年明确提出：“我始终相信，孔子、列宁、罗素是可合而一之的。我也始终希望，合孔子、列宁、罗素而一之。”为什么要以孔子、罗素、列宁作为中、西、马文化的代表呢？在他看来，孔子代表“仁、忠、恕、义、礼、智、信、敬、廉、耻、勇、温、让、俭、中”的最高的人生理想这一“中国古来最好的传统”；罗素代表“最进步的逻辑与科学”这一“西洋历来最好的传统”；列宁代表“集过去世界传统最优良成分大成的一般方法”即“唯物辩证法与辩证唯物论”，以及“从一个实落角落来实践最高的人生理想的社会科学”这一“世界新的方在开始的传统”。三者合一不仅能够产生“新中国哲学”，而且可以创造“新世界学统”，这种新的思想体系“定是新世界中的新中国的新指标、新象征”。

在重庆期间，先生始终积极拥护和支持中国共产党的抗日民族统一战线政策，与《新华日报》保持密切联系。1942 年 2 月 12 日，先生应邀开始在《新华日报》主编《科学专页》副刊，共出 16 期。秋，先生偶遇袁同礼，遂由其介绍于 10 月到重庆沙坪坝的北平图书馆工作，一直到 1946 年离渝。其间，先生主编《图书季刊》，继续从事民主运动。1944 年 9 月，中国民主政团同盟改组为中国民主同盟，先生被选为常务委员兼文化工作委员会主任。1945 年国共谈判后，先生作为中国民主同盟的九位代表之一，准备参加政治协商会议。1946 年 1 月政治协商会议休会，先生于 2 月初回到北平，3 月再返重庆，5 月中定居北平。6 月和 9 月，先生两次到南京、上海推动国共合作，但最终因国民党执意召开伪国民大会而彻底失败。先生积极响应中国共产党的号召，拒绝参加伪国民大会。1947 年初，先生回到北平。

1948 年，先生应李宗仁之邀到华北学院教授逻辑和西洋哲学史，同时应姜般若之邀到天津育德学院任教。10 月 23 日，先生因脱离中国革命形势的迅速发展而发表《呼吁和平》，由此受到中国共产党、中国民主同盟及文化界等方面的严厉批评，并被中国民主同盟开除盟籍，“政治地位从此遂完全扫地”。11 月后，先生通过傅作义的老师刘厚同对傅进行说服工作，为北平和平解放做出了一定贡献。

1949 年 2 月，周恩来派齐燕铭看望先生，并每月送生活费 30 元。8 月末，先生接到高等教育处和北京图书馆（国家图书馆前身）的通知，从 9 月 1 日开始到北京图书馆采访部工作。1957 年的反右运动中，先生为被打成右派的章伯钧直言“辩解”，亦被打成右派，1961 年年底摘帽。1966 年 8 月 23 日，先生被红卫兵抄家，后在周恩来的关照下没有受到太大冲击。1979 年，先生的右派问题得到彻底解决，同年在全国政协五届二次会议上被增选为全国政协委员。1985 年夏天，中央办公厅、中央统战部受胡耀邦总书记委托看望先生，并送来鲜荔枝。同年 6 月 10 日，中华孔子研究所成立大会在北京孔庙举行，张岱年先生任所长，先生与梁漱溟先生等任名誉所长。

1986 年 6 月 20 日，先生猝然病逝。7 月 12 日，遗体告别仪式在北京举行，当日中央电视台《新闻联播》和第二天的《人民日报》刊登的讣告云：“张申府同志是一位著名的爱国民主人士，是中国共产党的老朋友。”

对于这样一位中国现代政治史和哲学思想史上的重要人物，正如方克立先生 2013 年在“张申府与 20 世纪中国”学术研讨会上所指出的：我们今天“应该能够用更加客观的、理性的、历史主义的眼光，对他一生的是非功过做出评价，功是功，过是过，应该肯定是功大于过，贡献大于失误”。我们可以说，张申府先生的前半生出入于政治与学术之间，在政治上，他是新文化运动和“五四”运动的积极参加者和宣传者，是中国共产党最早的创建者和领导者之一，是新启蒙运动的重要倡导者，是“一二·九”运动的重要组织者和领导者，是中国共产党的抗日民族统一战线的积极拥护者和实践者。在学术上，他率先运用“相反而相成，矛盾之谐和”的“对戡法”研究中国文化问题，主张如实、理性地看待中、西、马文化资源之“分”“所”“当”，力图从世界观、方法论、认识论、价值观、人生观和政治观等维度融通其优长，为马克思主义中国化和中国优秀文化传统的现代化做出了探索与贡献。他率先标举的“三流合一”新文化观实际上代表了中国马克思主义综合创新文化学派对当时从不同立场会通中西、融会古今的多种文化流派的批判总结，它深刻契合我们党的“尊重历史”“批判继承”“古为今用”“洋为中用”等文化方针，指明了 20 世纪中国文化发展的现实道路。无论其贡献还是失误，都值得我们更进一步地深入探讨和总结。

（作者：杜运辉，河北师范大学副教授）